网络空间法治化的全球视野与中国实践（2019）

Rule of Law in Cyberspace: a Global Perspective and China Practice (2019)

著 —— 北京航空航天大学法学院 腾讯研究院

顾问 —— 龙卫球 司晓

主编 —— 周学峰 蔡雄山

出版 —— 法律出版社 LAW PRESS·CHINA

前　　言

随着现代信息技术的发展，网络空间日益成为人类活动的另类新领域，其对人类政治、经济、社会和生活所产生前所未有的影响。一些国家开始雄心勃勃地将网络空间看作继陆、海、空、天之外的第五领域；一些商家和消费者则将网络商城看作 24 小时永不打烊的商场；一些新生代的网民在网络空间中精心营造着自己的数字化虚拟人生；每时每秒都有海量的数据在全球网络用户之间进行传输。随着万物互联时代的到来，网络空间中的数字虚拟社会与物理空间中的现实社会不再相互隔离，而是日益呈现“你中有我、我中有你”的相互交织的状态。

从网络社会诞生至今，关于网络空间是否应当受到法律规制，运用法律对网络空间进行规制在技术上是否可行，网络空间应当受到何种法律规制以及如何进行法律规制，一直都处于争议中。从实践情况来看，早期关于网络空间无法或不应受到法律规制的观点日渐淡去，但是，关于如何对网络空间进行法律规制，以及网络空间的法治化问题与线下物理空间的法治化问题有无实质性差异，则一直都存在争议。

网络空间并不存在物理意义上的国界，因此，网络空间法治化问题并不是某一国家所面临的特有问题，也不是某一国家可以通过自身力量就可以完全解决的问题，它是世界各国在 21 世纪所面临的共同问题，也是需要相互协作、共同治理的领域。与此同时，我们也观察到，世界各国关于网络空间法治化的观念与具体实践存在多样性和差异性。因此，当我们试图推动“构建以规则为基础的网络空间秩序”时，应当首先放眼全球，了解各国在这一问题上的观点、态度、立法和法律实践的具体情况，同时也向外国介绍我国的相关情况，以促进中外之间的沟通与交流,这也是我们出版这本书的初衷。

现代信息技术瞬间万变,互联网商业模式不断推陈出新,世界各国的互联网法律政策也不断变化,这也给本书的写作带来一定程度的困难。我们认为,对于网络空间法治化,既要从动态的角度去把握,也要从时间维度仔细地梳理,并从中发现演变的规律和未来发展的趋势。因此,我们决定以系列丛书的形式出版,每一辑专注于梳理和分析出版日前一年至两年的世界主要国家的互联网法律政策动态。

我们一直努力记录网络空间法治化的进程。2016 年 4 月,出版了《互联网+时代的立法与公共政策》;2016 年 11 月,出版了《网络空间法治化的全球视野与中国实践》。在本书中,我们以"网络空间法治化的全球视野与中国实践"为题,分两大板块对中、美、欧等世界上主要国家 2017 年至 2019 年年初的互联网法律政策进行了介绍和评析。其中,上篇为互联网法律政策的基础领域,包括数据治理、网络安全、产业竞争规制、信息内容监管、知识产权保护和网络犯罪六大部分。下篇为"互联网+"各领域的法律政策,具体包括"互联网+工业""互联网+金融""互联网+医疗健康""互联网+新零售""互联网+交通""互联网+法律"六大领域。

本书系北京航空航天大学法学院与腾讯研究院共同撰写,参与编撰的人员还包括来自国内高等院校的研究人员。本书的执行主编为周学峰和蔡雄山。具体撰写分工如下:第一章数据治理政策,王融撰写;第二章网络安全政策,赵精武撰写;第三章互联网竞争政策,曾雄撰写;第四章网络平台信息内容治理,周学峰撰写;第五章网络知识产权,徐实、曹建峰撰写;第六章网络犯罪,裴炜撰写;第七章"互联网+工业"法律政策,马东撰写;第八章"互联网+金融"政策,杜晓宇、巴洁如撰写;第九章"互联网+医疗健康"法律政策,刘炫麟撰写;第十章"互联网+新零售"法律政策,徐实、王天凡撰写;第十一章"互联网+交通"法律政策,曹建峰撰写;第十二章"互联网+法律",赵精武撰写。此外,感谢北航法学院龙卫球院长和腾讯研究院司晓院长对本书给予指导。感谢腾讯研究院张夕夜和法律出版社李军编辑为本书的编辑出版所付出的辛勤工作!

目 录

上篇　网络空间基础法律制度

目　录

上篇
网络空间基础法律制度

第一章　数据治理政策

一、个人数据保护法律政策全景

2018 年度是数据保护领域光怪陆离的一年，它们折射出了当下以“数据”为中心的社会生活中，法律政策所展现的复杂维度：隐私保护、数字竞争、国家安全……

（一）数据保护政策时间轴

2018 年年初，我国监管部门尚在回应处理“水滴直播”“支付宝年度账单”等涉及隐私的焦点事件，与此同时，全球数据保护的政策风暴正蓄势待发。

3 月，美国总统特朗普签署《澄清合法使用海外数据法》，即“CLOUD”法案；欧盟随即提出欧盟电子证据调取令和保全令立法计划，预示了在全球数字化背景下，跨境数据执法协助机制改革已迈向深入议题。

4 月，脸书（Facebook）数据泄露事件终于从 2016 年年底的新闻调查演变为全球关注的数据治理热点，美国海内外数十场国会听证会拷问科技公司数据治理能力，联邦统一隐私保护立法再度列入国会议程。

5 月，欧盟《通用数据保护条例》（General Data Protection Regulation，GDPR）经过 2 年准备期，落地执行，对于外部观察者而言，欧盟率先发起的这场制度实验所带来的正、负影响正变得越来越清晰。

6 月，美国加利福尼亚州（以下简称加州）《加州消费者隐私保护法案》（California Consumer Privacy Act，CCPA）正式颁布。考虑到加州作为全球第五大经济体量，该法案的影响力可与欧盟 GDPR 比肩。但究其制度内核，该法案仍体现出美欧制度的差异。

7月,印度政府提出《2018年个人数据保护法(草案)》。政府提出了更为广泛的数据本地化要求,对金融、支付、互联网行业带来全面冲击。

8月,我国颁布《中华人民共和国电子商务法》(以下简称《电子商务法》),对于“数据杀熟”问题也首次尝试做出回应,经济学上的价格歧视问题被抛向更广泛的公众视野。

9月,我国民法典各分编草案公布,其中《中华人民共和国民法人格权编(草案)》(以下简称《人格权编(草案)》或《人格权编》)系统规定了隐私权与个人信息保护,这使与同步列入《“十三五”国家信息化规划》中的《中华人民共和国个人信息保护法》(以下简称《个人信息保护法》)、《中华人民共和国数据安全法》(以下简称《数据安全法》)的彼此定位与相互关系问题变得更加紧迫。

10月,欧洲议会通过《非个人数据在欧盟境内自由流动框架条例》,旨在废除欧盟各成员国的数据本地化要求,更大程度释放非个人数据经济潜能。

11月,澳大利亚和中国台湾地区加入亚太跨境隐私规则机制(Cross Border Privacy Rules System,CBPRs)。在亚太经济合作组织(Asia-Pacific Economic Cooperation,APEC)21个经济体中,包括美国、日本、加拿大、韩国、新加坡等8个经济体加入CBPRs体系,代表着美国主导下的以自律为主的数据跨境流动机制取得实质进展。

12月,澳大利亚政府通过备受争议的《加密法案》,强制要求科技公司在访问加密信息时提供三种层级的“协助”,预示着加密数据领域安全将面临前所未有的立法保护。

以上内容,只是以时间序列,串起了2018年数据保护政策领域光怪陆离的一年,它们折射了当下以“数据”为中心的社会生活中,法律政策所展现的复杂维度:隐私保护、数字竞争、国家安全……

尽管问题被迷雾所笼罩,但其激起的来自政府、学界、产业、消费者群体的深入讨论,让我们看到了数据保护政策的新航向。

(二)2018年数据保护十大政策风向深度分析

国际

1.个人数据保护法的全球普及

截至2018年,全球近120个国家和独立的司法管辖区已采用全面的数据保护或隐私法律来保护个人数据,另有近40个国家和司法管辖区有待批准此类法案或倡议。①

新兴市场表现出对个人数据保护立法的极大热情。2018年6月12日,越南《网络安全法》通过,对个人信息保护作出规定。② 7月27日,印度发布《2018年个人数据保护法(草案)》。③ 8月14日,巴西批准了《通用数据保护法》,该法将于2020年年初生效。④

发达国家补充和完善现有法律。2018年2月22日,澳大利亚《隐私法修正案》[《数据泄露通知计划》(Notifiable Data Breaches scheme,NDB)]正式实施。⑤ 11月1日,加拿大《个人信息保护和电子文件法》(The Personal Information Protection and Electronic Documents Act,PIPEDA)修正案生效,增加了强制性数据泄露通知报告要求。⑥

GDPR生效,开启欧盟成员国新一轮立法。尽管条例与其前身《欧盟1995年个人数据保护指令》不同,它直接适用于所有成员国,但每个成员国仍然需

① See Banisar, David, "National Comprehensive Data Protection/Privacy Laws and Bills 2018",https://ssrn.com/abstract=1951416 or http://dx.doi.org/10.2139/ ssrn.1951416 September 4,2018.

② "Update: Vietnam's New Cybersecurity Law", https://www.hldataprotection.com/2018/11/arti cles/international-eu-privacy/update-vietnams-new-cybersecurity-law/,September 5,2018.

③ 参见印度《2018年个人数据保护法(草案)》解读,载安全内参网:https://www.secrss.com/articles/5900,2018年10月24日最后访问。

④ "The new Brazilian General Data Protection Law — a detailed analysis", https://iapp.org/news/a/the-new-brazilian-general-data-protection-law-a-detailed-analysis/,March 4,2019.

⑤ "Notifiable Data Breaches scheme", https://www.oaic.gov.au/privacy-law/privacy-act/notifiable-data-breaches-scheme,July 28,2008.

⑥ "Canada's Mandatory Privacy Breach Reporting Requirements coming into force November 1, 2018",https://www.dataprotectionreport.com/2018/04/canadas-mandatory-privacy-breach-reporting-requirements-coming-into-force-november-1-2018/,February 6,2019.

要更新其国内数据保护法,以使其与 GDPR 保持一致,并且,根据 GDPR 中留给各成员国立法空间来补充国内法。据统计,在 GDPR 中,包括儿童年龄标准、敏感数据的保护规则等 50 个领域可以由成员国来继续做出规定,这也使所谓的 GDPR“一站式”立法在欧盟仍然有碎片化的风险。

2. GDPR 从文字走向落地,正负面影响并存

GDPR 本身还是一个处于探索塑造期的新生儿,需要大量解释和细则予以澄清。截至目前,欧盟数据保护机构(European Data Protection Board,EDPB)已发布共 20 项,约 15 万字指南以回应各方关切。指南涉及的内容极其广泛,包括数据保护官、数据保护影响评估、识别主导监管机构、行政处罚、充分保护认定、“有约束力公司规则”(Binding Corporate Rules,BCR)基本原则等。

欧盟各成员也陆续颁布 GDPR 指南。2018 年 2 月,德国独立联邦和州数据保护机构会议(Committee of the Independent German Tedral and State Data Protection Supervisory Authorities,DSK)分别发布了数据控制者、数据处理者的处理记录模板,以及 GDPR 第 30 条处理记录指南。① 9 月下旬,法国的数据保护机构国家信息自由委员会(Commission Nationale de I'Informatique et des Libertés,CNIL)发布了关于区块链 GDPR 合规指南。②

各成员国监管机构开启执法活动。体现 GDPR 严格性的重要因素是其巨额的罚金,但从目前已有案例观察,GDPR 的执法力度总体呈现轻缓色彩,这说明监管执法仍处于过渡阶段。GDPR 生效后,欧盟各成员国的监管机构所收到的违规投诉和数据泄露报告的数量均显著增加,但各国因违反 GDPR 而导致的罚金数额总体不大。对于具体处罚,大多成员国监管机构对第一次违规行为只给出警告、建议和纠正措施。③ 德国数据保护当局更是明确表示,处罚应当是“责罚相符合”,“德国数据保护当局没有意愿加入 GDPR 最高罚款

---

① See “German DPAs Publish Model GDPR Processing Records-Translations Provided”, https://www.alstonprivacy.com/german-dpas-publish-model-gdpr-processing-records-translations-provided/, September 5, 2018.

② See “CNIL Publishes Initial Assessment on Blockchain and GDPR”, https://www.huntonprivacyblog.com/2018/10/02/cnil-publishes-initial-assessment-blockchain-gdpr/, March 4, 2019.

③ 参见 Fieldfisher 斐石律师事务所:《最全欧盟各国 GDPR 实施情况汇总》。

的案例竞争”。

围绕 GDPR 的争议纠纷也涌入司法系统。全球首例关于 GDPR 的法院裁决凸显出 GDPR 规则与实践的冲突。5 月 29 日，互联网名称与数字地址分配机构(The Internet Corporation for Assignecl Names and Numbers，ICANN)向德国伯恩法院申请临时禁令，请求法院禁止德国域名注册商 EPAG 在分配域名时放弃收集域名申请者的技术联络和行政联络的数据，但遭到了法院驳回申请。① 一般而言，技术联络和行政联络数据是确认域名注册主体真实身份的关键，对于预防和调查网络犯罪、知识产权维权都具有重要意义，EPAG 因 GDPR 合规要求，而拒绝收集此类数据，对互联网世界的身份管理带来新的难题。

除了法律实施层面，外部观察者展开关于 GDPR 对数字经济发展的影响研究。从正面看，GDPR 显著促进了机构对于数据保护的投入。据估计，财富全球 500 强公司对合规投入约 78 亿美元。② 但与此同时，也有许多中小企业因担心过高的法律风险，宣布停止向欧洲地区服务。

2018 年 11 月，美国权威经济学组织——美国国家经济研究局(The National Bureaw of Economic Research，NBER)发布报告:《GDPR 对科技创业投资的短期影响》。报告以翔实的数据、严谨的计量经济学模型，对 GDPR 给欧洲科技行业带来的负面影响进行了实证分析。表明在 GDPR 推行后，欧盟国家企业的融资总额、融资交易笔数以及每笔融资交易金额均大幅减少，GDPR 使新企业每周减损 90 万美元投资，使成熟企业每周减损 710 万美元投资，其对于新业务发展的负面影响是显著的。

3. 美国加州出台 CCPA，与欧盟保持立法差异

2018 年 6 月 28 日，美国加州公布《加州消费者隐私保护法案》(CCPA)。本法对企业提出了更多通知、披露要求，并针对数据泄露，规定了法定损害赔偿金，是目前美国州层面最严格的隐私立法，也被视为最具有 GDPR 色彩的美

---

① 参见上海邦信阳中建中汇律师事务所国际业务团队:《GDPR 首例法院裁决:判决原文、翻译与述评》，载 https://www.bcrachina.com/archives/1502，2018 年 9 月 20 日最后访问。

② See “Global 500 companies to spend ＄7.8B on GDPR compliance”，https://iapp.org/news/a/survey-fortune-500-companies-to-spend-7-8b-on-gdpr-compliance/，June 18，2018.

国隐私立法。这不禁引人联想:加州立法是否代表了美欧隐私立法走向融合?

形式上,CCPA 与 GDPR 有相似之处,但究其制度内核,仍然体现与欧盟制度的差异,更加注重消费者保护的实际效果,以及与促进企业发展、技术创新之间的平衡。这最显著地体现在以下三方面。

第一,CCPA 的适用作出了合理排除。其一,在受规则的实体上,CCPA 作出了三类排除:(1)仅提供数据服务的企业(processor),(2)非盈利机构,(3)没有达到适用门槛的中小企业;而 GDPR 下,几乎任何规模的实体都受约束,遵守相同的高标准合规要求,这也解释了为什么 GDPR 生效后对中小企业带来市场竞争的扭曲效应。其二,在规制的数据处理活动上,CCPA 重点规制数据的收集、买卖和共享三种活动,而 GDPR 笼统地包含了所有数据处理活动。其三,在排除适用的数据活动上,CCPA 非常务实地排除了"集合信息""去识别化数据"以及联邦法已经覆盖的医疗、征信、驾驶、金融、政府公开数据等数据;而 GDPR 仅排除了匿名数据,根据欧盟对匿名数据的严格解释标准,GDPR 对于匿名数据的排除适用门槛极高。

第二,CCPA 仍然保持了美欧个人数据保护法的最大差异,延续了选择退出(opt-out)原则。具体而言,依据 GDPR,在绝大多数商业化场景下公司收集、处理消费者个人数据之前必须要获得消费者的同意,即"选择加入"(opt-in)模式;而在加州消费者隐私法中,对于 16 岁以上的消费者的个人信息处理,采取美国一以贯之的"选择退出"模式,即除非用户拒绝或退出,则公司可以继续处理用户的个人信息。[①] 这体现了美国一直以来在数据保护方面的务实思路。"选择退出"模式对消费者而言更为真实有用,同时对新进入市场的企业的发展阻碍也更小。

第三,在同意机制上,相比于严格刚性的 GDPR,CCPA 体现出灵活弹性的特征。正如《华盛顿邮报》在欧盟市场所遭遇的困境,其在无法通过行为广告来补贴业务的情况下,选择直接向用户收费模式,则难以满足 GDPR 关于"同意是消费者自由、自主选择"的要求。而对于此问题,CCPA 专门留出弹性空

---

① 参见崔丽莎:《GDPR 与〈2018 加州消费者隐私法案〉对比及对我国个人信息保护立法的启迪》,载金刺猬网:http://www.jinciwei.cn/d269561.html,2018 年 7 月 17 日最后访问。

间，其规定：消费者行使了本法规定的隐私权利，企业不得有歧视对待，但是：如果该价格或差异与消费者数据所提供的价值直接相关，则企业还可以向消费者提供不同价格、不同费率、不同品质的商品或服务。可见 CCPA 仍然更多地保留了市场弹性，允许企业探索其他可行商业模式。

4. 个人数据跨境流动机制曲折发展

2018 年，欧美分别主导的个人数据跨境流动机制在曲折中取得实质性进展。

GDPR 对欧盟数据跨境流动政策限制有所松缓。第一，GDPR 明确禁止了《欧盟 1995 年个人数据保护指令》下，部分成员国针对跨境数据流动增加事前备案或者许可要求的做法，规定只要符合了跨境数据流动的条件，则成员国不得再予以限制。第二，GDPR 赋予《欧盟 1995 年个人数据保护指令》中的有约束力公司规则（BCR）正式的法律地位。第三，GDPR 增加了成员国数据监管机构可以指定标准合同条款的渠道。第四，GDPR 除了对国家做充分性认定外，还可以对一国内的特定地区、行业领域以及国际组织的保护水平作出评估判断。第五，GDPR 引入了签章、行为准则认证等跨境流动机制，为后续与 CBPRs 衔接提供了可能空间。①

在此背景下，日本、韩国积极争取进入欧盟"白名单"。2018 年 9 月，欧盟正式启动对日本的充分性认定程序。11 月 15 日，韩国国民议会提交了《个人数据保护法》修订，新的修订将使韩国数据保护执法系统获得独立地位，这将有望为韩国期待已久的欧盟充分性认定铺平道路。

除了 GDPR 外，欧盟面向全球推行的——《有关个人数据自动化处理之个人保护公约》（"第 108 号公约"）在 2018 年 5 月 18 日完成了版本更新，继续推动欧盟之外国家向欧盟数据保护标准靠拢，并继而实现欧盟的数据跨境流动理想框架。

当然，在 GDPR 严格的个人权利保护机制下，欧盟放宽对个人数据跨境流动政策的过程并不是一帆风顺的。继"安全港"协议（Safe Harbor）被欧盟法院推翻

---

① 参见王融：《〈欧盟数据保护通用条例〉：十个误解与争议》，载 http://tisi.org/5037，2018 年 7 月 18 日最后访问。

后,在2017年麦克斯·施雷姆斯(Max Schrems)起诉脸书一案中,标准合同条款机制的合法性也遭到挑战。① 目前,关于该机制合法性的最终结果正在等待欧盟最高法院的裁决。②

而在大西洋另一端,美国主导下的CBPRs也在沉寂期后迎来实质性进展。2018年3月,新加坡加入CBPRs体系。11月,澳大利亚和中国台湾地区申请加入也同时获得APEC批准。③ 截至年底,在APEC 21个经济体中,已有8个经济体加入CBPRs体系。

5. 跨域执法数据协作新的探索与冲击

2018年3月23日,美国总统特朗普签署了长达2000多页的政府预算支出法案。作为预算法案最后一部分的《澄清合法使用海外数据法》(Clarify Lawful Overseas Use of Data Act,CLOUD)被一并签署,随即生效。

CLOUD法案解决的是刑事领域的证据跨境调取问题。④ 在内容上分为美国调取域外证据规则和外国调取美国所控制的数据规则。在流程上规定了美国与其认可国家之间的证据调取程序,以及通信服务提供者的抗辩程序,其中,被美国认定为适格的外国政府,与美国政府将建立起更为便捷的跨境数据调取路径。

但这并不能一蹴而就地解决数据跨境调取问题,而毋宁说是为其提供了一个框架。无论是对适格外国政府的认定标准,还是对行政协议订立的要求都带有原则性特征。该法案在实践中发挥作用,还要对其进一步解释和细化。

但法案的意义在于:尝试推动美国现有的数据安全和司法协助法律,能够适应当前以云计算为代表的数字技术的发展,改革现有的冗长司法协助机制,为执法协作中的数据跨境获取设定新的实质性和程序性保护规则,同时为美

---

① "This Privacy Case Could Threaten Facebook's European Operations—Again", http://fortune.com/2017/10/03/facebook-max-schrems-ireland-cjeu-privacy/,July 18,2018.

② Https://www.irishtimes.com/business/technology/supreme-court-to-hear-facebook-appeal-over-data-transfers-referral-1.3581955,July 20,2018.

③ "Australia and Chinese Taipei Join the APEC CBPR System", https://www.huntonprivacyblog.com/2018/12/13/australia-and-chinese-taipei-join-the-apec-cbpr-system/,July 20,2018.

④ See Robert Loeb,"The CLOUD Act, Explained", https://www.orrick.com/ Insights/2018/04/ The-CLOUD-Act-Explained,September 19,2018.

国企业减少来自海外本地化要求提供一种制度动机。但与此同时，该法案导致了对行政权力过度扩大危害隐私等基本人权的担忧。①

在美国提出 CLOUD 法案之后，欧盟迅速作出反应。2018 年 4 月 17 日，欧盟提出的《电子证据条例》（e-Evidence Regulation）草案，该草案于 12 月 7 日获得欧洲司法部长批准，而欧洲议会计划在 2019 年 5 月底换届之前，完成对条例表决。草案包括：

《欧洲数据生成令》（European Production Orders）：其允许一个成员国的国家机关直接从服务提供商处获取电子证据（如应用程序中的电子邮件、文本或消息以及识别犯罪者的信息），该服务提供商在另一成员国的法定代表人，有义务在 10 日内作出答复，并在紧急情况下于 6 小时内作出答复（现有欧洲调查令的回复期间最多为 120 日，法律援助的处理周期则为 10 个月）。

《欧洲数据保全令》（European Preservation Orders）：其允许一个成员国的国家机关要求另一成员国的通信服务提供者或其法律代表留存特定数据，以便随后通过司法协助、欧洲调查令或欧洲电子证据调取令提取这一数据。

简言之，《电子证据条例》允许执法官员更快地从其他国家获得电子证据，虽然目前该条例因为隐私争议而尚未获得绝对支持。

对于这一问题，我国仍然坚持传统的跨境司法协助方式。2018 年 10 月 26 日，我国发布实施的《中华人民共和国国际刑事司法协助法》，规定了我国和国外之间相互提出调查取证请求的程序性和实质性规则，但其仍旧是围绕传统的司法协助方式，并未有突破性变革。

从跨域执法数据协作问题本质来看，其更适合在国际平台上进行讨论。2018 年 4 月，联合国公布《跨境提取电子证据实践指南 》，从指南看联合国对直接跨境调取电子证据总体持谨慎态度，既没有完全复制 CLOUD 法案的框架，也没有完全抱定旧有规则，而是在充分尊重国家主权的情况下对个别情况

---

① See Tamara Davison, "The CLOUD Act: New Freedom or Unlawful Snooping?", https://techindc.com/the-cloud-act-new-freedom-or-unlawful-snooping/3058/, January 12, 2019.

下的直接取证进行了试探性规定。①

总之,跨域执法数据协作机制中出现最大的突破是,在特定情形下,允许外国执法机关直接向位于某国国内的通信服务提供者调取数据。这种新机制对传统形式的通过司法协助请求、依赖被请求国机关调取数据的方式形成了冲击,而深藏在其背后的是对国家主权是否延伸至网络空间的判断。尽管从目前各方发布的规范来看,还都是框架性规范,但已揭开了跨境执法数据协作改革的序幕。

国内

6. 多部法律并行推进数据保护规则

自2016年《中华人民共和国网络安全法》(以下简称《网络安全法》)首次在法律层面构建了个人信息保护较为完整的法律制度后,我国法律层级的数据保护制度建设步入加速期,这其中既包括网络法,也包括传统法律制度,并兼有公法与私法视角。

2018年8月,《电子商务法》历时五年终获通过,其在《网络安全法》基础上,对个人信息保护规则做了进一步细化。例如,要求经营者对于用户查询、更正、删除用户信息以及用户注销的方式和程序进行明示,且不得设置不合理的条件使上述权益无法实现等。而在实践中,作为电子商务应用的高频场景,大部分电子商务平台自身也支持用户查询、修改包括名称和收货地址在内的个人信息,对个人订单也可轻松实现删除等操作。但对于“删除”“注销”功能如何与数据留存等安全性义务相衔接,还需做探讨。

9月6日,《人格权编(草案)》面向全社会公开征求意见。本编内容包括隐私权和个人信息保护,从民法视角提供保护机制。但从公布的条文看,其将民事主体的姓名、名称、肖像、隐私、个人信息的并列提法,似乎显露了在民法理论层尚未厘清隐私与个人信息之间的交叉重叠关系。此外,草案对《网络安全法》中的个人信息保护条款多有复制,这引起了属于私法体系的《人格权

---

① See “Practical Guide for Requesting Electronic Evidenee Across Borders”, the United Nations Office on Drugs and Crime (UNODC), the United Nations Counter-Terrorism Committee Executive Directorate (CTED) and the Internatatnal Association of prosecutors (IAP).

编》与公法体系的《网络安全法》的相互关系问题。

9月10日，全国人大公布《十三届全国人大常委会立法规划》，其中《个人信息保护法》《数据安全法》一并列入第一类立法项目，集中代表了我国公法体系对于数据安全问题的关注。但结合《人格权编》带来的私法与公法规则的关系问题，我们又将面对《个人信息保护法》与《数据安全法》两套公法规则体系的协调与统筹问题。

不同性质法律规范的重叠交叉揭示了我们正处于一个微妙的历史变化期——从"个人信息保护"向"数据治理"转变，"数据治理"正在以更宏大的议事命题浮现，形成了围绕数据资产的隐私保护、创新竞争、安全主权等更复杂化、更多维的公共政策讨论场。

7.《电子商务法》尝试回应数据歧视问题

2018年年初，媒体报道称携程平台利用大数据"杀熟"，使老用户通过携程应用程序（App）预订酒店的价格比新注册用户高。在知乎网站与"大数据杀熟"相关的话题下，有近两万关注者，其中超过六成用户表示，自己在预订酒店、机票、门票时，被在线旅游平台"杀熟"。包含"动态调价功能"的滴滴平台也成为公众"吐槽"的重点。①

此时正逢《电子商务法》进入最后的审议阶段，立法作出应激反应，增加反歧视条款，该法第18条第1款规定："电子商务经营者根据消费者的兴趣爱好、消费习惯等特征向其提供商品或者服务的搜索结果的，应当同时向该消费者提供不针对其个人特征的选项，尊重和平等保护消费者合法权益。"

虽然根据《电子商务法》的适用场景，本条被限制在提供搜索结果的情形，且"平等保护消费者合法权益"的表述本身存在争议，但这反映出数据歧视问题已引起立法关注。

实际上，围绕数据歧视问题的讨论，在西方已持续了二十多年，而围绕歧视本身的讨论则更加久远。"歧视"在经济学中本是个中性化表达，差异化是市场竞争的本质。市场中存在多样性的"歧视"，不同的"歧视"具有不同的效

---

① 参见《为什么阿里飞猪、滴滴、携程都被质疑滥用大数据杀熟?》，载虎嗅网：https://www.huxiu.com/article/266330.html，2018年9月16日最后访问。

果,甚至有时候“平等对待”反而导致“不公正”。法律上所讨论的是,究竟哪一种“歧视”是不可被接受,并应当受立法所规制。但在法律上要回答此类问题,还需要通过经济学来分析问题的实质。

经济学通常将差别定价分为三类:(1)一级价格歧视(亦称“个性化定价”):企业向每个消费者索取不同的价格,典型如二手车交易价格;(2)二级价格歧视(亦称“数量折扣”):按销售量定价,典型如批发价格;(3)三级价格歧视:企业向不同的人口群体收取不同的价格,比如给老年人、学生打折。① 价格歧视虽然有时被认为是不公平的,但很多也已得到人们认同。商务旅客如果购票或预订酒店较晚,可能要为相同的机票或酒店支付更高的价格。多年的市场运行和经济学研究亦证明,此类价格歧视有助于消费者福利和社会总体福利的增长。

目前在法律层面需要规制的大数据价格歧视,在美欧已达成一定共识。美国联邦贸易委员会(Federal Trade Commission,FTC)对数据歧视问题已研究数年,2016年1月6日,其发布了题为《大数据:包容抑或是排斥工具》(*Big Data: A Tool for Inclusion or Exclusion*)的研究报告,表明了其对数据歧视的法律规制基本立场,如果大数据分析基于种族、肤色、性、性别、宗教、身体残疾状况、基因等因素做出差别对待,则会有较高的法律风险。② 欧盟也持有相似立场,不同的是,欧盟是在立法中作出统一要求,而美国则是分散在各个相关法律里予以规制。

除了典型的违法歧视行为,对于消费者目前所关注的,基于数据分析,依据消费者的消费需求强烈程度、消费能力的大小而形成的价格歧视问题如何解决,仍需要结合经济学进行深入研究。正如目前航空业普遍的票价定价策略中也显著考虑了用户出行需求强烈程度一样,基于数据在其他消费场景下的定价策略如何影响消费者及行业,以及消费者在其中如何做出策略应对,仍

① 美国白官:《大数据时代,个性化定价的是与非》,罗治兵译,载微信公众号“美团点评法律评论”,2018年7月17日最后访问。

② Https://www. ftc. gov/system/files/documents/public_events/313371/bigdata-workshopslides-9_15_14. pdf.

需要观察。

消费者在价格歧视中并不是完全被动的，周密的数据定价策略，短期内可以增加商家利润，但长期内却会导致市场“双输”。[①] 这意味着除了典型的有失公平，甚至带有欺诈性的数据歧视需要予以法律规制外，基于数据分析的价格差异化问题带来的消费者保护问题仍需要深入研究。

8. 最高人民法院典型案例关注个人信息泄露侵权

2018 年 8 月，最高人民法院发布第一批涉互联网典型案例，旨在进一步统一裁判标准，为涉互联网案件审理提供参考。十大案例中，庞理鹏诉中国东方航空股份有限公司（以下简称东方航空公司）、北京趣拿信息技术有限公司（以下简称趣拿公司）隐私权纠纷案，明确了由于航空公司、网络购票平台疏于防范导致消费者个人信息泄露，应当承担相应的侵权责任。[②]

本案中，庞理鹏委托他人在去哪儿网（北京趣拿信息技术有限公司）为其购买东方航空公司的机票，而后庞理鹏收到航班因故取消的诈骗短信。对此，庞理鹏向一审法院起诉，认为东方航空公司和趣拿公司泄露其隐私信息（姓名、手机号码、行程安排），侵害其人身权利。一审法院认定证据不足，判决庞理鹏败诉。2017 年，二审法院认为，原告作为一名普通人，举证证明对方公司内部事务的能力有限；而现存事实证明庞理鹏的隐私信息有高度可能性是由趣拿公司和东方航空公司匹配并泄露。并且，趣拿公司和东方航空公司在信息安全管理方面存在疏于防范的过错，应当承担侵权责任，故而法院判决东方航空公司和趣拿公司向庞理鹏赔礼道歉。

本案二审改判的关键在于，二审法院在因果关系的证明上采用了不同的责任分配方式，即在排除受害人自己泄露或者其他泄露途径的可能性之后，由具有高度的泄露个人信息可能性的被告负举证责任，极大地减轻了受害人的举证负担，从而更有利于保护个人信息。对于本案的损害赔偿部分，二审法院

---

① 参见朱悦：《价格歧视？算法时代的一场“猫鼠游戏”》，载腾讯研究院微信公众号，2018 年 10 月 30 日最后访问。

② 参见《最高人民法院发布第一批涉互联网典型案例》，载中国法院网：https://www.chinacourt.org/article/detail/2018/08/id/3459515.shtml，2018 年 11 月 20 日最后访问。

则严格遵守了《中华人民共和国侵权责任法》的规定,考虑到原告没有遭到实际财产损失和严重精神损害,故而判决东方航空公司和趣拿公司向庞理鹏赔礼道歉。

案件的背后反映了当下公民对个人信息侵权的损害赔偿需求正在不断增加,而法院也面临着如何确定侵权事实的难点。在本案中,二审法院采取"高度盖然性"理论来重新分配原被告双方的举证责任,解决了一部分案件中原告举证难的问题,但在大数据时代,信息采集渠道日益多元化的背景下,此类问题将面临更大挑战,需要在侵权法上找到新的出路。

9. 个人征信业务尘埃落定

2018 年 1 月 4 日,中国人民银行(以下简称央行)发布《关于百行征信有限公司(筹)相关情况的公示》,宣布受理了"百行征信有限公司(筹)"的个人征信业务申请。5 月 23 日,由中国互联网金融协会牵头,8 家市场机构入股的百行征信有限公司(以下简称百行征信)在深圳揭牌,"信联"神秘面纱就此揭开。百行征信的建立是对中国个人征信服务市场的一次重塑,也同时意味着自 2015 年开始个人征信业务牌照准备试验走向终点。

2015 年,央行曾下发《关于做好个人征信业务准备工作的通知》,要求芝麻信用管理有限公司、腾讯征信有限公司、深圳前海征信中心股份有限公司、鹏元征信有限公司等 8 家民营征信机构做好个人征信业务的准备工作,准备时间为 6 个月。但经过三年的长跑准备期表明,没有任何机构符合央行对个人征信业务的期待。

"百行征信"由中国互联网金融协会持股 36%,前述 8 家机构各持股 8%。8 家机构不再单独从事个人征信业务,原有部分征信业务将剥离并入百行征信,其他业务可存续为数据服务公司,通过这种方式,让个人征信方面的主要工作和方式聚焦在共商、共建、共享征信平台上。截至 2018 年 9 月底,百行征信已经与 241 家机构签署了信用信息共享合作协议,涵盖网络借贷信息中介机构(P2P)、网络小额贷款公司、消费金融公司等。百行征信将与国家金融信用信息基础数据库错位发展、在功能上实现互补。

同时,监管层开始关注替代数据(非信贷数据)的采集和使用,以及更大范围的数据服务行业的规范和治理。而对于数据平台或数据服务机构而言，哪些是个人征信牌照范围内允许的业务，哪些是非持牌机构不能涉足的，尚待进一步明确。

10. 监管推动下的行业自律发展

2018 年 5 月，个人信息保护领域的推荐性国家标准《信息安全技术个人信息安全规范》（以下简称《规范》）正式实施。《规范》明确了个人信息的收集、保存、使用、共享的合规要求，为网络运营者制定隐私政策及完善内控提供了具体指引。同月，中国银行保险监督管理委员会发布《银行业金融机构数据治理指引》（银保监发〔2018〕22 号），将《规范》也同步纳入银行业金融机构的合规标准体系。

以《规范》为基础，中央网信办、工业和信息化部、公安部、国家标准化管理委员会四部委继续推进隐私政策评审工作。从 8 月底开始，第二次隐私条款专项工作也拉开帷幕。此次隐私条款评审选取了与人们日常生活紧密相关、具有较大用户数量的 30 款网络产品，通过隐私政策评审来引导企业提高数据处理透明度。①

11 月，中国消费者协会也发布《100 款 App 个人信息收集与隐私政策测评报告》（以下简称《报告》）。《报告》对包括通信社交、影音播放、网上购物、交易支付、出行导航、金融理财、旅游住宿、新闻阅读、邮箱云盘和拍摄美化的 10 类，共计 100 款应用程序进行个人信息收集与隐私政策测评。通过评测也发现：过度收集或使用个人信息的情况仍较为普遍，特别是"位置信息"、"通信录信息"、"身份信息"和"手机号码"等敏感信息更容易被过度收集。②

这些由监管部门、消费者组织发起的自律性活动，提高了全社会层面对于数据保护问题的关注度，也促使企业、政府、医院、学校等开展个人数据处理的机构，在数据保护方面进行更多的投入。

---

① 参见《2018 年隐私条款评审工作计划于月底完成　产品设计被纳入考量》，载奥一网：https://m.mp.oeeee.com/a/BAAFRD000020181127119327.html，2018 年 11 月 30 日最后访问。

② 参见《中消协在京发布〈100 款 App 个人信息收集与隐私政策测评报告〉》，载中国消费者协会网：http://www.cca.org.cn/zxsd/detail/28309.html，2018 年 11 月 30 日最后访问。

二、2018 年数据保护政策焦点洞察

本书呈现出有趣的对比:一向以市场自律主导、主张灵活监管的美国因脸书数据泄露事件,2018 年几乎都在反思数据泄露与数据滥用问题,监管机构、产业界、消费者团体、学界对问题的共同探讨日益深入;而一直以严格保护为传统的欧盟却致力于促进数据共享的政策研究。这或者解释了数据政策往往并不是非此即彼的价值取向,而是科学精巧的政策平衡。

(一)Facebook 数据泄露事件的深度拷问

2018 年 3 月,《纽约时报》和英国《观察者报》共同发布了深度报道,曝光曾服务特朗普竞选团队的数据分析公司(Cambridge Analytica)获得了脸书数千万用户的数据,并进行违规滥用,干预包括美国大选在内的多国政治活动。此举将 2016 年年末已经开始发酵的"通俄门"事件推向为全球瞩目的焦点事件。

截至 2018 年年底,美国国会参众两院各委员会分别或者联合启动数十场听证会,深度拷问平台数据治理能力,并卷入 Facebook、推特(Twitter)、谷歌(Google)等众多科技公司。

听证会是美国开展事件调查、立法政策讨论最主要和最正式的方式。自 2018 年以来的听证会,无论是质询者,还是回应者,都在不断加深对相关问题的认识。与其说成是听证会,不妨看作美国目前涉及范围最广、规格最高的大型系列政策研讨会,研讨会上的各类观点一定程度上决定了美国未来的数据监管政策。

我们可以将研讨议题大致分为两类:

议题一:内容监管中的平台责任:涉及选举政治问题的,监管政策已趋明朗,但泛泛的平台责任议题仍在讨论中。

在美国,对平台内容进行监管是极其复杂的。美国宪法第一修正案规定的言论自由原则适用于平台,平台需要被平等地保障言论自由权,这也是美国

国会长期以来一直没有为平台赋予更多内容管理责任的主要原因。

但是随着时代的发展,要求平台对其上的内容承担责任的理由也渐渐凸显,平台媒体通过信息传播这一重要渠道,获得了影响社会的力量,这一地位的转变使平台也要承担起防止这一力量被滥用、危害社会的责任。

首先,关于平台被恶意利用、干预选举等政治问题,平台正积极承担责任,并支持在这一领域建立明确的立法。实际上,利用网络做政治宣传在美国早已有之,2011 年奥巴马竞选团队在网络选战中的出色表现为人所称道,而 2016 年特朗普当选超乎预期,并与“通俄门”话题关联,使平台在选举中被恶意利用的问题变得紧迫,硅谷科技公司也意识到了网络上虚假账户、虚假新闻对民主政治的极大危害,积极支持国会制定《诚实广告法》,加强线上政治广告的透明性。

而在干预选举问题之外,对于网络上的仇恨言论、儿童色情等不良内容,尽管立法者们也开始讨论对 1996 年《通信内容端正法》(Communications Decency Act)第 230 条免责条款——互联网服务提供者不为第三方内容承担责任——进行适当的修改,但这种泛泛的平台内容责任政策还需深入讨论。一概而论地评价美国加强平台对内容的监管责任,并不准确。相反,出于“言论自由”等美国基本价值原则,包括脸书、推特等大互联网公司的内容管理措施仍然十分谨慎的。许多立法者,特别是原则上反对商业监管的共和党人,希望科技行业能够证明其能够自我调节。

议题二:隐私保护和数据安全政策:联邦重启隐私立法议题,并得到了科技行业支持。

美国在隐私与数据保护方面的立法长期保持着碎片化特征,即各行业、各领域,以及各州分别针对特定场景下的消费者隐私保护各自出台立法。这种分散式立法虽然具有更强的灵活性,但也因过于松散而饱受诟病。

而 2018 年一系列的听证会表明,关于联邦层面的统一隐私保护立法再一次成为讨论的焦点。这一次,美国两党、民众以及主要科技公司似乎已达成了新的共识:即现在的问题不再是是否需要制定联邦层面的隐私保护法,而是应该制定一部怎样的联邦隐私保护法。

尽管目前联邦层面的隐私保护立法呼声极高,但因为美国各州差异巨大,能在联邦层面达成共识的隐私立法不会过于翔实,具体的执法细则应根据各州的具体情况进行规定,制度规范也不会像 GDPR 那般严苛。因为即使是最为激进的《加州消费者隐私保护法案》,也比 GDPR 要宽松很多,也会更加注重消费者保护的实际效果和促进企业发展、技术创新之间的平衡。这最显著地体现在以下两点:

第一,受影响的实体范围。在欧盟 GDPR 下,几乎所有的实体都受 GDPR 的约束,而 CCPA 仅涵盖收入超过 2500 万美元的企业,以及销售大量个人信息的数据经纪人。

第二,CCPA 仍然保持了美欧个人数据保护法的最大差异。具体而言,在 GDPR 下,公司收集、处理消费者个人数据之前必须要获得消费者的明示同意,即"opt-in"模式;而在 CCPA 中,对于 16 岁以上的消费者的个人信息处理,采取美国一以贯之的"opt-out"模式,即除非用户明示拒绝或退出,否则公司可以继续处理用户的个人信息。就实践效果而言,"opt-out"模式对消费者而言更为真实有用,同时对新进入市场的企业的发展阻碍也更小。

正如 2018 年 10 月 10 日,在以"消费者数据隐私:审视欧盟通用数据保护条例和加州消费者隐私法案"为主题的听证会上,欧洲数据保护委员会主席安德里亚·杰林克博士(Dr. Andrea Jelinek),以及美国 CCPA 的主要发起人:阿拉斯泰尔·麦塔加特(Alastair Mactaggart)应邀展开政策讨论。后者表示:人们将 CCPA 与 GDPR 进行了比较。虽然存在概念上的相似之处,但 CCPA 却有很大的不同。一个重要的区别是,欧洲方法要求用户同意才能进行任何数据处理。我们担心此条款可能会伤害新进入市场的企业,因为消费者可能不太同意新参与者收集和销售他们的信息 ——那么下一个谷歌或脸书如何成长起来呢?

在紧接着 12 月 11 日的美国众议院司法委员会发起的听证会上,美国最重要的数据监管机构联邦贸易委员会(FTC)主席约瑟夫 J. 西蒙斯(Joseph J. Simons)也陈述道,我们在考虑联邦的统一隐私立法时,也必须看到它可能带来的负面结果——扩展现有平台的市场份额,他们有更多资源投入合规,从而形成新的竞争优势。欧盟率先推出 GDPR,这使美国有机会把它看作一次制度试验,看它是否减损了竞争、带来什么坏处,我们可以在制度设计中找到办法来避免它。

除了国会层面发起的隐私立法讨论,担负隐私监管使命的 FTC 也陆续发起系列听证会,深度讨论数据政策。主题涵盖:隐私监管(消费者数据的监管),隐私、大数据和竞争,算法、人工智能和预测分析,数据安全等。

FTC 听证会的重要特征是参与者的立场及专业背景的多元化。广泛卷入了监管机构、企业、消费者团体以及研究机构,参与讨论者的专业背景既有社会科学背景,包括经济学、法学、心理行为学等,也有技术工程背景,包括计算机科学家、工程师等。这样多元的主体参与,为数据问题的探讨提供了多样性,使我们有机会透视问题最真实样貌。

1. 经济学家的讨论视角:

数据规制对于数字经济的短期、长期影响。包括以 GDPR 为具体案例来讨论其长短期影响。

消费者福利的增长与损耗。以在线行为广告为例,其向消费者反哺了海量的免费内容和免费服务,也一定程度上增加了服务供给端的竞争程度。

数据是如何存储、流动和进化的?技术是如何塑造了数据以及数据的使用?

比较两种数据使用机制对社会福利的影响。以借贷市场为例,在 opt-in 和 opt-out 两种模式比较得出的结果:opt-out 模式下,有更多的数据被收集,借贷市场会更加有效地进行匹配,最终借贷产品的价格更低。

2. 竞争法专家讨论,在特定的数据竞争案例中:

数据是最终产品还是竞争的投入要素?

数据是竞争的武器,还是竞争的目标?

数据的竞争属性,数据是唯一的,还是广泛获取、易于复制的?

3. 心理行为学探讨:

在市场运行中,消费者的隐私偏好扮演了重要角色。在市场调查问卷中,消费者总是反映出更强的隐私保护立场;然而在具体市场行为中,消费者的隐

使用者的全球性数据交易平台。

3. 产业数据平台

在特定的产业场景中,部分公司选择达成战略合作伙伴关系,自愿加入一个封闭、安全和专属的平台,从数据交换中获得互惠互利,数据可以在该平台上免费共享,也可以支付对价。这些来自不同公司的数据集合可以给相关各方带来明显收益,参与此类数据协作平台的公司可能因此开发出新的产品、服务,或是大幅提高原有产品、服务的性能和水平。例如,欧洲领先的飞机制造商空中客车公司(Airbus)创建了“智慧天空”(Skywise)平台,为平台成员提供数据服务以提高生产效率。

4. 数据共享技术服务

与产业数据平台或数据交易市场不同,技术服务企业的收益并非来自直接的数据分享,而是通过建立、实施或者维护促进企业间数据共享的技术方案而收取费用。例如,DKE、API-AGRO,Nallian and Sensative 建立了他们自己基于网络或基于云服务的技术方案,来促进一组数据使用者或商业伙伴间的数据分享。

5. 数据开放与数据策略

这些企业实行开放的数据政策,将数据合法提供给第三方,用于开发新产品或服务。采取此策略的公司大多在法律上负有开放数据的义务,尤其集中在能源领域。例如,法国国家电网运营商 Enedis 已有 20 年的数据共享经历。它最初是出于法律义务与第三方分享能源分布和消费数据,目前则是将数据共享作为自身数据转型策略的一部分。其数据已在能源市场、可再生能源、智能建筑和智能家居等领域被证明是极有价值的。

同时,报告也指出了阻碍欧洲企业间开展数据共享的限制性因素:

第一,文化组织因素。缺乏对技术解决方案的信任,对共享平台的安全性存在怀疑;评估数据资产价值存在困难。

第二,法律监管因素。包括数据权属问题不清,数据利用合规上的不确定性(GDPR),数据本地化限制等。

第三,技术运营因素。企业间的数据共享缺乏标准化模式,不同数据集和信息系统之间缺乏交互操作,缺乏(兼容)标准。

基于此,报告提出了相关建议:

《数据共享指南》指出:欧洲企业间数据共享在现实中是大量存在的,在未来还将继续增长,并对促进经济增长产生积极影响。因此促进数据共享发展应当是政策制定者的当务之急:

第一,加快对数据权属的研究,完善非个人数据访问和流动的法律保障;

第二,推广和促进企业间数据共享许可协议的使用;

第三,提高数据使用的持续审计的技术能力,防止数据滥用。

对于第一点,欧盟已经通过实质性的政策行动,迈出积极一步。2018 年 10 月 4 日通过的《非个人数据在欧盟境内自由流动框架条例》在法规层面消除阻碍企业间数据共享面临的负面因素。一方面,提出对数据本地化措施予以最大程度的限制或禁止;另一方面,规定欧盟委员会应鼓励和促进制定联盟一级的自律行为守则("行为守则"),以便在透明度、互通性原则和开放标准的基础上,助力发展基于数据共享的有竞争力的数据经济。

对于第二点,《数据共享指南》中也重申了许可协议在数据共享中的基础性作用。数据共享通常是在协议的基础上实现的。双方或多方通过数据使用许可协议就数据共享的内容、价值以及合同上规定的其他方式达成一致。全面的数据许可协议应该覆盖以下内容:对共享数据本身的描述,可以访问、使用数据的主体,以何种方式使用,包括数据(分析)的衍生品权利分配、责任分配等。

最后,为数据共享提供可信、安全的环境,《数据共享指南》也从技术视角,提供了相关技术解决方案建议。其肯定了应用程序接口(Application Programming Interface,API)作为数据共享方式的优点:简单快速访问数据;可监控数据的使用;核实违反合同的行为;迅速处理数据的滥用(终止或暂停数据访问)。

此外,《数据共享指南》还推荐了:将算法应用于数据(Algorithm-to-the-data)以及隐私保护计算(Privacy-preserving computation)等技术方式。这些技术应用将使得数据安全、数据保护以及隐私等难题迎刃而解。其中,算法将确保实现个人数据与隐私保护的关键因素——尽可能少地转移数据。而隐私保护计算在确保不泄露输入数据的前提下提取有用信息。因此,数据计算可以在不同领域(公共或者私人)中同时运行而不必将数据迁移出公司。这些模型意味着从“分享数据”到“分享计算”的基本范式转移。①

(三)小结

数据共享最大的风险莫过于数据泄露和数据滥用。美欧的政策探索从两端入手,最终仍是在回答同一个核心问题:在促进数据共享、释放数据潜能的同时,如何最大化地减轻数据泄露和滥用带来的负面作用?而在这一核心问题面前实质上有一个统一的前提共识:数据是驱动创新发展的关键资源。欧盟更是进一步提出:要建立共同的欧洲数据空间,以促进数字领域的无缝衔接,通过规模效应实现基于数据的新产品和新服务的大发展。

因此,无论是美国通过脸书事件来重新反思整理数据政策,还是欧盟在推出 GDPR 的同时,依旧对如何促进数据共享投入巨大精力,都是在这个大前提下去探寻更科学的政策框架,去释放数据的无限潜能。理想主义的欧盟和实用主义的美国,在这一方面共识大于分歧。

也因此,美欧的探索是相互可借鉴的。欧盟提出的促进数据共享的三大建议,明确数据权属、完善数据共享协议、增强数据共享的安全能力保障,可以为美国在治理数据滥用问题时所参考;同样,美国以市场生态的视角来看待数据安全问题,如何为数据安全提供更持久的市场动机,也或可对欧盟有所启发。

而对于全球数字经济的重要参与方——对中国来说,也许我们也将在其中学到很多……

三、数据保护政策未来发展趋势展望

本书将对数据保护政策总体走向进行分析,特别是欧盟未来的立法重

① 参见《欧洲数据经济中的私营部门数据共享指南》,欧洲委员会通信网络内容与技术执行署发布,中国信息通信研究院云计算与大数据研究所大数据团队译。

点——e-Privacy Regulation 以及美国联邦及州层面隐私立法趋势。此外还特别对区块链、人脸识别新技术应用相关的数据政策趋势进行展望。

（一）欧美总体政策趋势

在全球数据保护法律政策中，欧美仍将扮演引领性角色。

1. 欧盟"e-Privacy Regulation"或带来更严格规制

在 GDPR 之后，欧盟未来的数据保护立法重点无疑在《隐私与电子通信条例》（Regulation on Privacy and Electronic Communications，又称"e-Privacy Regulation"，e-PR）。2017 年 1 月 10 日，欧盟委员会公布了 e-PR 草案，旨在规范电子通信服务并保护与用户终端设备相关的个人信息。e-PR 将取代当前的《电子隐私指令》（e-Privacy Directive，e-PD），实现更严格更全面的电子通信数据保护，也将作为 GDPR 的特别法与之并行，在电子通信数据方面对 GDPR 进行具体化和补充。[①]

一方面，e-PR 与 GDPR 存在一致性。两者在关于隐私和数据的相关定义、技术和组织安全标准、罚则等方面均保持了一致。另一方面，两者也存在一定的区别。GDPR 是为了体现《欧洲基本权利宪章》第 8 条保护个人数据方面的目标；而 e-PR 则是落实《欧洲人权宪章》第 7 条："私生活与家庭生活受尊重的权利"。也有分析认为，在适用性方面，e-PR 覆盖面广泛且规则更严格，特别是其关于数据处理的合法情形更加限缩，某种程度上将取代 GDPR。

e-PR 将适用于在线通信服务、使用在线跟踪技术或从事电子直接营销的企业，包括即时通信、网络电话（Voice over Internet Protocol，VoIP）等通过互联网向用户提供各种应用服务（Over The Top，OTT）的服务商，如瓦次艾普（WhatsApp）、脸书即时通、网络电话（Skype）等；保护范围不仅包括通信内容，还涉及时间、地点、来源等标记通信内容的元数据。e-PR 的前身 e-PD 经常被称为储存在用户本地终端上的数据（cookie）指令，但其实，e-PD 和 e-PR 不

① See "Proposal for a Regulation on Privacy and Electronic Communications", https://ec.europa.eu/digital-single-market/en/news/proposal-regulation-privacy-and-electronic-communications, June 12, 2018.

仅仅是关于 cookie 信息留存和访问的规定,它还涉及电子通信和保密权、隐私数据保护等数据安全的其他方面。

e-PR 原计划于 2018 年 5 月 25 日生效,但其生效时间已被推迟到 2019 年,无论如何,e-PR 生效实施将对电子通信行业的数据处理活动带来重大影响。

2. 美国联邦与地方隐私立法的互补

与美国联邦隐私立法的缓慢进程情形相比,美国部分州和城市的隐私立法呈现不同景象。

全美各州都制定了数据泄露通知法,在今年爆发大规模数据泄露事件的影响下,美国各州进一步完善数据泄露通知法。很多州立法中引入了向受数据泄露影响的个人提供免费信用监测服务的规定。例如,特拉华州要求公司在特定情况下向受数据泄露影响的个人提供一年的免费信用监测服务。①

数据泄露制度最早起源于加州 2002 年《数据泄露通知法案》,这一制度有两个主要功能。其一,为企业保护敏感数据提供动力,因为公开披露的数据安全事件会损害企业声誉并触发昂贵的补救活动;其二,通知数据泄露的个人,使其能够迅速做出反应,以减少潜在的损害。② 但是在数据泄露事件多发的背景下,《数据泄露通知法》所发挥的实际作用仍有待实践检验。公司对《数据泄露通知法》的遵守意识和程度并不尽如人意。特别是对于资源较少的小公司,令其承担证明安全程序合理或在数据泄露的情况下提供免费的信用监测的义务并不现实。此外,由于数据泄露的规模不断扩大,欺诈手段的不断演化升级,数据泄露通知制度对于预防减少欺诈的作用,已越来越弱。

而在数据泄露通知等传统立法领域之外,部分州将目光转向了新兴业务领域的数据安全问题。2018 年 9 月 28 日,加州通过《信息隐私:连接设备法案》(SB-327 Information Privacy:Connected Devices)。该法案旨在管理物联网

---

① “Data Security Breaches”, https://attorneygeneral.delaware.gov/fraud/cpu/securitybreach-notification/, September 17, 2018.

② Richard J. Sullivan, Jesse Leigh Maniff, “Data Breach Notification Laws”, This article is on the bank’s website at www. Kansas City Fed. org.

设备,是美国首部关于"物联网"隐私的州立法。该法案规定,任何与互联网相连的"智能"设备的制造商都必须确保该设备具有"合理"的安全功能,"保护设备和其中包含的任何信息不受未经授权的访问、破坏、使用、修改或披露"。

除州立法外,为了应对与智慧城市大数据相关的隐私问题,城市隐私保护法律法规在美国兴起,成为继联邦和州隐私立法之后的第三个层次的隐私保护的制度来源,其主要覆盖对警方使用数据的规制,如西雅图市议会修订《监视条例》,以避免公共生活中存在普遍和持续的监视。纽约市也建立了类似法规,并同步探索针对智慧城市使用传感器技术的指导原则。①这些灵活的地方立法,成为美国隐私立法的先行者,为未来联邦层面的隐私立法起到了经验积累作用。

(二)新兴技术业务隐私保护争议与政策趋势

1. 面部识技术隐私与数据保护政策趋势

2018 年,面部识别技术发展迅猛,在安全防范、管理、金融、消费、社交、娱乐等多个领域得到应用。然而,面部识别技术大规模、多领域的全面应用,带来的不仅是安全有序的社会环境、高效便捷的服务体验,同时也造成了对隐私保护、数据安全的担忧。

面部识别技术已经产生了一些引人注目的诉讼案件。2018 年 12 月 29 日,"谷歌面部识别诉讼案"落下帷幕,法院支持被告谷歌公司的抗辩,以原告不存在实际损害为由驳回起诉。② 在该案中,原告韦斯(Weiss)是谷歌照片(Google photos)的用户,但另一原告里维拉(Rivera)不是谷歌用户,法院判定谷歌公司保存和收集面部模板的行为均未造成损害,不满足美国《宪法》第 3 条(Article Ⅲ)的起诉原则(the standing doctrine),即原告没有证明自己遭受了"事实上的伤害"。尽管在诉讼中,谷歌并未败诉,但为了避免面部识别技术可

---

① Ira Rubinstein, *Privacy Localism*, NYU School of Law, Public Law Research Paper No. 18-18, Available at SSRN: https://ssrn.com/abstract=3124697 or http://dx.doi.org/10.2139/ssrn.3124697, September 15, 2018.

② Lindabeth Rivera, Joseph Weiss v. Google. Inc. No. 16 C 02714(2018).

5. 数据滥用

脸书事件令各界关注到数据滥用问题的严重性,大型平台也开始纷纷缩紧其平台数据开放政策,以减少其数据被第三方滥用的风险,这一定程度上代表了平台从开放到收紧的阶段性趋势。

这表明,在促进数据创新和保证数据安全两个观察维度下,对于个人数据的开放利用会得出不同的结果。从允许数据开发、激发业务创新方面,数据开放的尺度应当越大越好,而从安全和防止滥用的角度看,结论则可能完全相反。因此,解决数据滥用问题的出路不是“一刀切”地切断数据共享,更为关键的是要采用法律、管理、技术等手段增强数据使用中的安全控制,这仍有待于未来的持续探索。

6. 数据权属

在法律上,关于数据权属仍没有明确定论,但基于该问题的研究却已取得很多进展。企业间的数据分享和再利用不仅大量存在,而且在未来还将持续增长。目前,对于“非个人的和计算机生成的匿名化数据”,欧盟提出了创设“数据生产者权利”的设想,即数据生产者权利可以是排他性的财产权,数据生产者有权分配或许可他人使用其数据,并独立于其与第三方之间的合同关系,这或许是一个可参考的解决方案。关于数据权属的进一步明细化,将会助力物联网、智慧城市以及工业互联网等数据处理生态的繁荣。

7. 数据共享

数据共享是发展数据经济的重要着力点。欧盟预测,其数据市场价值在2020年将超过1060亿欧元,增长前景可期。但这有赖于建立更为完善的数据共享政策环境,以促进数字领域的无缝衔接,通过规模效应实现基于数据的新产品和新服务的大发展。

欧盟在提出GDPR的同时,对促进数据共享政策仍投入巨大精力,可以预测,在欧盟政策引领下,数据共享政策环境框架在未来仍然将会得到持续完善,包括在明确数据权属的前提下,通过推广许可协议做法,明确数据共享各方的数据安全责任,并配合相关审计、技术手段来增强数据共享中的安全可信水平。

第二章　网络安全政策

随着国家智能制造战略的不断推进及工业革命技术的深入发展，交通、电力、电信、供水、金融及政府服务愈发依赖信息技术及系统，网络安全日益成为关乎国家安全和主权、社会稳定、经济安全的牵一发而动全身的核心议题。网络安全以信息安全保护为核心，信息安全是指“保护信息和信息系统不受未经授权的访问、使用、披露、破坏、修改或者销毁”，以确保信息的完整性、保密性和可用性，随着互联网技术不断开发和应用，网络安全问题日益加剧。例如，目前微博、微信等移动社交媒体的广泛应用，就加剧了网络安全问题。网络安全规范复杂性还在于，与网络不断发展的特点一致，其具有动态的特点，不断迭代升级。从世界范围来看，网络安全规范，逐渐从一般意义的网络物理安全即所谓的“面向网络安全”，到超越网络物理安全的所谓“面向内容安全”，再到今天大数据崛起之后的超越一般内容安全的“面向数据安全”的变革，今后还要不断应对频发的新型安全问题。

本报告认为，网络安全保护包含信息系统权限获取和数据泄露两个方面，无论是出于对关键基础设施保护需求，还是国家安全战略的需求。网络安全问题贯穿国家、社会、个人多个层次法律利益。2017~2018 年是全球网络安全法治进程的“井喷期”。一方面，世界范围内的网络安全问题不断演化，成为各国安全战略博弈的新手段；另一方面，国内各类新安全问题的应接不暇，迫切需要完善法治体系以提升国家维护网络安全的能力。梳理出更加全面和立体、兼顾产业发展、具有一定弹性的网络安全治理体系确有必要。在我国网络安全治理的基本法《网络安全法》业已生效，相关的法律配套规章也在陆续制定的大背景下，本报告对过去两年多的域内外安全立法政策进行梳理，并提出若干建议。

一、域外网络安全政策法律年度观察

面对日益严峻的网络安全形势以及不断频发的网络安全问题,世界范围内各国均从战略及制度层面积极应对,在合作与竞争中试图构建更加全面立体的网络安全治理体系。

(一)国际网络安全博弈与合作并存

作为人类生活的第五空间,网络空间正在各国对抗与争夺的暗战场,2017年出版的《网络行动国际法塔林手册2.0版》,在第一章“主权”中纳入了5条规则,其中规则4为“一国不得侵犯他国主权的网络行动”。易言之,如果一个国家的网络行动对他国境内的关键信息基础设施造成损害,都视为对其主权的侵犯。该手册就一国网络行动对另一国领土完整造成损害的三个不同层次(物理损害、功能的丧失、侵犯领土完整但未达到功能丧失的程度)分别进行了具体讨论。当前世界范围内各国纷纷在网络空间中厉兵秣马,将网络空间安全纳入国家安全战略,试图在国际安全治理规则中占领重要位置,当前各方之间角逐不断加剧,主要表现为各国均提出了关于网络空间和网络安全的战略文件,战略博弈已经成为目前全球网络安全治理的鲜明特点。我国陆续发布《网络空间国际合作战略》《大数据产业发展规划(2016~2020年)》《云计算发展三年行动计划(2017~2019年)》《新一代人工智能发展规划》《关于深化“互联网+先进制造业”发展工业互联网的指导意见》等战略、政策和规划,对国际合作、网络安全、大数据、云计算、人工智能、IPv6、工业互联网等重点领域进行针对性指导。2017年4月,澳大利亚公布《网络安全领域竞争力计划》,计划进一步拓展网络安全产业规模,并在同年修订《国家网络安全战略》,进一步强化了对网络安全的重视程度;9月,欧盟委员会主席表示要推出网络安全“一揽子”方案,以加强欧盟应对网络攻击的能力,提升欧盟网络安全防御和应对能力;美国发布总统特朗普任内首份《国家安全战略》,均旨在从战略侧面提升网络安全保护能力,保持国家数字经济竞争力。2018年3月,英国发布《网络安全出口战略》，旨在为英国处于世界领先地位的网络安全公司提供政府出口支持。2017 年 12 月，美国总统特朗普发布了新版《国家安全战略》，浓墨重彩地突出了其“美国优先”的施政方针，明确了改善美国网络安全行业的行动纲要，美国将“在冲突范围内改善网络工具，保护美国政府资产及关键信息基础设施，保障数据与信息的完整性”，同时将认真研究“针对网络空间内恶意行为者采取行动的机会”。2018 年 5 月，美国国土安全部发布《网络安全战略》，强化了未来网络安全识别关涉之重点，明确了美国国土安全部管理国家网络安全风险的方法，包括风险识别、减少关键基础设施脆弱性（减少漏洞问题）、减少关键基础设施脆弱性、缓解网络事件影响、实现网络安全相关产出等。2018 年 9 月，美国特朗普政府发布《国家网络战略》，放宽了使用数字武器保护国家的规定，允许军方和其他机构进行网络操作。这是特朗普上任后的首份国家网络战略，提出了网络安全的 4 项支柱任务以及这 4 项支柱下的 10 项目标与 42 项优先行动。2019 年美国《国防授权法案》重申了“防御前置”（defend forward）战略，申明美国在应对域外网络安全威胁打击的时候可以优先采取策略，即“将我们的注意力向外转移，在有关威胁影响到其目标之前加以制止”。

（二）关键信息基础设施保护仍是“重者恒重”

2019 年 7 月 22 日起，委内瑞拉多次遭遇大范围停电，首都加拉加斯以及全国 23 个州中一半以上受到了停电影响。委内瑞拉政府称，停电原因为该国水电系统受到了网络（电磁）攻击。根据相关报道，受到攻击的是位于委内瑞拉东部卡罗尼河上的古里水电站，委内瑞拉电力供应逾 6 成来自水力发电，而绝大多数电量由古里水电站提供。据分析委内瑞拉电力系统是因为受到域外黑客攻击，而这并不是一国电网首次遭受网络攻击，这样的事例近些年在世界范围内较为常见。网络安全的核心就是保护事关国家安全、公共安全的关键基础设施，所谓关键信息基础设施指的是面向公众提供网络信息服务或支撑能源、通信、金融、交通、公共事业等重要行业运行的信息系统或工业控制系统；且这些系统一旦发生网络安全事故，会影响重要行业正常运行，对国家政治、经济、科技、社会、文化、国防、环境以及人民生命财产造成严重损失。过去一年多,各国一直将关键基础设施保护作为其网络安全制度设计的核心部分,着重提升关键信息基础设施和政府信息系统等重点领域的安全防范能力。

2017年5月,美国总统特朗普签署《增强联邦政府网络与关键基础设施网络安全总统行政令》,规定了加强联邦政府、关键基础设施和国家网络安全将采取的保护措施。2018年1月1日,俄罗斯《关键信息基础设施安全保障法》正式生效。该法案确立了关键信息基础设施安全保障的基本原则,进一步明确了关键信息基础设施的国家职权,对于设施的所有者、系统运营商、电信运营商各方的权利、义务责任进行比较明确的划分。此外,对于关键信息基础设施的分级标准加以明确,分级需由关键信息基础设施所有者或者具备保密信息技术保护许可证的组织来实施。对于如冶金、金融等核心计算机系统遭遇网络攻击的应对方案进行系统的明确。

2018年2月,新加坡《网络安全法》正式通过,旨在为新加坡提供一个综合、统一的网络安全法,该法核心内容包括建立关键信息基础设施保护制度,该法明确了关键信息基础设施的概念及认定程序,建立了针对关键信息基础设施所有者的监管框架,明确了关键信息基础设施所有者的网络安全风险评估义务、审查义务、网络安全事件报告义务、重大事项变更告知义务等,进一步明确了11个关键信息基础设施领域,包括能源、水资源、银行、金融、医疗保健、海陆空交通、信息通信、媒体、安全、紧急服务和政府。

2018年7月,澳大利亚发布的《关键基础设施安全法》正式施行,旨在加强澳大利亚政府对于外商投资关键基础设施业务所产生的间谍、破坏和胁迫等国家安全风险的管理能力,关键基础设施安全由新设立的内政事务部管理。该法对澳大利亚关键基础设施的登记、使用进行了细致的规定,内容涵盖范围较广,对电力、水利、港口、通信等行业的关键基础设施可能受到的间谍行动、破坏和强制等威胁,提出了政府、运营者、所有者等不同角色的安全要求,对于各方主体的信息报告及应急处理预案进行了规定,结合了澳大利亚国内各州的关键基础设施情况,提出了相关的条例和安全解决方案。

(三)人工智能安全日益成为全球性难题

人工智能安全是当前新技术带来的全新挑战,包括数据与个人隐私的保护、算法透明度与可解释性的缺失、人工智能自身系统安全三重风险，针对人工智能带来的风险，各国正在积极应对，2017 年 1 月，美国计算机协会下属美国公共政策委员会发布文件，阐述了关于人工智能算法透明化和可责性七条原则，旨在通过算法透明化及可追溯性，尽量减少潜在的风险及危害。2017 年 2 月，欧盟议会通过《机器人民事法律规则》，强调算法透明原则，即对某个人或更多人的生活可能产生实质性的影响，借助于人工智能所作出的决策，必须在任何情况下都可以提供其决策背后的算法设计规则。2017 年 12 月，纽约市议会通过《政府部门自动决策系统法案》，这是美国针对人工智能算法进行立法监管的首个法案，其目的在于促进政府自动决策算法的公开、公平，提高政府决策智能算法的公信力。2017 年 12 月，电气电子工程师协会（IEEE）的自主与智能系统伦理全球倡议项目发布了《人工智能设计的伦理准则》（第 2 版），明确提出“透明和个人权利”，规定“必须允许当事人、其律师和法院可以合理地获取政府和其他国家机关采用这些系统所产生和使用的所有数据和信息”，“公众有权了解是谁通过投资来制定或支持关于这类系统的伦理决策”等。2018 年 3 月，美国众议院提出法案，建议成立“国家人工智能安全委员会”，负责审查人工智能、机器学习的发展和相关技术，以便全面解决国家安全需要，包括经济风险和国防需要。2018 年 4 月 16 日，英国议会下属的人工智能特别委员会发布长达 180 页的报告《英国人工智能发展的计划、能力与志向》，认为英国在发展人工智能方面有能力成为世界领导者。报告涵盖人工智能各方面，从 AI 概念、设计、研发，对工作、生活、医疗等领域的影响，应对人工智能威胁、塑造人工智能未来等层面，进行了有益探索；报告呼吁英国政府制定国家人工智能战略，旨在支持英国实现人工智能对社会和经济的巨大潜力，同时保护社会免受潜在威胁和危险；对于舆论热炒的人工智能监管，报告认为当前不需要对人工智能作专门监管，各行业监管机构完全可以根据实际情况对监管作出适应性调整，相反，报告呼吁英国政府制定国家层面的人工智能准则（AI Code），为人工智能研发和利用设定基本的伦理原则，并探索相关标准和最佳实践等，以便实现行业自律。

(四)以网络安全漏洞治理为中心的安全态势感知逐渐成为全球热点

网络安全漏洞正在成为一种重要的国家战略资源,并逐渐呈现出武器化的趋势,瓦森纳协定(The Wassenaar Arrangement on Export Controls for Conventional Arms and Dual-Use Good and Technologies)规定,参与国不得随意进出口利用漏洞设计规避政府系统监测软件检测以及进行信息和数据提取的工具,以及修改系统或用户信息的软件,瓦森纳协定补充协定更是将零日漏洞等视为一种潜在的武器进行监管,漏洞挖掘与我国安全态势感知有着密切关系,域外对于威胁态势感知与漏洞管理的实践日臻丰富。2017 年新加坡《计算机滥用和网络安全法》修正案则对严重的数据保护和网络安全漏洞规定了严重的刑事制裁。2017 年《美国政府漏洞衡平政策和程序》对漏洞管理程序、漏洞的周期化管理加以明确,以漏洞治理为核心的防御态势感知机制逐渐清晰化。由于大量的漏洞和安全信息的存续在企业之中,各国进一步强化了安全威胁的公私协助义务,要求网络运营者、网络平台承担更多的执法协助义务,英国 2017 年正式施行的史上最严协助执法法《调查权力法》,强化执法机构在通信及通信数据拦截、获取、留存及设备干扰等方面的权力,要求通信服务提供者要有能力对自己实施的加密进行解密,并留存通信数据不超过 12 个月。2018 年 1 月,德国施行的《社交媒体执法强化法》,针对网络上的"仇恨、煽动性言论、虚假新闻内容",对脸书、推特等在德国境内提供内容服务的社交网络平台提出了更为严格的监管要求。2018 年 3 月,美国总统特朗普正式签署了《澄清域外合法使用数据法》,该法使执法机构更容易要求访问在线信息,而不管数据存储在哪个国家;还允许美国达成协议,将有关美国服务器的信息发送给其他国家的刑事调查人员,并对请求进行个案审查;该法为当前在国家之间共享互联网用户信息的过程或多方司法互助条约提供了一种替代方案。

二、域外网络安全立法的新进展

通过观察域外网络安全政策和立法,其最主要的目的是保护关键信息基础设施,也就是通常所说的关于国家以及公共安全的关键基础设施。近年来,网络安全制度设计的重心,仍然是关键信息基础设施保护,以此来不断提升重点领域的安全防范能力,同时也为我国更好地制定《关键信息基础设施保护条例》提供了参考。

(一)美国网络安全治理最近进展

2017 年 5 月,特朗普政府颁布的《增强联邦政府网络与关键性基础设施网络安全总统行政令》,主要从网络安全的三大领域强化政策举措,也即联邦政府、国家、关键基础设施的网络安全。特朗普"网络安全行政令"的要点:加快联邦政府网络设施升级;强化关键基础设施保护;建立国家网络安全综合能力。也因此被认为本政府令基本上沿袭了奥巴马政府的网络安全战略与政策要点。

在联邦政府网络安全方面,行政令指出,"美国政府应动用所有能力尽责保障信息技术和数据。总统应保证各行政部门及机构负责人对其业务的网络风险加以管理"。还规定了各机构负责人在短期内向国土安全部部长和管理与预算局局长提交风险管理报告,由二者作出联合评估。由此可以看出,美国联邦政府意在提出全面的网络风险管理制度。在关键基础设施管理方面,对关键基础设施名单进行评估,提交网络安全风险评估报告;建立一个公开透明的进程,提高互联网和通信生态系统的弹性行动。在国家安全方面,加强防御与保护措施;促进网络安全国际合作;重视网络安全人才培养和教育。

2017 年 12 月,特朗普政府公布了首份《国家安全战略》报告,网络安全是其主要内容之一,具体包括:明确网络空间的威胁,其中涵盖了中国、俄罗斯、朝鲜和伊朗;提出网络安全建设优先举措,包括识别和优先处理风险、建立防御性强的政府网络、威慑和瓦解恶意的网络行动、提高信息共享与感知、部署分层防御。特朗普 2017 年年底签署的《2018 财年国防授权法案》中要求,大幅增加对网络威慑和防御能力的预算投入;将威慑理论利用到网络空间;坚决反制网络攻击。

2018 年 9 月以"网络安全行政令"为基础,特朗普政府发布《国家网络战略》,提出美国网络安全的四项支柱,其中第一项支柱,“保护美国人民、国土及美国人的生活方式”之下的目标之一为“保护关键基础设施”,提出了保护行动,包括:重新确定角色和责任;在国家安全、能源、信息、卫生等关键领域优先开展风险消控活动;引导信息和通信技术供应商为网络安全推动者;保护民主,对选举基础设施提供技术和风险管理服务;激励网络安全投资;优先国家研究和发展投资;改善交通和海上安全;改善太空网络安全。

(二)俄罗斯网络安全治理最近进展

2017 年 7 月,俄罗斯颁布《俄罗斯联邦关键信息基础设施安全法》,确立了关键信息基础设施安全保障的基本原则;联邦国家机关的职权;关键信息基础设施所有者、电信运营商、信息系统运营商的权利、义务和责任。

该法主要规定,确立俄罗斯联邦关键信息基础设施安全保障领域的授权联邦权力执行机关,制定关键信息基础设施分级标准、标准指标以及分级的制度来确保关键信息基础设施的安全。该法规定了俄罗斯关键信息基础设施客体的分级管理机制,分三个等级:一级、二级和三级。分级根据为社会重要性;政治重要性;经济重要性;生态重要性;该客体对国防和国家安全一级法律秩序的意义。关键信息基础设施安全保障联邦行政机关可以对关键信息基础设施进行检查,根据检查结果,可以根据分级的程序,对关键信息基础设施重要客体进行分级变更。

(三)新加坡网络安全治理最近进展

2018 年 2 月,新加坡《网络安全法》正式通过,旨在为新加坡提供一个综合、统一的网络安全法,该法核心内容包括建立关键信息基础设施保护制度,该法明确了关键信息基础设施的概念及认定程序,建立了针对关键信息基础设施所有者的监管框架,明确了关键信息基础设施所有者的网络安全风险评估义务、审查义务、网络安全事件报告义务、重大事项变更告知义务等,进一步明确了 11 个关键信息基础设施领域,包括能源、水资源、银行、金融、医疗保险、海陆空交通、信息通信、媒体、安全、紧急服务和政府。具体包括:(1)关键信息基础设置的认定方面,新加坡将关键基础设施的认定权利授予给专门设立的网络安全专员,该专员可以要求有可能符合关键信息基础设施的控制主体提供相关信息以便开展认定,回应了公众对于关键信息基础设施过于宽泛的忧虑。(2)新加坡《网络安全法》认为关键信息基础设施所有者仅包括形式意义上的所有者,并不包括"关键信息基础设施具有实际控制力及对其持续运行负责"的主体。(3)网络安全审查和风险评估机制方面,网络安全审查每两年至少一次,风险评估每年至少进行一次。(4)该法明确了网络安全服务许可机制,没有许可证,任何人不得向他人提供特许网络安全服务,或在提供特许网络安全服务的业务中,宣传或以任何方式推出由该人提供或自愿提供的特许网络安全服务。(5)关键信息基础设施所有者建立检测机制以应对网络威胁。

(四)澳大利亚网络安全治理最近进展

2018 年 7 月,澳大利亚发布《关键基础设施安全法》正式施行,旨在加强澳大利亚政府对于外商投资关键基础设施业务所产生的间谍、破坏和胁迫等国家安全风险的管理能力,关键基础设施安全由新设立的内政事务部管理。该法对澳大利亚关键基础设施的登记、使用进行了细致的规定,内容涵盖范围较广,对电力、水利、港口、通信等行业的关键基础设施可能受到的间谍行动、破坏和强制等威胁,提出了政府、运营者、所有者等不同角色的安全要求,对于各方主体的信息报告及应急处理预案进行了规定,结合了澳大利亚国内各州的关键基础设施情况,提出了相关的条例和安全解决方案。新法主要包括以下内容。(1)关键基础设施资产的认定,规定了关键基础设施资产认定的三种方式:法律明文规定、部长宣告以及部长制定法律规则对关键基础设施资产进行认定。该法规定,关键电力资产、关键港口资产、关键水资产三大资产原则上均属于关键基础设施资产,但部长也可以通过制定具有法律效力的规则,确定上述资产不属于关键基础设施资产。上述规则同样可以对某一类资产属于对关键基础设施资产进行规定。授予了部长在满足下列条件下,宣告某一资产属于关键基础设施资产的权力。①该资产不属于该法已经明确规定的关键基础设施资产(不属于电力、水、港口关键基础设施资产);②该资产与电力、水、港口行业相关;③部长认为该资产属于会影响国家安全的关键基础设施,且公开规定其属于关键基础设施资产会带来国家安全风险。(2)关键基础设施资产登记册制度,登记册制度是该法的一项重大举措,澳大利亚政府认为要确定关键基础设施资产可能存在哪些漏洞,必须详细了解谁拥有、控制和访问该资产。登记册主要记录该关键基础设施资产所有者和控制者的详细信息。登记册由大臣负责管理。规定了责任实体和直接利益持有者需要履行信息提交及通知义务。前者需要提交关键基础设施的运行信息;后者需要提交的信息为与关键基础设施资产有关的利益和控制信息。除登记册制度外,还授予了大臣向关键基础设施报告主体和运营者获取信或文件的权力。此外,还规定在发生特定事件时(例如,事件的发生会导致登记册上的信息不再准确或不再完整,或者事件的发生使新的实体成为报告义务主体),上述义务主体必须将相关情况通知大臣,并提供相关信息。(3)部长指令,为增强政府对于国家安全风险的处理能力,授予部长发布指令,要求关键基础设施资产的责任主体、直接利益持有者或运营者采取行动缓解重大国家安全风险的权力。部长指令仅作为最终措施(a last resort),只有在合作或通过现有的监管机制仍不能解决问题的情形下才能采用。为防止权力的滥用,规定了指令的适用情形、行使条件以及责任豁免。指令的适用情形:①该风险与关键基础设施资产的运作,或与关键基础设施资产的服务提供有关;②该风险由责任主体作为或不作为引起;③该风险将有损于国家安全。指令的行使条件:①该指令的发布对于减轻国家安全风险是合理必要的;②指令发布前,部长已采取合理措施与相关实体进行善意协商,以减少或消除风险;③部长在发布指令之前应当已经进行了不良安全评估。部长需要考量的因素包括:不良安全评估结果、实体的守法成本、指令可能对关键基础设施资产相关行业的竞争产生的潜在影响、指令可能对该实体的客户产生的潜在影响等。责任豁免:规定部长指令在任何情况下也不能导致宪法上的财产收购(acquisition of property)。否则,该实体可免于遵守该指令。(4)信息的收集和使用,关于信息的收集,除登记册制度外,授予了大臣向关键基础设施报告主体(reporting entity)和运营者(operator)获取信息或文件的权力。大臣有权获取的信息或文件包括:①大臣履行登记册制度职责需要的相关信息;②与部长发布指令需要的有关信息;③关键基础设施资产国家安全风险评估需要的有关信息。

总结来看,过去一年多以来,域外很多制度为我国网络安全制度的构建提供了有益参考,尤其是在关键基础设施保护方面。梳理起来包括但不限于以下方面:美国强化漏洞治理相关技术投入和人才培养,俄罗斯《联邦关键信息基础设施安全法》在关键信息基础设施中实施等级保护的思路和机制,新加坡授权性的关键信息基础设施认定机制,澳大利亚关键基础设施资产登记册制度和部长指令制度。虽然制度出台基于其特殊的国情和背景,仍值得中国借鉴。

三、中国网络安全政策法律年度观察

2017 年 6 月 1 日,《网络安全法》正式生效实施。《网络安全法》作为我国网络安全的基本法,明确了我国网络安全治理的基本框架,包括关键基础设施保护、等级保护制度、跨境数据流动、网络安全事件、应急响应制度、网络信息内容管理安全等多项制度。

(一)我国网络安全顶层设计进一步完善

当前中美在国际网络空间治理规则话语权上的博弈会更加频繁和直接,在多边、多方和双边等场合均可能展开。中国已成为全球最为瞩目的网络大国,并在向网络强国加速迈进,中国的网络发展对美国主导的规则体系构成了挑战,“崛起国”与“霸权国”之间的矛盾日益显现,美国必将加大对我国防范和应对。2016 年 12 月 15 日,国务院发布《“十三五”国家信息化规划》,其中在“三、主攻方向”中共有六个方向,其中在“四、重大任务和重点工程”中共有十大方面内容,其在“(十)健全网络安全保障体系”中强调要强化网络安全顶层设计“……建立完善国家网络安全相关制度,健全完善网络与信息安全信息通报预警机制……”事实上,自 2016 年起,我国在网络安全和信息化建设领域发布了多项重大政策部署,网络安全能力和网络安全法规制度建设成为各项重大顶层设计的重要内容。我国相继出台了《中华人民共和国网络安全法》、《国家网络空间安全战略》、《网络空间国际合作战略》和《国家网络安全事件应急预案》等一系列法规和政策,确定了我国网络空间安全的基本方略和行动指南,2017年通过的《网络空间国际合作战略》以"和平发展、合作共赢"为主题,以构建网络空间命运共同体为目标,就推动网络空间国际交流合作首次全面系统提出中国主张,确立了中国参与网络空间国际合作的战略目标,从九个方面提出了中国推动并参与网络空间国际合作的行动计划。全面宣示中国在网络空间相关国际问题上的政策立场,系统阐释中国开展网络领域对外工作的基本原则、战略目标和行动要点,旨在指导中国今后一个时期参与网络空间国际交流与合作,推动国际社会携手努力,加强对话合作,共同构建和平、安全、开放、合作、有序的网络空间,建立多边、民主、透明的全球互联网治理体系。

总结来看,目前我国网络安全顶层制度设计主要包括以下几个方面:一是提升安全防护能力,确保网络基础设施安全;二是建立数据安全保护体系,强化网络数据和用户信息保护,探索建立数据流通规范;三是健全网络安全标准体系,推动安全技术手段建设;四是网络安全态势感知预警、网络安全事件通报和应急处置等机制;五是加快新兴应用领域法规制度建设,推动开展云计算、大数据、人工智能、工业互联网等新兴领域信息保护、数据流通、政府数据公开、安全责任等相关研究,完善相关法律制度和监管方案。

(二)继续坚持中国特色的网络安全等级保护制度

《网络安全等级保护制度》是我国特色的网络安全制度,未来配套立法的重点在于如何根据《网络安全法》的新要求在信息安全等级保护制度基础上实现制度更新,2018年6月27日,公安部官网发布《网络安全等级保护条例》的将于2019年12月1日正式施行,《网络安全等级保护条例》规定了总则、支持与保障、网络的安全保护、涉密网络的安全保护、密码管理、监督管理、法律责任、附则八个部分。该征求意见稿将等级保护制度扩大到所有网络运营者,并根据网络在国家安全、经济建设、社会生活中的重要程度，以及遭受破坏之后的危害程度等因素，将网络分为五个安全保护等级。

网络运营者明确了 11 条“一般安全保护义务”，同时还对第三级以上网络的运营者规定了 8 条额外的“特殊安全保护义务”。明确了网络运营者对已运行和新上线系统开展上线检测、等级测评、安全整改、自查、产品服务采购、技术维护、监测预警和信息通报、数据与信息安全保护、应急处置等方面工作的要求。网信、公安、保密、密码等主管部门按职责分工负责监管。此外，还进一步加大了监督和处罚力度，以切实落实网络运营者的网络安全主体责任。信息安全等级保护制度是国家信息安全保障工作的基础，也是一项事关国家安全、社会稳定的政治任务。通过开展等级保护工作，发现企业网络和信息系统与国家安全标准之间存在的差距，找到目前系统存在的安全隐患和不足，通过安全整改，提高信息系统的信息安全防护能力，降低系统被攻击的风险。对系统进行定级备案、等级测评、建设整改、监督检查等，在此基础上，等保 2.0 扩大了保护对象的范围、丰富了保护方法、增加了技术标准。等保 2.0 将网络基础设施、重要信息系统、大型互联网站、大数据中心、云计算平台、物联网系统、工业控制系统、公众服务平台等全部纳入等级保护对象，并将风险评估、安全监测、通报预警、案事件调查、数据防护、灾难备份、应急处置、自主可控、供应链安全、效果评价、综治考核、安全员培训等工作措施全部纳入等级保护制度。

（三）网络信息内容管理正在成为网络安全管理的重点及难点

国家互联网信息办公室出台了多部网络安全信息内容管理的规定，配套立法的重点在于针对新业态新领域如何落实信息内容安全管理主体责任，目前出台的规定包括《互联网新闻信息服务管理规定》《互联网信息内容管理行政执法程序规定》《互联网域名管理办法》《电信和互联网用户个人信息保护规定》《规范互联网信息服务市场秩序若干规定》《互联网文化管理暂行规定》《互联网视听节目服务管理规定》《互联网等信息网络传播视听节目管理办法》等。规范性文件包括《微博客信息服务管理规定》《互联网新闻信息服务单位内容管理从业人员管理办法》《互联网新闻信息服务新技术新应用安全评估管理规定》《互联网用户公众账号信息服务管理规定》《互联网群组信息服务管理规定》《互联网跟帖评论服务管理规定》《互联网论坛社区服务管理规定》《互联网新闻信息服务许可管理实施细则》《互联网直播服务管理规定》《移动互联网应用程序信息服务管理规定》《互联网信息搜索服务管理规定》《互联网新闻信息服务单位约谈工作规定》《互联网危险物品信息发布管理规定》《互联网用户账号名称管理规定》《即时通信工具公众信息服务发展管理暂行规定》,对信息内容管理行政执法程序和互联网新闻、互联网论坛社区、互联网公众账户、互联网群组、互联网跟帖评论、微博客等新业态作出专门规范,以全面确保互联网信息内容的安全可控。对于互联网新闻信息服务、互联网论坛社区服务、公众账户信息服务、群组信息服务、跟帖评论服务、微博客信息服务的专门规定,主要规定相关服务提供者要配备与服务规模相适应的专业人员和技术能力,建立健全用户注册、信息审核、应急处置、安全防护等内部管理机制,并履行保护用户个人信息等义务。

(四)关键信息基础设施保护配套制度需要进一步明确化

关键信息基础设施是《网络安全法》最为核心的内容之一,配套立法的重点在于进一步明确关键信息基础设施的范围和监管体制,进一步明确关键信息基础设施运营者的义务。《关键信息基础设施安全保护条例(征求意见稿)》(该征求意见稿至今仍未通过)规定了总则、支持与保障、关键信息基础设施范围、运营者安全保护、产品和服务安全、监测预警和检测评估、法律责任以及附则,共8章55条,条例提出了更加具体、操作性也更强的要求,为开展关键信息基础设施的安全保护工作提供了重要的法律支撑。条例为给企业提供更加明确的指引,依据条例第19条的规定,国家网信部门将会同国务院电信主管部门、公安部门等部门制定《关键信息基础设施识别指南》(以下简称《识别指南》)。关键信息基础设施所属的国家行业主管或监管部门(如电信行业的工信部,能源行业的发改委和能源局)将按照《识别指南》,组织识别本行业、本领域的关键信息基础设施,并按程序报送识别结果。依据该原则,我们认为各行业、领域的主管和监管部门将负责认定关键信息基础设施。

主体监管上,国家网信部门负责统筹协调关键信息基础设施安全保护工作和相关监督管理工作,为关键信息基础设施保护实施的核心部门。国务院公安、国家安全、国家保密行政管理、国家密码管理部门的监管职责与《网络安全法》的要求基本一致,条例并没有赋予各部门特别的权利。

对于关键信息基础设施的范围,该征求意见稿第 18 条,用列举的方式描述了可能纳入关键信息基础设施保护范围主体,这样的列举显得逻辑层次错位,没有必要具体识别到单位,且正面列举有其局限性,需要配套特殊部门定期更新单位目录。此外,征求意见稿实际上有多个条文基本重复法律内容,导致适用上存在法律适用位阶错位的情况。

(五)网络产品和服务安全管理规定进一步明确

为确保网络产品和服务安全可控,作为网络安全法的配套立法,细致规定了网络安全审查制度和网络关键设备和网络安全专用产品目录管理制度。网络关键设备和网络安全专用产品应当按照相关国家标准的强制性要求,由具备资格的机构安全认证合格或者安全检测符合要求后,方可销售或者提供。

《网络产品和服务安全审查办法(试行)》规定,关系国家安全的网络和信息系统采购的重要网络产品和服务,应当经过网络安全审查。审查的重点是网络产品和服务的安全性、可控性。审查的方式包括实验室检测、现场检查、在线监测、背景调查。

国家互联网信息办公室会同有关部门成立网络安全审查委员会,网络安全审查委员会聘请相关专家组成网络安全审查专家委员会,在第三方评价基础上,对网络产品和服务的安全风险及其提供者的安全可信状况进行综合评估。截至目前,国家互联网信息办公室会同工信部、公安部等有关部门已经制定了《网络关键设备和网络安全专用产品目录(第一批)》。

(六)公私协力的网络安全信息共享及应急制度亟待进一步完善

WannaCry 的勒索病毒软件对我国互联网络亦造成了严重安全威胁,网络安全事件应急响应是网络安全等级保护制度的重要内容,对此我国的立法采用了分级研判应对的思路。工业和信息化部制定了《工业控制系统信息安全事件应急管理工作指南》和《公共互联网网络安全突发事件应急预案》。2017年,中央网络安全和信息化领导小组办公室印发的《国家网络安全事件应急预案》,明确了网络安全事件监测预警、应急处置、预防保障等重要内容。其中网络安全事件被分为四级,为特别重大网络安全事件、重大网络安全事件、较大网络安全事件、一般网络安全事件,并规定了对应的预警和应急响应,并对迟报、谎报、瞒报和漏报网络安全事件等情况规定了责任追究制。该预案规定中央网信办统筹协调组织国家网络安全事件应对工作,建立健全跨部门联动处置机制,工业和信息化部、公安部、国家保密局等相关部门按照职责分工负责相关网络安全事件应对工作。

当前《网络安全法》缺乏授权政府与企业协作的规定,对于网络安全信息共享的规定也过于简单。美国联邦政府与私营部门将共同保障国家关键基础设施的安全,主要依靠风险管理原则与"结果导向"的方法,采用公私协力的方式,包括引导信息和通信技术(ICT)供应商成为网络安全推动者,信息和通信技术供应商在发现、预防和消减风险上具有重要作用,联邦政府必须与供应商紧密合作,共同提高信息和通信技术的安全性和弹性,包括加强信息共享,建立一个适应性强、可持续和安全的技术供应链,制定跨部门的解决方案,鼓励行业驱动的认证机制,同时激励网络安全投资,美国政府将与公私部门合作,加强对网络安全风险的理解,以便他们做出更明智的风险管理决策,投资并获益于适当的安全措施。

我国应当进一步增加授权政府与企业建立协作机制的规定,同时完善网络安全信息共享制度,建立政府和企业以及行业内的信息共享机制,建立国家信息共享中心;规定共享的网络安全信息,免除信息公开的披露义务,不能侵害个人隐私、商业秘密和其他合法权益。最后是建立企业责任豁免制度,规定企业在遵循法定强制标准和按照法定要求共享安全信息的情况下,免除因此而产生的法律责任。

四、全球网络安全政策比较分析和中国建议

“他山之石,可以攻玉”。过去一年多世界范围内“井喷式”的网络安全立法对我国的网络安全制度完善有着重要的借鉴意义,基于域外网络安全政策法律的进展,研判目前全球网络安全法治的趋势和经验后,提出以下建议。

(一)网络安全应当重视以漏洞治理为核心的安全态势感知

《网络安全法》第五章监测预警与应急处置中,从第 51~56 条重点对网络安全检测、预警、响应作了具体规定,我国网络安全态势感知从建设规模来讲涉及国家级态势感知、行业级态势感知、城市级态势感知、企业级态势感知等;从建设内容来讲涉及网络安全主动防御、态势感知、监测预警、应急响应、信息通报等;从国家整体安全战略上还涉及网络安全法、等级保护 2.0、关键信息基础设施保护等内容。《网络安全法》第 26 条为网络安全漏洞治理提供了一种立法准据。但第 51 条国家网络安全监测预警和信息通报制度与第 26 条“发布系统漏洞”衔接的“国家有关规定”值得关注,我们认为,未来漏洞安全治理应当包含漏洞发现、漏洞交易、漏洞评估预警、漏洞信息共享发布等多个环节。网络安全漏洞法律体系的构造,应当从网络安全漏洞发现机制,网络安全漏洞认证机制,网络安全漏洞交易,网络安全漏洞发布四个层次予以回应。

2019 年 6 月 18 日,工业和信息化部发布《公开征求对〈网络安全漏洞管理规定(征求意见稿)〉的意见》(以下简称《意见》),旨在加强网络安全漏洞管理。值得强调的是,《意见》指出《网络安全漏洞管理规定(征求意见稿)》拟以规范性文件形式发布。整个管理意见虽然只有短短 12 条,但系统地规范了网络产品、服务、系统的网络安全漏洞验证、修补、防范、报告和信息发布等行为,可以视为对网络安全漏洞实践应急响应机制的指导性规范。

值得注意的是,“监管部门鼓励第三方组织和个人及时向漏洞收集平台报送获知网络产品、服务、系统存在的漏洞情况。不同于网络产品、服务提供者和网络运营者应向网络安全威胁信息共享平台报送相关漏洞情况,第三方组

织和个人报送漏洞信息主要通过漏洞收集平台,如国家信息安全漏洞共享平台和国家信息安全漏洞库”。其中国家信息安全漏洞共享平台设置了《CNVD原创漏洞积分评分细则》和积分兑换等白帽子积分奖励计划,用于进一步肯定漏洞报送者(白帽子)在防范漏洞安全风险的积极作用。我们认为,应当进一步完善《治安管理处罚法》,对白帽子的漏洞挖掘设置相应的免责条款,对于经过当事人授权或在国家机关指导下的挖漏洞挖掘或检测行为,无须承担行政责任或刑事责任。

(二)进一步推进网络安全国际规则制定

如前所述,我国相继出台了《国家网络空间安全战略》《网络空间国际合作战略》等一系列法规和政策,确定了我国网络空间安全的基本方略和行动指南。《网络空间国际合作战略》以构建网络空间命运共同体为目标,提出应在和平、主权、共治、普惠四项基本原则基础上推动网络空间国际合作,坚持主权平等,不搞网络霸权,不干涉他国内政,建立多边、民主、透明的全球互联网治理体系等,为破解全球网络空间治理难题贡献了中国方案。

从网络空间的全球性来看,网络安全治理必然需要各国公认的国际规则。掌握国际网络空间话语权,是目前各国抢占网络空间竞争制高点的核心内容,所谓网络空间国际规则往往是一国关于网络空间认识和主张的国际化,可以通过缔结重要双边条约、多边条约或者倡议订立全球网络安全基本准则等,加强国家之间的沟通和信任,促进国际社会合作共赢,推动将中国构想和中国方案上升为网络安全国际规则。例如,鉴于关键基础设施的重要性和脆弱性,各国有必要通力合作,进一步健全和强化关键基础设施保护的国际规则。可以考虑借鉴《国际人道法》上的“禁止报复原则”(即使敌对方已经采取了攻击平民等违反国际人道法的行为,也不得针对平民和民用物体等国际人道法保护的对象采取任何报复行为),推动出台相关合作公约,规定各国在网络领域不攻击他国关键基础设施的绝对义务。

(三)亟待进一步完善关键信息基础设施保护及相关制度

从过去一年多各国网络安全立法来看,虽然立法背景、立法体例和立法内容各有不同,但关键信息基础设施保护仍是各国立法的重中之重。各国立法制度设计包括积极构建网络监测预警、网络安全威胁情报信息共享、网络安全评估检测、供应链安全管控、网络安全事件应急恢复等。虽然我国过去一年多出台了不少《网络安全法》的配套规定,但《关键信息基础设施安全保护条例(征求意见稿)》作为《网络安全法》核心配套制度却迟迟未能出台。从形式上看,该条例征求意见稿确实还存在简单重复上位法规定、还停留在原则性规定的问题,没有完成制度细化落实的任务。比如,对于什么是关键信息基础设施、关键信息基础设施认定的标准和程序、关键信息基础设施运营者数据出境评估的范围和程序、关键信息基础设施如何进行年度检测评估等,目前尚存在认识不统一、规定不明确的问题。究其原因,和目前我国关键信息基础设施监管体制尚不够明确、未能厘清关键信息基础设施保护和网络安全等级保护有很大的关系。

值得注意的是,2017 年俄罗斯《联邦关键信息基础设施安全法》第一次明确了在关键信息基础设施中实施等级保护的思路和机制,明确通过制定关键信息基础设施分级标准、标准指标以及分级的制度来确保俄罗斯关键信息基础设施的安全,所有的关键信息基础设施必须按照俄罗斯联邦政府规定的制度进行分级保护,为我国如何构建并妥善处理关键信息基础设施保护制度和网络安全等级保护制度的关系提供了有益的国际参考。建议在明确监管体制、厘清相关问题的基础上加紧制定出台《关键信息基础设施安全保护条例》。

(四)数据安全可控有序流动需要配套呼唤相关立法

个人信息安全、数据跨境流动安全已经成为数字经济中非常重要的议题。如何平衡数据合法利用和确保数据安全可控已经成为亟待解决的监管难题,这一问题实际上是世界各国共同面临的挑战。一方面,我国并无政府数据开放的法律规定,数据在来源上往往受到数据封闭的限制。当前域外不同国家都鼓励原始数据开放,特别是针对公共数据,往往出台数据公开的法律促进其公开。此外,数据存在跨境的复杂性,就数据价值发挥而言,跨境是一种必要,但是数据背后存在数据安全问题,各国数据空间主权观念的差别,或者数据法制、数据利益、数据安全保护观念的差异,导致相互之间在数据流动和国际合作的复杂性。我国《网络安全法》第37条规定,以“个人信息和重要数据出境安全评估办法”的粗糙表述显然并不能解决全部的问题,未来对于企业间数据共享、数据匿名化标准有待进一步明确。以数据跨境安全管理为例,从域外立法经验来看,跨境数据监管的类型至少包括个人数据、重要的技术数据、敏感的政府数据、敏感的商业数据以及非法内容数据等。管制非法内容数据,如规制儿童色情、恐怖主义信息等。管制技术数据,未来的《数据安全法》《个人信息保护法》《网络安全法》相关配套都必须对该问题进行细致回应。

(五)积极应对新技术新领域带来的网络安全新挑战

目前,移动互联网、云计算、大数据、物联网、人工智能等新技术新应用带来的新安全挑战日益突出,应该积极研究这些新挑战并针对这些挑战研订相应的法律对策。随着用户使用的移动设备(包括托管的和非托管的)的数量和范围不断增加,企业网络在降低相关风险方面面临艰巨的挑战。物联网已经把很多联网的设备(其中很多设备几乎没有或者根本没有内置安全性)连接到以前的安全网络中,导致易被攻击的端点数量呈指数增长。以人工智能为例,人工智能的安全秩序包含算法安全、数据安全、国家安全、伦理秩序安全四个维度,传统规制人工智能观念正经历着迭代、升级,数字正义(digital justice)作为技术领域的全新秩序价值正发展成为普遍共识。数字正义并非仅关乎在线纠纷的解决,它的核心在于厘清科学技术产生各种类型纠纷的本源,以期利用法律、技术共同预防和解决纠纷的产生。作为人工智能安全价值基础的数字正义理论包含数据正义(data justice)、算法正义(algorithm justice)、国家安全、人类安全四层次的内涵。当前人们多将目光聚焦在数据正义(data justice)领域,欧盟的《统一数据保护条例》、中国纳入立法规划的《个人信息保护法》都是在信息自决的理念基础上对数据流动安全、数据使用公平问题所作的法律秩序安排,对于该问题仍然需要创新制度设计予以积极应对,比如设立新的人工智能监管机构,以全方位的监测风险、引导发展和应对危机。

2019年3月,Google全球事务高级副总裁Kent Walker在Google博客中发文宣布,为了贯彻落实 Google AI 七原则,完善相关的内部治理结构和流程,成立 ATEAC 委员会,以推动研究和创新,引领人工智能技术的发展,专门处理人工智能中的棘手问题。

英国政府 2018 年推出的《工业战略:人工智能产业政策》报告显示:过去 3 年,英国发布了包括人工智能产业在内的工业战略白皮书、人工智能产业政策等各项措施,并成立了人工智能发展委员会、数据伦理与创新中心、人工智能发展办公室及工业战略挑战基金等相关机构,以推动人工智能的发展。

2019 年 2 月,特朗普总统签署了行政命令 13859,制定了一系列目标,确定了以下八个战略重点,其中策略 4 中再次重申要确保 AI 的安全性,要了解如何设计可靠、安全和值得信赖的 AI 系统。策略 5:"为 AI 培训和测试开发共享的公共数据集和环境。开发并实现对高质量数据集和环境的访问,以及测试和培训资源。"策略 6:"通过标准和基准测量和评估 AI 技术。为人工智能开发广泛的评估技术,包括技术标准和基准。"策略 7:"更好地了解国家 AI 研发人员的需求。改善研发劳动力发展的机会,从战略上培养一支适合 AI 的劳动力队伍。"策略 8:"扩大公私伙伴关系,加速人工智能的发展。与学术界,行业,国际合作伙伴和其他非联邦实体合作,促进人工智能研发持续投资和将进步转化为实际能力的机会。"类似的规定都要求智能机器人的开发需要遵循人类利益的最大化原则,且机器人不得伤害人类。各国作为人工智能安全问题的命运共同体,应该达成相应的伦理共识——开发人工智能以重视人的安全为中心。

人工智能发展本身涉及行为人之间复杂的经济政治关系,规制方案的设计应当尽可能提前,并遵循共同的理念,以过程化治理取代结果治理,易言之,人工智能的治理更多地应当呈现出一种行为规制的特点。但是,这样的过程性规制最终仍需要依附于人工智能特殊领域的事业活动来展开。我们应当警惕身披技术发展外衣的滥用行为,如避免人工智能自动化武器的开发与应用、防止人工智能在基因科技领域的滥用等。对于国家安全而言,我们应当警惕在西方"超人文化"主导的时代环境下,人工智能的技术鸿沟所导致的被"永久边缘化"的风险。人工智能的安全有赖于人类命运共同体理念的实践,关注作为整体的国家利益、技术利益发展的同时,应当关注人类整体的利益。这种与超人思想截然不同的理念将进一步弥合“人工智能的冲突”,创造和谐的人工智能治理秩序,鉴于人工智能所带来的“算法黑箱”可能导致我们无法预测和无法承受的后果,建议建立禁止发展和应用人工智能的“负面清单”。例如,禁止人工智能应用于一些较为敏感的关键信息基础设置保护等。我们认为,我国尽早开始研究和确定禁止发展和应用人工智能领域,形成此问题的中国主张,并通过国际公约、双边协定等促进国际共识的达成。

(六)进一步强化信息内容的事中事后监管制度

近期域外网络安全立法的一个鲜明特点是加强对非法有害内容的监管。虽然各国对非法有害内容的界定有所差异,但在虚假新闻、政治广告、淫秽色情、仇恨暴力以及恐怖主义等非法内容的监管上存在较大共识,主要监管手段是规定网络平台公司的执法协助义务以及对非法内容的预防、发现和消除义务。赋予平台更多的责任和义务,成为各国监管网络信息内容的一个立法趋势。过去一年多时间里,我国对于互联网新闻信息服务、互联网论坛社区服务、公众账户信息服务、群组信息服务、跟帖评论服务、微博客信息服务作出专门规定,主要规定相关服务提供者要配备与服务规模相适应的专业人员和技术能力,建立健全用户注册、信息审核、应急处置、安全防护等内部管理机制,并履行保护用户个人信息等义务。

《网络安全法》规定,网络运营者应当为公安机关、国家安全机关“依法维护国家安全和侦查犯罪的活动”提供技术支持和协助。要将信息内容监管偏重事前准入转向事中事后监管。例如,对于互联网新闻信息服务而言,对于生成和提供互联网新闻信息源头的服务,应继续适用并完善行政许可这一强制性监管方式,对于转载和传播互联网新闻信息的服务,可以建立通知性备案制度进行管理,以备监管部门在出现违法行为时及时溯源和管控,将不良影响降到最小;对于提供新闻信息交流平台的服务,可以建立通知性备案制度进行管理,强化对服务内容、对象及影响力的事中监测、事后处置,并可以通过法律规定或行业自律的方式,建立行业性规范,设定适度妥当的平台责任,要求新闻信息交流平台协助治理平台互联网新闻信息的有序传播。

第三章　互联网竞争政策

一、国内外对互联网竞争监管持不同态度

（一）欧盟对互联网竞争监管采取严厉态度

近几年欧盟对互联网企业进行积极执法，先后对谷歌、亚马逊、脸书进行反垄断调查和处罚。同时积极推动相关立法，约束互联网平台的商业行为。为了保护用户数据，除了从数据保护规则进行强干预外，还试图从竞争法角度加强对用户数据的保护，加大对互联网巨头在保护用户数据方面的责任和义务，如互联网巨头在收集和使用用户数据过程中若使用了市场势力，可能被视为一种滥用市场支配地位的行为。

（二）美国对互联网竞争监管采取相对宽松的政策

虽然美国反垄断执法机构对谷歌进行过调查，但是由于谷歌及时提出整改措施，案件以和解结束，执法机构并没有对谷歌施加制裁。至目前为止，美国并没有再对互联网巨头启动过正式的调查程序，因为执法机构充分注意到和认可了互联网领域的动态竞争和创新密集型的特性，认为整个行业处于激烈竞争之中，从雅虎的衰败就可以看到互联网企业并非大而不倒。虽然美国硅谷的互联网巨头云集，但是美国反垄断执法机构仍然秉持宽容审慎的监管态度，把竞争的问题更多地交由市场来解决。

（三）中国对互联网竞争监管采取包容审慎的态度

近几年中国的互联网产业呈现出蓬勃向上的发展态势，出现了一批领先

的互联网科技企业,对于拉动中国经济增长和带动经济结构转型带来巨大作用。中国竞争执法机构充分认识到互联网产业的竞争的特殊性,对新生事物采取包容审慎的态度,高度重视创新和创业,强调市场的自我救济能力。近期国内互联网领域出现了一系列竞争纠纷,一方面这表明国内互联网企业之间彼此竞争激烈,另一方面也表明企业在竞争行为和竞争秩序上需要一些规范和引导,应该禁止企业采取违背商业道德的策略进行竞争,新修订实施的《中华人民共和国反不正当竞争法》专门规定了互联网专条,其主要目的就在于保障异常激烈的互联网行业能有公平有序的竞争秩序和环境,未来互联网专条在保障互联网领域充分和公平的竞争方面将发挥重要作用。

(四)中美欧互联网产业的竞争一个重要方面是监管政策之间的竞争

欧盟对互联网企业采取严格的竞争监管政策,这可能与欧洲区域至今未出现大型互联网企业有关。可以说,未来全球互联网行业的竞争呈现出中美两极的较量,这不仅是企业之间的比拼,而且是两个大国之间的竞争。互联网产业的发展对于一个国家的整体竞争力将产生重要影响,目前虽然中国互联网产业发展态势较好,但暂时还停留于应用层面,与美国互联网巨头相比,缺乏核心技术能力和底层研发实力,与美国互联网行业相比差距依然巨大,中国的互联网企业仍然需要一个相对宽松的发展环境。中美两国互联网行业的竞争一个重要方面将是监管政策的竞争,只要哪一方采取了更适合于行业发展的监管政策,就能为互联网产业发展创造一个更优良的发展环境。因此,我们需要从全球化的视野来看待国内互联网产业,从全球竞争的格局来思考相关的竞争监管政策。

二、国内外互联网竞争分析理论的最新进展

(一)“双边市场理论”是分析互联网平台竞争的重要理论

“双边市场理论”很好地解释了互联网平台的特殊商业模式,即在用户端

免费,而在广告主端收费,这种跨边的交叉补贴模式让很多互联网平台找到了合适的营收方式。与传统的单边市场相比,互联网平台涉及双边甚至多边,而且边与边之间相互影响,这给相关市场界定带来挑战,因为市场边界更加模糊,而且向用户免费的政策导致传统的一些基于价格的测试工具无法直接适用。对于互联网平台而言,界定相关市场和认定市场支配地位都是难点问题,双边市场理论为界定相关市场和支配地位认定提供了新思路,即这与传统经济的认定框架应有所差异,需要考虑到平台边与边之间的相互影响。但是,目前双边市场理论更多是提出一种更全面考虑的理念和思考方法,对于如何考虑这些交叉网络效应,尚缺乏具体的可操作的测量方法,该理论需要进一步完善和发展。

(二)原有的反垄断分析框架整体上仍然适用

互联网行业具有传统行业所不具备的特征,如动态竞争、颠覆性创新、平台效应等,这给竞争分析带来困难,很多测试工具并不能直接适用。尽管如此,国内外主流观点认为原有的反垄断分析框架整体上依然适用于互联网领域,欧盟在互联网行业的竞争执法也主要通过原来的分析方法进行,并没有突破之前的传统框架。因此,对于互联网领域的竞争问题,反垄断法律规则不需要重新调整和设定,只不过在个案分析中,应该对相关测试方法进行调整和修订,以灵活适用。

三、国内外互联网竞争执法的重点行为

(一)欧盟调查谷歌优待自家产品的行为①

2017 年 6 月,欧盟委员会对谷歌的优待行为作出处罚,罚款 24.2 亿欧元,并要求谷歌在 90 天内停止相关行为,对其自有对比购物服务及竞品进行平等

① See http://europa.eu/rapid/press-release_IP-17-1784_en.htm,October 5,2018.

对待,否则将面临每日最高达 Alphabet 全球营业额 5%的罚金。该案始于 2010 年 10 月,欧盟委员会以 7 年的时间调查此案,谷歌已经将案件起诉至欧盟法院,案件的最终裁决耗费好几年时间。欧盟除了调查谷歌在搜索中优待自己产品的行为外,还调查谷歌要求安卓设备厂商预装谷歌搜索和 Chrome 浏览器的行为,并在 2018 年 7 月宣布,对谷歌处以 43.4 亿欧元的反垄断罚款,此外,对谷歌在广告活动中实施的相关限制行为目前正在调查中。

欧盟委员会将相关市场界定为一般搜索服务(general search service)和对比购物服务(comparison shopping service),并重点分析了一般搜索服务与专业搜索服务(specialised search service)的区别,以及对比购物服务与购物平台(merchant platform)的区别,并最终将一般搜索和对比购物服务都单独界定了相关市场。欧盟委员会结合谷歌的市场份额、市场进入和扩张壁垒、用户多归属的频率、品牌效果以及缺乏抵消性买方势力等因素,认为谷歌在各相关国家具有市场支配地位。

欧盟委员会认为,相较于竞争对手的对比购物服务,谷歌将自己的对比购物服务在一般搜索结果页面中置于更优的位置和进行更好的展示,这种行为属于滥用行为。因为:其一,这种行为减少了从谷歌的一般搜索结果页面到竞争对手的对比购物服务的流量,反而增加了谷歌自己的对比购物服务的流量;其二,这种行为对对比购物服务和一般搜索服务市场都产生反竞争效果。

欧盟委员会要求谷歌采取措施保证同等对待自己的和竞争对手的对比购物服务。同时,谷歌应该定期报告其遵守该决定的情况,每四个月向欧盟委员会发送一次报告,期限为 5 年。罚款的计算是以谷歌的对比购物服务产生的收入为基础,并以 2016 年的收入为计算基准,计算范围包括谷歌相关行为所涉及的 13 个成员国。

(二)欧盟调查亚马逊最惠国待遇条款[①]

亚马逊在与出版商签订的电子书分销协议中约定了最惠国待遇条款

---

① See http://europa.eu/rapid/press-release_IP-17-1223_en.htm, October 5, 2018.

(most-favoured-nation),即要求出版商保证给亚马逊的交易条件与它们给亚马逊的竞争对手的交易条件一样(或更好)。这种交易条件不仅包括价格优惠,而且还包括销售模式、发布日期、促销形式等。[①] 欧盟委员会对亚马逊的调查始于2015年6月,经过2年的调查时间,亚马逊作出承诺以结束调查。2017年5月,欧盟委员会批准了亚马逊为解决其电子书分销条款中的竞争问题所作出的承诺,该承诺将对亚马逊产生法律上的约束效力。

亚马逊的承诺包括:(1)不再执行要求出版商为亚马逊提供与他们提供给竞争对手一样(或更好的)交易条件的合同条款;(2)不再执行要求出版商一旦给予亚马逊的竞争对手更优惠的交易条件时立即通知亚马逊的合同条款;(3)允许出版商通过通知解除含有“折扣池条款”(Discount Pool Provision)的合同,相关条款将电子书的折扣可能性与该电子书在竞争对手平台上的零售价格相关联;(4)不再在电子书分销协议中包含上述包括折扣池条款在内的任何条款。欧盟委员会接受了上述承诺,亚马逊将对上述承诺执行5年,一旦违背这些承诺,将面临年度总收入10%的罚款处罚。

近几年,欧盟委员会及多个成员国高度关注最惠国待遇条款(most-favoured-nation),除了这个亚马逊案件外,法国、德国、意大利、瑞典、英国等国家的反垄断执法机构曾就缤客(Booking)、亿客行(Expedia)与酒店签订最惠国待遇条款展开调查,因为缤客和亿客行要求酒店为其提供与竞争对手一样优惠的客房供应条件(包括价格、房源、服务水平、预定条件等)。

(三)德国调查脸书收集和使用数据行为[②]

2017年12月19日,根据德国联邦卡特尔局的官方公告,该局对Facebook的

---

① 2017年6月1日,日本公平贸易委员会(JFTC)也停止了对亚马逊日本的调查,此前JFTC怀疑亚马逊日本以在销售者协议中约定平价条款(price parity clauses)和选择相同条款(selection parity clauses)的形式限制了亚马逊平台上商家的商业活动。为了回应JFTC的调查,亚马逊日本主动提出整改措施,具体包括:亚马逊日本将在销售协议中删除上述价格相同条款和选择相同条款,同时不会依据上述条款行使相关权利;亚马逊日本将每年以书面形式向JFTC汇报对前述措施的执行情况。JFTC接受了亚马逊日本的整改措施,并作出停止调查的决定。

② See Bundeskartellamt: http://www. bundeskartellamt. de/SharedDocs/Meldung/EN/Pressemitteilungen/2017/19_12_2017_Facebook. html? nn=3591568, March 28, 2019.

反垄断调查已有初步结果。即执法机构认为,脸书在德国的社交网络领域具有市场支配地位,其附条件地允许用户使用其社交网络的行为属于滥用支配地位的行为,所附的条件包括要求用户允许其从与脸书账户关联的第三方网站或应用程序无限制地积累各种数据,这些第三方网站或应用程序则包括脸书旗下的瓦次艾普和照片墙(Instagram),以及其他接入脸书 API 的网站或应用程序。

根据初步评估,脸书作为具有支配地位的企业,应该考虑到用户难以转换至其他社交平台。欲加入脸书社交平台的用户只有接受附加条件才能成功注册,而且需要无条件同意服务条款,也即是说,用户只有两种选择:一是全部接受,二是无法获得服务。因而,脸书可以借此无限制地收集各种数据,并将数据用于各种活动中。具体方式表现为:当用户安装好这些应用程序或打开相关网页时,一旦接入脸书 API,数据便可以传输至脸书,而用户无法预知其使用脸书以外的服务时,产生的相应数据被添加至脸书账户中。在德国,有数百万这种 API 被嵌入在相关网站和应用程序中。根据执法机构的评估,消费者本应该能够充分控制这些数据传输过程,脸书应该为用户提供合适的选择以有效控制这种数据收集方式。执法机构认为,脸书的用户条款至少是违反了数据保护规定,使用户处于不利地位。而从企业支配地位的角度考虑,并不能认为用户已经有效同意了脸书以上述形式进行数据收集和处理,即认为,脸书运用其市场支配力,使得用户别无选择。

2019 年 2 月,联邦卡特尔局发布了一项最终意见,禁止脸书毫无限制地处理用户信息。德国竞争执法机构强调罚款并非最终目标,脸书自己有调整空间,如果调整后无法满足监管机构的要求,可能面临罚款处罚。在自我调整中,脸书需要提供技术方面的计划,以保证数据处理合法合规。另外,德国竞争执法机构的决定并非最终决定,脸书有 1 个月的时间向法院提起上诉。

四、国外互联网竞争关注的热点问题

(一)数据垄断的问题受到关注

2016 年 5 月,德国联邦卡特尔局和法国竞争执法局联合发布《竞争法与数据》(Competition Law and Data)的报告,[①]该报告有三个部分:第一部分介绍数据,包括数据的定义、数据的类型以及数据在商业活动中发挥的作用;第二部分介绍在竞争分析中数据可能扮演的角色,包括数据可能成为市场势力的来源、数据相关的反竞争行为等;第三部分讨论大数据与市场势力的关系,包括在线行业的市场势力来源、对数据竞争优势的评估、数据稀缺性方面的问题以及数据收集规模和范围方面的问题等。该报告引发全球司法辖区对大数据垄断问题的广泛关注,日本、加拿大、荷兰等国家的竞争执法机构先后发布大数据竞争政策报告,集中讨论大数据可能引发的竞争担忧。

就目前的研究成果看,有以下几个方面的初步结论:第一,随着数据市场不断成熟,就有可能和有必要对数据进行相关市场界定。第二,通常数据具有非竞争性,但是由于不同类型的数据可获得程度不同,无法否定数据可能给特定企业带来市场优势,判断拥有数据的企业是否具有市场支配力应结合具体的数据类型、企业处理数据的技术能力以及市场进入壁垒等综合因素进行考察,需要在个案中进行分析。第三,对数据集中的审查,不仅要看到数据规模的增加,而且要看到数据集中后可能产生的效率,应该对数据集中的正反面效果进行权衡评估。第四,在数据集中的审查中,是否将隐私保护纳入考虑因素应结合个案分析,通常反垄断法是解决竞争的问题而非隐私保护的问题,但是如果隐私保护是企业开展竞争的重要手段,那么隐私保护与竞争产生联系,降低隐私保护的程度也可能被视为是因竞争弱化而对消费者产生的不利后果。第五,在数据驱动下,未来的交易市场将变得越来越透明,企业以算法为工具结合大数据的使用在价格策略、促销策略等商业决策方面将变得越来越迅速和智能,这有利有弊,到底是否会出现隐秘的数字卡特尔问题需要案例的支撑。判断企业是否通过算法甚至人工智能从事共谋的行为需要参考传统的反垄断分析要素,企业的技术手段更新并不会彻底推翻反垄断法基本分析框架和规则。第六,当数据成为生产经营活动的重要投入品,并存在较为稳定的流通市场后,数据就如现今的一般商品原料一样,拥有强势地位的数据企业同样

---

① See "Autorité de la concurrence & Bundeskartellamt, Competition Law and Data", http://www.autoritedelaconcurrence.fr/user/standard.php? id_rub=630&id_article=2770, May 27, 2017.

可能采取一些排除、限制竞争的行为,如拒绝交易、搭售、歧视定价、独家交易等,对这些行为反竞争效果的判断应结合数据这一特殊商品原料的特别属性进行认定。

就目前的实践案例看,在涉及数据的滥用市场地位案件方面,德国于2016年3月启动了对Facebook涉嫌滥用市场支配地位的反垄断调查,主要关注Facebook在收集用户数据过程中是否存在滥用市场支配地位的行为。[①] 2019年2月,德国公布了对Facebook数据收集行为为期三年的调查决定,认定脸书在收集用户数据中存在滥用市场支配地位的行为。该案件是首个将大数据与反垄断建立连结点的案件,具有重要意义。在涉及数据集中的反垄断审查方面,欧盟在多个涉及网络平台的并购案中分析了数据集中是否产生竞争担忧,如在谷歌收购双击公司(Double Click)案[②]、Facebook收购瓦次艾者案[③]以及微软(Microsoft)收购领英(LinkedIn)案[④]中,欧盟委员会分析了合并方的数据集中是否会削弱市场竞争,不过,至目前的情况看,由于数据的广泛性,数据集中不会排除其他竞争者收集数据,因此不会产生排除限制竞争的效果。

伴随数字经济的发展,数据的原料属性越来越强,已经成为各种经济活动的重要投入品,其对企业参与竞争也扮演越来越重要的角色。各国执法机构都密切关注那些拥有海量数据资源的企业收集、存储和使用大数据的行为,同时密切关注网络平台并购中涉及数据集中的竞争问题。近期苹果公司收购Shazam受到欧盟严格的反垄断审查就是例证,欧盟委员会就是担忧苹果公司收购Shazam后获得竞争对手无法获得的用户喜好数据,从而实施相关行为来排挤竞争对手。相信未来关于大数据垄断问题的研究和执法都会加强。

---

① See Bundeskartellamt, "Bundeskartellamt initiates proceeding against Facebook", http://www.bundeskartellamt.de/SharedDocs/Meldung/EN/Meldungen%20News%20Karussell/2016/02_03_2016_Facebook.html, May 27, 2017.

② See European Commission, Case No COMP/M.4731-Google/Doubleclick, http://ec.europa.eu/competition/mergers/cases/decisions/m4731_20080311_20682_en.pdf, May 27, 2017.

③ See European Commission, Case No COMP/M.7217-Facebook/Whatsapp, http://ec.europa.eu/competition/mergers/cases/decisions/m7217_20141003_20310_3962132_EN.pdf, May 27, 2017.

④ See European Commission, Case No COMP/ M.8124-Microsoft/LinkedIn, available at http://ec.europa.eu/competition/mergers/cases/decisions/m8124_1349_5.pdf, May 27, 2017.

（二）人工智能背景下的算法共谋受到讨论

算法可以在以下几个方面增加企业共谋的可能性：首先，算法可以突破企业数量的限制；其次，算法可以突破市场透明度的限制；最后，算法可以扩张共谋的边界。而且，大数据也助于企业实施一些便利行为（facilitating practices），便利行为通常包括向竞争者流通价格清单、提前告知价格变更、采取类似的定价系统、最惠国待遇条款、定期参加相关会议等，这些行为有合法的商业目的，但也可以帮助竞争者更加有效地协调彼此的行为，从而导致反竞争效果。因此，便利行为可能促进竞争者之间达成协议甚至成为竞争者之间存在垄断协议的指征。算法和大数据可以扩张构成便利行为的范围，如向竞争者披露定价的算法，实际上属于向竞争者分发价格清单，再如通过网络平台传播定价信息，这些行为都可能导致更高的价格。

算法共谋已经出现过实际案例，如美国司法部查处的利用算法协调电商产品价格案：2015 年 4 月，一位名为大卫·汤普金斯（David Topkins）的前电商高管被控从 2013 年 9 月至 2014 年 1 月，与其他招贴画销售商共谋，操纵亚马逊第三方市场上招贴画的价格。根据指控，汤普金斯开发了计算机算法以协调价格变动并就招贴画的价格和销售与其他卖家一起分享信息。美国司法部指出，这种行为违反了联邦《谢尔曼法案》，导致市场上的卖家以“共谋的、非竞争性的”价格销售招贴画。另外，美国法院审理的优步（Uber）涉嫌利用算法操作打车价格案，2015 年 12 月 16 日，美国公民斯宾塞·迈耶（Spencer Meyer）向优步联合创始人特拉维斯·卡兰尼克（Travis Kalanick）提起反垄断民事诉讼，主张 Kalanick 以及那些利用优步定价算法的司机之间达成合谋，限制了司机之间的价格竞争，损害了包括原告在内的优步用户利益。

不过，算法共谋的责任分配存在困境和挑战。随着人工智能的深入发展，特别是深度学习的运用，算法与人之间的联系越来越弱，当人工智能发展到更高阶段具备高度的自主性且不需要人的干预时，如何判断算法的责任呢？Ezrachi 和 Stucke 提出：一方面可以从哪些人可以从算法中获益来判断，如评估算法的获益结构；另一方面可以从人对算法的控制程度来判断。此外，设计和使用算法过程中,是否有损害消费者的意图也是判断的一个重要方面。[①]当算法的设计人员、使用人员以及从算法中获益的人员不同时,这些人员之间责任如何进一步分配值得探讨,但这有赖于真实案例的实证分析。

另外,对于算法共谋的救济也存在挑战。为应对算法共谋,执法机构可以重点关注那些容易被算法影响的市场因素,如市场结构、市场透明度、实际竞争效果等。从这个角度出发,执法机构可以尝试采取相关措施使得共谋变得不稳定,如降低市场透明度,特别是对公开在网站上的信息进行一定程度的限制,但是这种措施可能会限制消费者获得信息的充分度,而且会干预快速变化的市场价格。另外,若要采取更加激进的措施就是实现对算法设计的监管,如果算法的目的在于阻止企业协调价格,可以尝试禁止算法就市场特定变量作出反应。不过,这种监管方式会影响企业开发创新的动力,而且监管者需承担较高的监管成本。

五、结论

通过对全球互联网竞争执法情况的梳理,欧盟及其成员国在执法中表现得比较积极,这可能与欧盟区域缺乏互联网大型企业而急迫地想发展数字经济有关,欧盟发布的单一数字市场战略就提到通过竞争政策为欧盟的数字经济发展创造条件和机会。相比于中国,欧盟区域基本被美国互联网巨头所把持,近几年欧盟及其成员国频繁发起对美国互联网巨头的反垄断调查也不足为奇。

伴随欧盟对互联网领域的积极执法,各国执法机构也普遍关注数字经济领域的竞争问题,特别是针对互联网巨头的竞争监管。欧盟目前正在讨论针对数字平台发布专门的治理规则,澳大利亚正在对数字平台进行问询和调研,特别是针对脸书和谷歌这样大型平台,不排除未来发起反垄断调查或出台适用于整个数字经济行业的管理规则的可能。关于大数据的竞争问题,法国、德

---

① See Ariel Ezrachi and Maurice E. Stucke, *Virtual Competition: The Promise and Perils of the Algorithm-Driven Economy*, Harvard University Press, 2016.

国、荷兰、日本和加拿大都发布相关报告，专门讨论数据垄断的话题。欧盟在科技型企业并购中，已经对数据集中可能产生的竞争问题进行了审查。

由于数字经济与传统经济呈现出不一样的特征，如免费补贴、双边市场、颠覆性创新等，人们正热烈讨论现有的反垄断规则是否还能继续适用于数字经济，有人称现有规则足以解决数字经济领域中的新问题，不过，具体适用工具需要调整。随着数字经济的继续发展，其商业模式越来越复杂，与传统经济呈现出越来越不一样的特点，相信这个问题会继续讨论下去。同时，人们对反垄断规则的完善和发展也会不断深入。

未来，互联网科技巨头对社会和人们生活的方方面面都将造成深刻影响，有不少文章指出应该拆分这些巨头，不少人认为如今诸多的社会问题，如社会财富不平等、虚假信息、隐私侵权、数据泄露等，都与互联网科技巨头的市场地位密不可分，他们主张以反垄断来解决这些问题。国外有一个新词专门描述这种现象，即 Hipster Antitrust，笔者理解成“时尚反垄断”，即认为反垄断可以作为一种有效工具来解决各种新出现的问题。我们一直主张反垄断是用来解决竞争问题的工具，其宗旨是保护竞争、创新和效率。随着时代的发展，反垄断的功能和宗旨是否可以延伸和扩展也是值得探讨的问题，而这些都有待于后续的跟踪研究。

第四章　网络平台信息内容治理

一、概述

从世界范围来看，在过去的两年中，对于网络信息的监管呈现出严格化、规范化与正式化的趋势。从德国、法国、英国、意大利等欧洲国家到中国、马来西亚、菲律宾、新加坡等亚洲国家，都已颁布或正在制定关于网络信息监管方面的立法。原来未受到正式监管的领域，如网络“假新闻”（fake news）、不实信息（disinformation），也在正成为新立法针对的对象；对于网络色情内容、仇恨言论、宣扬恐怖主义的言论，许多国家原来采取了与网下信息相同的监管规则，但近些年来，也开始制定专门针对网络信息的监管规则，以便更好地适应网络环境。与此同时，这些网络信息监管政策与立法也引发了许多争议和不同价值观之间的碰撞。

二、国外关于网络信息监管与平台治理的主要法律政策

（一）一般性规则

1. 德国《网络执行法》

在2017年度的网络信息监管与平台治理的立法中，德国的《改进社交网络中的法律执行的法案》（以下简称《网络执行法》）[①]最为突出，该法不仅在德

① Gesetz zur Verbesserung der Rechtsdurchsetzung in sozialen Netzwerken，简称 Netzwerkdurchsetzungsgesetz，简写为 NetzDG。

国国内引发了很大的争议,也引起了欧盟各国和世界其他国家的密切关注。

长期以来,德国政府对于网络信息内容的监管主要依赖互联网行业的自律,但是,网络平台企业的自律效果并不理想。《网络执行法》的颁布旨在解决大量违法信息充斥于社交网络空间的问题,其在很大程度上改变了德国政府对网络信息内容进行监管的方式,即不再单纯依赖行业自律,而是通过监管与行政处罚,建立起一套对网络平台自我规制的规制体系。

(1)法案的适用对象

《网络执行法》的适用对象是社交网络平台,主要是指以用户分享内容为主的网络平台,如脸书(Facebook)、推特(Twitter)、YouTube 等,而自己提供内容的网络服务提供者或为特定主体之间提供信息通讯的网络服务提供者,如电子邮箱服务、即时通信服务(如 WhatsApp)则被排除在外。为防止阻碍互联网领域的创新与减轻小型企业的负担,该法对于在德国国内注册用户两百万人以下的网络平台并不适用。

(2)对违法内容的投诉—处理程序

《网络执行法》的核心内容是强制社交网络平台应当建立一套高效而透明的投诉—处理程序,原则上,要保证明显违法的内容在 24 小时内、其他违法内容在 7 日内予以删除或屏蔽,但是,对违法与否难以做出判断的内容除外。所谓应当删除或屏蔽的“违法内容”仅限于特定的符合刑法所规定的构成犯罪的信息,如散布违宪组织的宣传品、向他人或公众发布假新闻或虚假事实而严重危害国家外部安全、传布或获取儿童色情作品、制作或传布涉及他人高度私密生活领域的影相,等等。①

法案要求社交网络平台必须为用户提供一个易于利用的违法内容投诉程序。对于网络平台自身难以判断是否构成违法内容的信息,可以将判断权交

① 参见周学峰、李平主编:《网络平台治理与法律责任》,中国法制出版社 2018 年版,第 191 页。

给一个符合法律要求的“受监管的自我规制”机构。[①] 平台或其委托的受监管的自我规制机构应将投诉审查结果及其理由立即通知投诉人与发表或传布违法内容的用户(第3条第2款第5项)。每件投诉案及其处理结果都应记录在案(第3条第3款)。如作出删除违法内容的决定,基于证据保存与刑事追诉目的,该内容应该存储10周(第3条第2款第4项)。

(3)对平台处理规则的透明度的要求

为了保障社交网络平台对违法内容处理得公开透明,该法第2条详细规定了社交网络平台的通报义务。凡是每年收到100起以上投诉的社交网络平台都有义务就其处理制作报告,报告应以德文撰写,每半年制作一次,并在联邦公报与自己网站主页上易于发现且可供随时调取之处公布(第2条第1款)。依照法律要求,报告至少包括以下内容:

①对所采取的努力举措作一般性的介绍。

②用户递交投诉的机制以及删除和屏蔽的判断标准。

③投诉数量,并根据投诉受理机构、投诉用户和投诉原因进行分类列明。

④处理投诉的工作单位以及培训和照管处理投诉人员的组织机构,其相关人员配备、专业能力和语言能力。

⑤如果网络平台属于某个行业协会,该协会中投诉受理机构的情况。

⑥若处理之前向外部机构咨询意见,该种情况的数量。

⑦被删除或者屏蔽的信息数量,同样根据投诉受理机构、投诉用户和投诉原因进行分类列明;是否存在因事实情况不明让用户陈述的情况;是否存在转递给专门的机构处理的情况。

⑧从收到投诉到删除或者屏蔽之间的时间,按24小时内、48小时内、一周内以及更晚的时间标识,而且同样根据投诉受理机构、投诉用户和投诉原因进

---

① 受监管的自我规制机构应该符合以下条件:审查违法内容的人员应该享有独立性并具备专业知识;应该确保在7日内迅速完成审查;应该有一套程序规则,规范审查范围、流程以及加入的平台提交投诉案的义务,并提供对其决定进行重审的机会;应该设置申诉部门;应该开放给其他尚未加入的社交网络平台加入;此一机构的资格认定或撤销由联邦司法局负责(德国《网络执行法》第3条第6、7、8款)。参见周学峰、李平主编:《网络平台治理与法律责任》,中国法制出版社2018年版,第191页。

行分类列明。

⑨通知投诉者和用户处理决定的措施。

(4)行政处罚机制

根据《网络执行法》,德国联邦司法局可就违反该法的行为,对社交网络平台处以罚款,但是,需要指出的是,行政处罚的要件并非与个别投诉处理或个别处理结果相联系,而是与投诉处理程序本身相联系,针对的不是实体判断的个别错误,而是组织上和系统上的失灵。在判定此等失灵时,监管机关可诉诸系统性的实体判断瑕疵,并因此以大量违法内容未被删除或屏蔽为论据。但是,监管机关不得迳自判断这类论据所包含的内容违法性问题,而是必须请求法院先行就这类问题作出决定。向法院提出的申请应该同时附上涉案平台的意见。法院可不经言词辩论直接作出裁定。裁定对监管机关有约束力,且不可撤销。

(5)对该法案的评论

该法有以下几点值得我们特别关注。

第一,该法将“网络平台”作为一个法律概念写入国家正式的立法文本中,这是非常少见的。如何从法律解释的角度来界定“网络平台”的含义,将是一个留给法律人的任务。另外,值得注意的是,出于对通信自由的保护,该法将特定主体之间的网络信息通信服务排除在外,但是,“半公开”性质的网络信息是否属于受该法管辖的范围,还需要进一步的解释。

第二,该法所针对的“违法内容”仅限于那些构成犯罪的“违法内容”,而不包括大量的未达到犯罪程度的违法信息。因此,该法的适用范围是受到严格限制的。

第三,网络平台不是司法机关,那么,网络平台如何来判断哪些内容属于构成犯罪的内容,哪些不属于呢?德国《网络执行法》所采取的方法是,对于明显构成的,平台应当立即删除;对于网络平台自己把握不准的,应当交由一个由专家组成的独立的机构来判断,德国法将其定性为受政府监管的行业自律机构。在笔者看来,此种制度安排,对于网络平台企业而言,是一种责任上的解脱,但是,从实践的角度来看,如果将大量的对违法信息进行判断的任务都交由一个由少数人组建的团体来完成,如何保障其能够高效率地、公正地来裁决,决非一件易事。如果做不到高效率,恐怕难以达到立法目的。

第四,在《网络执行法》颁布之前,网络平台企业一直都在对违法的网络信息内容采取自律监管措施,令人诟病的是平台处理机制的信息不透明。在这方面,《网络执行法》对网络平台和相关机构施以公开报告的义务,应当说这是一大进步,值得称赞。

第五,国内外的许多新闻媒体在报道德国《网络执行法》时,都将"行政处罚"作为最重要的关注点。实际上,我们应重点关注的是其独特的处罚机制,而不仅仅是罚款金额。德国《网络执行法》所设定的行政处罚并不是针对网络平台对某一特定的违法信息的处置不力,而是针对网络平台自律机制的系统性失灵,并且,法案要求行政机关不得自行做出这一决定,须经法院裁决,这足以体现出立法者对行政处罚是持非常慎重的态度。基于这一制度设计,法院也将参与到网络信息审查机制内,但是,需要注意的是,法院是基于行政机关单方申请而非听取双边争辩后而做出决定的,这体现了立法者对执法效率的注重。《网络执行法》的实施究竟给网络平台带来多大的负担,行政处罚的实施力度到底会有多大,尚有待实践来检验。

第六,需要说明的是,德国《网络执行法》的实施并没有从根本上改变对网络信息监管主要依赖网络行业自律的基本格局,只是强化了政府对社交网络平台自律的监管,而不是用行政监管来取代行业自律。

2. 欧盟处理非法网络信息内容的相关规则

2017 年 9 月,欧盟委员会发布了一项《关于处理非法网络内容、增强网络平台责任的通讯》(Communication),①2018 年 3 月 1 日,欧盟委员会又对外正式公布了《关于有效处理非法网络内容的措施的建议》(以下简称《欧盟建议》),②虽然其性质属于"建议"(Recommendation),并不具有严格意义上的法

---

① Communication [COM(2017) 555 final] on tackling illegal content online: towards an enhanced responsibility of online platforms.

② Recommendation [C(2018) 1177 final] of 1 March 2018 on measures to effectively tackle illegal content online.

律约束力，但其具有极强的政策导向，对于欧盟成员国的立法具有影响力。欧盟委员会声称将视该建议的实施效果，特别是自愿协议的履行情况，而考虑是否需要采取进一步的行动，包括制定具有法律约束效力的欧盟法。2018 年 9 月欧盟对外公布了《关于阻止恐怖主义内容网络传播的条例（草案）》，[①]决定以欧盟条例的形式对于网络上的恐怖主义内容采取更为严厉的管制措施。

《欧盟建议》的主要内容是围绕着网络平台的“通知—移除”规则的细化和强化而展开的。依照该建议，在收到关于非法网络内容的举报通知后，如果网络服务提供者认为该内容违法并决定予以移除时，原则上应当及时告知该内容的发布者，并允许其提出异议；如果网络服务提供者在收到异议后认为相关内容不构成非法内容，可以将相关内容予以恢复，并将该异议和网络服务提供者的决定及时告知发出投诉通知的当事人。[②]

为了提高网络平台在处理非法内容方面的透明度，《欧盟建议》鼓励网络服务提供者以清晰、易懂的语言来解释其删除、屏蔽非法内容方面的政策，并鼓励其出版定期报告，对外公开披露其所接到的通知信息以及所采取的移除措施的相关情况。

《欧盟建议》允许网络服务提供者采取自动处理的技术措施来识别和删除非法网络内容，但要求其必须是适当的、符合比例原则的，并且采取了保障措施，以避免不属于非法的内容被删除或屏蔽。《欧盟建议》鼓励成员国政府与网络服务提供者建立合作关系，对于有权政府机关发出的通知，网络服务提供者应当为其提供快速处理通道。《欧盟建议》鼓励网络服务提供者与可信的第三方之间建立起合作关系，并为可信的第三方发出的通知提供快速处理通道。[③]

3. 欧盟《视听媒体服务指令》

为了促进在整个视听媒体行业（包括提供按需服务和视频分享的平台）

---

① Proposal for a Regulation of the European Parliament and of the Council on preventing the dissemination of terrorist content online [COM(2018)640 final].

② Recommendation [C(2018)1177 final] of 1 March 2018 on measures to effectively tackle illegal content online.

③ Recommendation [C(2018)1177 final] of 1 March 2018 on measures to effectively tackle illegal content online.

建立更加公平的监管环境,2018 年 12 月,欧盟委员会正式颁布了新修订的《视听媒体服务指令》(Audiovisual Media Services Directive)。① 相较先前版本的指令,新修订的内容主要包含以下几方面:(1)视频分享平台需要制定适当的措施为未成年人提供更好的保护,避免其接触有害内容;(2)扩大欧盟视听媒体法规的监管适用范围,不仅一般视频分享平台的内容被包含在内,当提供视频内容是平台(比如脸书)服务的重要功能时,用户制作并分享的视频也被纳入监管范围;(3)采取更强有力的监管手段以强制视频共享平台阻止"仇恨言论和以恐怖主义犯罪公开挑衅"的内容发布,并为用户举报此类内容提供更透明的机制。此外此次修订还要求网络媒体服务商需要保证节目单中至少有 30% 来自欧洲,并为欧洲影视作品拍摄提供资金支持等。

4. 英国对非法网络信息内容的治理政策

2019 年 4 月,英国政府对外发布了《网上有害内容监管白皮书》(Online Harms White Paper),宣称将制定世界上首部网络内容安全法(online safety law)。② 英国政府白皮书中所称的有害内容,包括三类:第一类是有清晰的法律界定的有害内容,如儿童性剥削和性虐待、恐怖主义内容和活动、有组织移民犯罪、仇恨犯罪、鼓励或帮助自杀、煽动暴力等;第二类是在法律上缺乏清晰界定的有害内容,如网络欺凌、极端主义内容、虚假信息(disinformation)、暴力内容等;第三类是合法但不适合儿童或未成年人接触的内容。③

英国政府提出要建立一套处理网上有害信息内容的监管框架,以确保网络安全(online safety)。政府将通过立法的方式为网络服务提供者创设在保障用户安全和处理有害内容方面的注意义务,并将设立一个独立的监管机构来监督网络服务提供者能够尽到上述注意义务。为了保障上述法定义务得以履

---

① Directive (EU) 2018/1808 of the European Parliament and of the Council of 14 November 2018 amending Directive 2010/13/EU on the coordination of certain provisions laid down by law, regulation or administrative action in Member States concerning the provision of audiovisual media services (Audiovisual Media Services Directive) in view of changing market realities.

② "UK to introduce world first online safety laws", https://www.gov.uk/government/news/uk-to-introduce-world-first-online-safety-laws, June 20, 2019.

③ "Online Harms White Paper", https://www.gov.uk/government/consultations/online-harms-white-paper, June 20, 2019.

行，一方面，立法将赋予上述独立的网络信息监管机构以一定的执法权限，当提供网络服务的公司未能尽到法定的注意义务，监管机构将有权对其实施罚款，并可对其高管人员追究个人责任；另一方面，监管机构将为网络服务提供者提供行业准则（codes of practice），如果网络服务提供者在履行法律义务时偏离了该准则，那么，其需要向监管机构解释其原因并说明其所采取的其他行为方式也能够达到与行业准则相同的法律效果或更好的法律效果。①

在独立监管机构制定行业准则时，对于威胁到国家安全和儿童人身安全的信息，例如恐怖主义信息、对儿童性剥削或性虐待的信息，相关政府机构有权对监管机构进行指导。对于煽动暴力、贩卖武器等非法商品和服务等信息，由独立监管机构与相关执法部门互相配合，以确保行为准则与当前所面临的威胁相适应。②

为了提高网络平台治理的透明度，监管机构将要求网络平台每年提交一份年度报告，内容包括该网络平台上的有害信息内容传播的情况，以及平台所采取的各种应对措施。对于向用户推送或推荐内容的平台，监管机构还可以要求其披露相关算法。该报告还要求网络服务提供者应当建立投诉处理机制，对于网络用户的举报或投诉，应当在规定的时间内做出处理。③

（二）对网络虚假信息的治理

“假新闻”（fake news）一词是 2017 年度网络信息领域中出现频繁最高、最引人注目的词语，该词语被国际著名词典《柯林斯英语词典》列为 2017 年度热词，且已被正式收录到该词典中。④ 在该语词被炒热的背后是复杂的社会现

① “Online Harms White Paper”, https://www. gov. uk/government/consultations/online-harms-white-paper, June 20, 2019.

② “Online Harms White Paper”, https://www. gov. uk/government/consultations/online-harms-white-paper, June 20, 2019.

③ “Online Harms White Paper”, https://www. gov. uk/government/consultations/online-harms-white-paper, June 20, 2019.

④ 《柯林斯英语词典》将“假新闻”定义为：“假以新闻报道的名义而进行传播的虚假的，经常是轰动性的信息。”（false, often sensational, information disseminated under the guise of news reporting）

象、政治矛盾和国际关系,其缘起于美国 2016 年总统竞选,并在 2017 年度和 2018 年年初多个欧洲国家的政治选举和其他政治事件中屡次被提及,直至 2018 年的脸书数据泄露事件仍被关注。自 2017 年以来,世界上已有多个国家制定或即将制定打击网络虚假信息的立法或其他措施。

1. 法国

2018 年年初,法国总统马克龙公开宣布将向议会提交了打击操纵信息的法案,又被称为“反假新闻法案”,其旨在制止在选举期间的虚假新闻信息的传播。① 该法案在 2018 年 7 月初在法国国民议会获得通过,但是,在提交参议院审议时因争议过大而被驳回,最终该法案在 2018 年 11 月于争议声中获得通过,但随后就有议员请求宪法委员会对该法案进行违宪审查。2018 年 12 月,法国宪法委员会做出其合宪的决定,从而使得该法案得以最终颁布。②

该法案所关注的虚假新闻信息,主要是指在选举期间(选举正式开始前三个月直至表决日)旨在影响投票公正性而故意做出的对候选人不准确的指控或对事实的虚假报道。对于哪些信息应该被认定为虚假新闻信息,需要由法院做出裁决,该法案所引发的最大争议在于,其要求法官需要在接到投诉时起 48 小时内做出裁决,法官可以命令相关网络平台采取适当的方式阻止此类信息的传播。③

在防止虚假新闻信息传播方面,网络平台负有合作义务,法案要求新闻和社交网络平台建立起对假新闻的投诉和处理机制,要为用户,特别是第三方,标注虚假信息提供便利。并且,对于受赞助推广的新闻信息,网络平台应当公开披露赞助人的身份及赞助金额;如果网络平台使用一定的算法来推荐、分类或推送信息,那么,其有义务公开披露相关统计数据,采取措施提高其算法的透明度;对于大规模传播虚假新闻信息的账号,网络平台有义务予以关闭;法

---

① “Emmanuel Macron promises ban on fake news during elections”, https://www.theguardian.com/world/2018/jan/03/emmanuel-macron-ban-fake-news-french-president, September 20, 2018.

② LOI n° 2018-1202 du 22 décembre 2018 relative à la lutte contre la manipulation de l'information.

③ 参见修改后的《法国选举法》第 L. 163-2 条。

案还要求网络平台采取措施，促进从主流新闻媒体引入新闻内容。[①] 对于以上关于平台治理的要求，网络平台应当采取具体措施予以落实，并应将其采取的措施予以公开并报送给法国的媒体监管机构“法国最高视听委员会”（Conseil Superieur de L'audiovisuel，CSA）。CSA 应当对网络平台落实治理虚假信息的情况进行监督检查，并应定期发布报告，公开披露网络平台遵守法律和所采取的措施的有效性。[②]

该项法案赋予法国的媒体监管机构“法国最高视听委员会”对虚假信息以更大的监管权限。对于受外国政府控制或影响的新闻媒体，如果其被怀疑通过传播假新闻的方式从事危害法国国家安全或颠覆法国政府的行为时，CSA 有权拒绝向其发布许可证；对于已经获得许可的新闻媒体机构，如果其被怀疑在法国选举期间从事传播假新闻的行为，CSA 有权暂停其传播许可。[③]

2. 意大利

2018 年是意大利的大选之年，为了防止假新闻干扰选举，2018 年 1 月，意大利政府启动一项举报假新闻项目，任何一名公民如果发现了其认为的假新闻，都可以登录警方的网站，进行举报，警方将进行核实。[④] 但是，这一项目在意大利国家引起了许多争论，人们担心新闻的传播和公民的言论自由会受到政府的影响和控制。

在大选开始之前，意大利前总理伦齐曾要求脸书采取措施制止假新闻在大选期间的泛滥。脸书与 PagellaPolitica（一家独立的事实核查组织）合作，建立了一个事实核查项目。网络用户发现可疑的假新闻后可以举报，由 PagellaPolitica 进行核查并做出判断，对于确有虚假嫌疑的信息进行醒目地标注，以

---

① 《与打击信息操纵有关的法案》（LOI n° 2018-1202 du 22 décembre 2018 relative à la lutte contre la manipulation de l'information）第 11 条。

② 《与打击信息操纵有关的法案》（LOI n° 2018-1202 du 22 décembre 2018 relative à la lutte contre la manipulation de l'information）第 12 条。

③ 《与打击信息操纵有关的法案》（LOI n° 2018-1202 du 22 décembre 2018 relative à la lutte contre la manipulation de l'information）第 6~10 条。

④ “Italians asked to report fake news to police in run-up to election”，https://www.theguardian.com/world/2018/jan/19/italians-asked-report-fake-news-police-run-up-election，September 15，2018.

引起阅读此消息的用户的注意,与此同时,PagellaPolitica 还将撰写一篇事实核查的文章并将其贴在该机构的网站上,并向脸书提供一个链接。而脸书则会采取技术措施,将该篇事实核查的文章列为涉嫌假新闻的相关文章,当脸书用户试图与他人分享该篇被标注为具有假新闻嫌疑的文章时,会收到一条警示消息,告知用户该文章已被事实核查机构提出质疑,并鼓励用户阅读相关的事实核查文章。PagellaPolitica 的主管称:我不认为我们自己是事实的裁判者,我们只是帮助读者们自己来裁判真假。①

在此以前,假新闻问题在近年来一直困扰着意大利的政治社会,许多政治事件都受其影响,也有许多政府官员都深受其害。2016 年意大利的修改《宪法》的公投失败,前总理伦齐被迫辞职,许多人怀疑此事件与虚假新闻传播有关。2017 年 10 月,意大利众议院议长博尔德里尼(Boldrini)发起了一个项目,教学生如何在网上识别假新闻。

3. 瑞典

2016 年瑞典政府考虑加入北约时曾深受假新闻的困扰而陷入政治困境,因此,决心采取措施抵制假新闻。2017 年,瑞典教育部长宣布,将在小学课程中增加教育儿童如何识别假新闻的内容。②

4. 爱尔兰

2017 年 12 月爱尔兰议会就一项反假新闻的法案进行辩论,该法案拟将通过自动化机制(bots)散播虚假的政治消息的行为规定为一种犯罪,并施以监禁和一万欧元的罚款。③

5. 捷克

捷克也非常担心 2018 年年初的总统选举会受到假新闻或外国势力的影

---

① Https://www. theatlantic. com/international/archive/2018/02/europe - fake - news/551972, July 15, 2018.

② 王雅林、翟佳琦:《瑞典:辨别假新闻 从一年级娃娃抓起》,载 http://www. sohu. com/a/128940049_617717,2018 年 2 月 10 日最后访问。

③ Dantel Funke,"In Ireland, lawmakers are trying to criminalize the use of bots to spread political misinformation",https://www. poynter. org/news/ireland-lawmakers-are-trying-criminalize-use-bots-spread-political-misinformation,March 15,2018.

响,但是,其无意通过制定新法律的方式来处理这一问题,而是授权内政部的"反恐怖主义和多种威胁中心",负责打击假新闻,特别是社交媒体上的威胁到国家安全的假新闻。其主要是通过网络宣传、教育、对话的方式来号召、教育人们抵制假新闻,而不是采取处罚或新闻审查的方式。

6. 马来西亚

2018 年 4 月 2 日马来西亚国会下议院投票通过了《反假新闻法案》。依法案规定,"假新闻"指"任何完全或部分不实的新闻、资讯、数据或报告,包括文章、图片、音频或其他任何能够传达文字或概念的形式",资助或教唆制造假新闻者也将面临相同的严峻刑罚。法案适用于马来西亚国内数字出版商和社交媒体,同时适用于对马来西亚和马来西亚人造成不良影响的境外媒体。按照法案规定,任何恶意制造、传播、转发假新闻的人,最高可被判 6 年监禁并处以最高 50 万林吉特(约合 81.3 万元人民币)的罚款。[①]

7. 新加坡

近年来,新加坡政府对于网络上传播的虚假信息问题非常关注。2018 年 1 月,新加坡的通信与信息部、司法部共同向议会提交了一份名为《网络谣言:挑战与启示》的绿皮书,指出网络谣言问题的严重性,并建议新加坡全社会对此问题予以关注和讨论。[②] 随后,新加坡议会成立了一个特别委员会就网络上故意传播虚假信息的成因、后果和对策进行研究,该委员会通过一系列的调查和听证,于 2018 年 9 月向议会提交了一份研究报告。[③] 随后,新加坡政府开始加快相关立法进程。

2019 年 4 月 1 日,新加坡政府向国会提交了《防止网络谣言与信息操纵法案》(Protection from Online Falsehoods and Manipulation Bill),2019 年 5 月 8 日,

① 刘彤、林昊:《马来西亚国会下议院通过反假新闻法案》,载 http://www.xinhuanet.com/world/2018-04/03/c_1122628295.htm,2018 年 4 月 10 日最后访问。

② "Deliberate Online Falsehoods: Challenges and Implications", Green Paper submitted to Parliament by the Ministry of Communications and Information and the Ministry of Law.

③ "Report of Select Committee on Deliberate Online Falsehoods - Cause, Consequences and Countermeasures", https://sprs.parl.gov.sg/selectcommittee/searchPage? from=20-9-2018&to=20-9-2018, September 30, 2018.

的透明度;网络平台应当与第三方真实性核查机构合作,提高网络信息真实性核查中的透明度;网络平台应当与新闻机构合作,努力向公众提供真实、可靠的新闻信息;网络平台应当向用户提供工具,使得用户可以参与到处理不实信息的过程中并发挥作用;网络平台应当与独立调查机构、合作机构合作,向其开发放相关数据、披露相关算法,等等。①

值得注意的是,高级别专家小组在对网络不实信息的危害表达关切的同时,并没有呼吁加强政府的监管,而是对政府的直接介入表达了不信任。其认为政府如何要采取管制措施,必须符合正当程序和比例原则的要求,以避免对新闻自由和新闻媒体的独立性产生破坏作用。其提出多利益相关方协同治理方案,在某种程度上也是对政府监管权力的一种限制,例如,关于对网络信息的真实性核查问题,高级别专家小组认为,应当在政府、网络平台和事实核查机构之间建立起合作关系,以避免确立唯一的事实核查机构,避免某一机构垄断真理,避免将对网络信息真实与否的判断权交给某一个机构或个人来行使。

10. 小结

虚假信息并非新现象,自古以来,无论东方,还是西方国家,都曾出现过假新闻、谣言等现象,许多国家都有惩罚故意编造、传播谣言的法律。然而,在21世纪的网络时代,虚假信息,特别是假新闻重新成为人们关注的热点问题,此现象值得人们深思。以往的虚假新闻信息往往是与个人名誉或社会秩序相关的,而此次虚假新闻信息现象却是与政治选举、外国势力干预和政治派别斗争联系在一起的,其可以通过网络在瞬间传播至非常广的范围,并可以利用大数据分析目标群体的特点而进行精准推送,因而其产生的社会影响有可能非常大。然而,对虚假信息,特别是假新闻,进行法律规制的困难之处在于,其含义和认定非常困难。例如,美国总统特朗谱多次声称美国的主流新闻媒体发布的新闻系“假新闻”而在美国社会引发非常大的争议。对于虚假信息的认定如果过于宽松,将会妨害言论自由,而过于严格则无法起到治理虚假信息的目的。从许多国家有关反对网络虚假信息的法律与政策以及所引发的社会争议

① European Commission, “A Muiti - dimensional Approach to Disinformation”, Directorate - General for Communieation Networks, Content and Technology, 2018, p. 5.

来看,如何在保护言论自由与抑制虚假信息之间谋求平衡将是关键之所在。对虚假信息的治理方案中,欧盟委员会的高级别专家小组所提出的多利益相关方协同治理机制,值得进行持续关注。

在笔者看来,脸书在意大利大选期间的做法非常值得借鉴,其并不是武断地去判定一个消息的真实性,而是采取技术措施并借助第三方的帮助,去提醒和告知读者该消息的真实性存在争议,并同时推送相关的新闻信息,并交由读者来做出最终判断。

(三)对恐怖主义言论的监管

近年来,欧洲国家面临的反恐压力日渐增大,并且,伴随外国难民的增多,社交网络的广泛应用,形势日趋复杂。

1. 法国

2015 年 11 月 13 日巴黎遭遇恐怖袭击后,法国国民议会投票通过《紧急状态法修正案》,授权政府可在紧急状态下关闭内容不良的社交网站,内政部长可以采取一切措施,确保中断网络上向公众传递煽动恐怖主义行为的通信服务。2017 年,法国在宣布结束紧急状态的同时颁布了一项新的反恐法案,该法案允许通过电话和电子邮件来检测可疑行为,并允许访问航空公司乘客的数据。①

2. 英国

在 2017 年度,英国发生了多起恐怖袭击事件,英国首相特雷莎·梅曾公开批评社交网络平台在传播恐怖主义信息方面负有责任,英国政府试图通过与网络平台企业合作的方式加强抑制恐怖主义信息在网络上的传播。与此同时,英国政府加强了对恐怖主义信息的直接监管,计划修改 2000 年《反恐怖主义法》,将加强现有的对恐怖分子的信息的管控,并授予英国情报部门更大的对嫌疑人的网络信息进行监控的权力。另外,在英国政府于 2019 年 4 月发布的《网上有害内容监管白皮书》中,亦将恐怖主义信息列为网上有害内容,对其

---

① See“New French anti-error law to replace 2-year state of emergency”, https://www.politico.eu/article/new-french-anti-terror-law-to-replace-2-year-state-of-emergency,March 20,2018.

可适用有害内容监管措施。①

3. 欧盟

欧盟委员会在2018年3月公布的《关于有效处理非法网络内容的措施的建议》中对于恐怖信息的处理做出了特别规定:其要求提供信息存储的网络服务提供者与成员国的有关政府机构建立合作关系,政府机构在发现恐怖信息后可通报(Referral)给网络服务提供商处理,后者应当对政府机构的通报的事宜建立快速处理通道,及时确认收到并告知处理结果或说明不予删除的理由;网络服务提供者在收到转交文书后应当进行评估并做出决定,原则上,应当自收到转交文书后一个小时内做出删除或屏蔽的决定;《欧盟建议》还要求网络服务提供者应当采取符合比例原则的、积极的特定的预防措施,包括使用自动处理机制来发现、识别和删除恐怖信息或防止其再次被提交;为了防止恐怖信息在不同的网络服务提供者之间进行传播,各网络服务提供者之间应当建立合作关系,分享信息、优化信息处理技术。②

2018年9月欧盟所发布《关于阻止恐怖主义内容网络传播的条例(草案)》(以下简称《欧盟条例(草案)》),则是在欧盟2018年3月发布的《欧盟建议》的基础之上进一步强化了对网络上恐怖主义内容的信息监管,并试图将其法定化。与《欧盟建议》相比,《欧盟条例(草案)》不仅在细节上进行了规则细化,还对政府行为做出了区分,即分为“命令”(Orders)和“通报”(Referrals)两类。依照《欧盟条例(草案)》的规定,命令可以由行政机关做出,也可以由法院做出,其具体由成员国法律来确定。对于有权机关向网络服务提供者发出的删除或屏蔽恐怖主义信息的命令,网络服务提供者有法律义务在接到命令后一小时内执行,并向有权机关报告执行结果。对于成员国政府机关发出的通报,网络服务提供者有义务及时进行评估,但有权自主做出决定。与命令不

① See “Online Harms White Paper”, https://www.gov.uk/government/consultations/online-harms-white-paper. https://www.gov.uk/government/news/uk-to-introduce-world-first-online-safety-laws, June 20, 2019.

② Recommendation [C(2018)1177 final] of 1 March 2018 on measures to effectively tackle illegal content online.

同之处在于通报不具有法律强制效力，网络服务提供者可基于自愿做出删除决定，也没有时间要求。①

4. 小结

恐怖主义言论属于网络上的违法有害信息内容，其所产生的社会危害后果较之普通的违法有害信息内容更为严重，因此，世界上许多国家都对其采取了更为严格的监管政策。网络环境下的反恐政策涉及两方面的问题，一是基于反恐的需要而获取个人信息的限度与程序的设定，其涉及维护国家安全与保护个人隐私之间的平衡；二是对宣扬恐怖主义信息的及时移除，其涉及维护国家安全与保护言论自由之间的平衡。欧美国家传统上一直注重对个人隐私、言论自由的维护，但是，近年来在反恐形势日益加剧的情况下，一些国家的立法开始倾向于加强对网上信息内容的监管，其在实现反恐的目的的同时亦对个人的权利与自由构成了一定的限制，因而引发了许多社会争议。

（四）对仇恨言论的监管

2017 年，英国皇家检察署（Crown Prosecution Service，CPS）要求对使用推特、脸书等社交平台发表仇恨言论的人处以更严厉的刑罚，但检察署这一计划不要求议会通过新的立法。新的 CPS 规则意味着英国刑事法中类似于“煽动种族仇恨”的规定适用于网上的任何言论。在英国政府发布《网上有害内容监管白皮书》后，仇恨言论亦将被纳入有害内容的法律监管框架范围内。

法国、德国等国在外来难民不断涌入的环境下，网络仇恨言论问题日益受到社会各界的重视，但是，多数国家并没有新的立法出台。在法律执行过程中，一个困难之处在于，对仇恨言论的界定。在边界欠缺清晰的情况下，若严厉执法，则会有损于言论自由。因此，多数国家在执法时主要关注的对象是那些明显违反法律禁止性规定而构成仇恨言论的信息，特别是构成犯罪的仇恨言论。

---

① Proposal for a Regulation of the European Parliament and of the Council on Preventing the Dissemination of Terrorist Content Online [COM(2018)640 final].

(五)对色情内容的监管

对色情内容的监管一直是许多国家的网络信息监管机构的一项重要职责,但是,因其涉及表达自由问题而存在许多争议,另外,在网络环境下如何有效地实现监管目标亦是一种挑战。在2017年度关于网络色情监管的立法中最突出的是英国的《2017年数字经济法》。

在英国法上,色情内容被区分为四类:挑拨性(erotic)内容、色情(pornographic)内容、淫秽(obscene)内容和极端内容。极端内容主要是指儿童受性虐待的图片、视频以及暴力或极端淫秽内容。对于含有挑拨性内容的制品,可以在英国合法自由地流通,所受管制较少。对于含有色情内容的制品,其传播受到严格的管制,通常只能向成年人提供。对于含有淫秽内容的制品,则是非法的,被法律禁止制作、传播。对于含有极端内容的制品,则不仅被禁止制作、出售、出版或进口中,还被禁止持有。

根据《2017年数字经济法》的要求,商业色情网站(包括广告支持的“免费”网站)应当建立用户年龄验证制度,确保18周岁以下的人不会接触到色情信息,同时禁止通过网络向公众提供极端色情的内容。法案还授权设立专门的监管机构“年龄验证监管官”(the age-verification regulator),其有权对违反上述规定的网站进行罚款或发出停止执法通知。该法的实施有赖于两项制度,一是内容分级制度,二是用户年龄验证制度。关于内容分级,英国早已建立起相关制度,并由英国电影分级委员会(British Board of Film Classification, BBFC)负责,该机构性质属于独立的、非营利性机构。关于对网络用户的年龄验证制度,于2019年7月15日开始实施,其亦是由英国电影分级委员会负责实施,为了确保提供成年人信息内容的各网站都能够建立起符合法律要求的用户年龄验证制度,英国电影分级委员会发布了用户年龄验证的指南。除此之外,英国电影分级委员会还与英国的网络安全机构(NCC Group)合作开展“年龄验证证书”(Age-verification Certificate ,AVC)的认证工作,该项认证是自愿的、非法定的,互联网企业可以自愿接受NCC Group的独立审计,英国电影分级委员会将以此为依据向通过的企业颁发认证证书。[①] 网站在对用户年龄进行验证时，有可能触及到用户的隐私或个人数据，为了保障在开展用户年龄验证时不会危及个人数据保护，英国电影分级委员会在制定指南以及开展AVC认证时都将遵守《欧盟一般数据保护条例》，确保用户的个人数据安全。

三、中国关于网络信息监管与平台治理的主要法律政策

2017年6月1日《网络安全法》开始实施，网络信息监管部门以《网络安全法》为依据先后发布了多部规章和规范性文件，例如，《互联网新闻信息服务管理规定》《互联网论坛社区服务管理规定》《互联网跟帖评论服务管理规定》《互联网群组信息服务管理规定》《互联网用户公众账号信息服务管理规定》《微博客信息服务管理规定》《金融信息服务管理规定》《区块链信息服务管理规定》等。2017年12月原文化部（2018年机构改革后为文化和旅游部）新修订了《互联网文化管理暂行规定》和《网络游戏管理暂行办法》。在网络视听领域，2017年6月，中国网络视听节目服务协会发布了《网络视听节目内容审核通则》，确立了网络视听节目内容审核的行业规则，2018年3月，国家广播电视总局发布了《关于进一步规范网络视听节目传播秩序的通知》，加大对网络视听节目的治理。在未成年人网络保护领域，2019年4月，国家广播电视总局发布了《未成年人节目管理规定》，对未成年人作为主要参与者或者以未成年人为主要接收对象的网络视听节目做出了规范。值得注意的是，其中有相当多的规章或规范性文件都涉及网络平台的义务。一般来说，在网络平台模式下，网络信息内容是由用户或其他第三方提供的，网络平台本身并不制作信息内容，但是，上述监管规章却将网络平台列为监管对象，其欲通过网络平台来监管网络用户的意图体现得非常明显。

从执法的角度来看，自2017年下半年以来，网络信息监管的执法力度不断加强，先后有多家互联网企业因未尽到网络信息管理的义务而受到行

---

① "Age-verification for online pornography to begin in July", https://www.gov.uk/government/news/age-verification-for-online-pornography-to-begin-in-july, July 16, 2019.

政处罚或被责令整改,其中,在2018年度,网络直播领域的信息监管最受瞩目。①

四、总结

如何处理社交网络空间中的违法信息内容,是当今世界各国所面临的共同难题。互联网上有着海量的信息,且无国界限制,因此,单纯依靠政府直接监管,无论在技术上,还是在人力或物力上,都难以实现全覆盖,难以达到对网络空间净化的目标。另外,基于宪法上的言论自由原则,欧美国家的政府在对网络信息内容进行直接监管方面还面临着难以逾越的制度障碍,尤其是欧盟的《电子商务指令》明确禁止其成员国制定要求网络服务提供者承担对网络信息进行一般性审查义务的法律,因此,长期以来主要依赖于网络平台企业的自律,以及网络平台与政府机构之间的非正式的合作。近年来,随着外来移民的增加、反恐形势的加剧,英国、法国等多个欧盟国家政府都表达了欲加强对网络信息进行监管的意愿,有些国家还出台了正式立法,例如,德国的《网络执行法》和法国《打击信息操纵的法案》。在欧盟法层面亦有立法议案的提出,特别值得注意的是欧盟委员会制定的《关于阻止恐怖主义内容网络传播的条例(草案)》明确要求网络服务提供者应当采取积极的防范措施用以识别、发现和移除含有恐怖主义内容的网络信息,从而在一定程度上改变了欧盟原来关于网络信息监管的政策。

政府监管网络平台,网络平台来对网络用户发布的信息进行自律管理,已成为许多国家共同选择的路径。确保在政府监管与网络平台自律管理之间实现无缝连接便成为许多国家规制的重点问题。因此,网络平台在网络信息监管体制中处于“把关者”(gatekeeper)地位。对于网络平台而言,如何处理好“监管中介”与“技术中立”两种角色之间的冲突就变得日益具有挑战性。

---

① 参见《国家网信办依法查处一批严重违规网络直播平台和主播》,载http://www.cac.gov.cn/2018-02/13/c_1122415948.htm,2018年3月20日最后访问。

在当前的网络信息监管体系中,网络平台被置于前线,其在负载了许多法律义务和社会责任的同时,也获取了对网络用户和平台上传播的网络信息进行规制的权力,如何防范网络平台不会滥用此种权力,亦成为各国政府机构和社会大众普遍关心的问题。从欧盟的立法动向和一些欧洲国家近年来的立法来看,无论是德国的《网络执行法》,还是法国的《打击信息操纵的法案》,都将增强网络平台治理的透明度作为立法的重要内容,包括对网络平台治理规则的披露,对平台删除、屏蔽违法违规信息的披露,以及对信息推送算法的披露要求等。

政府的监管力量是有限的,网络违法信息和不良信息众多,因此,许多国家都将有限的执法力量集中在了少数的重要的违法信息方面,例如,儿童色情、宣扬恐怖主义和极端主义的言论,以及在国家大选等重要政治活动场合对假新闻进行治理。

网络信息的监管涉及不同价值观之间的碰撞,法律规则必须要在维护国家安全、打击恐怖主义和保障个人隐私、言论自由、获取信息的自由等多项价值诉求之间谋求平衡,对于最佳平衡点究竟应设置在何处,则取决于特定的国家在特定时期的价值倾向。

网络是无国界的,因此,有效的网络信息监管必须辅之以国际合作。许多国家常常会发现,含有违法内容的网站的服务器往往设在境外,一国政府无法对其进行监管而本国民众却可以通过互联网进行访问。然而,国际合作的难题在于世界各国对于虚假信息、色情、仇恨、淫秽、恐怖主义信息的界定标准不一。因此,在网络信息监管领域达成国际共识至关重要。

第五章　网络知识产权

云计算、大数据、物联网等信息技术支撑了数字经济的发展，而知识产权则是支撑数字经济的制度基础设施的重要组成部分。在信息技术加速更新、创新商业模式不断出现的背景下，知识产权领域的新问题层出不穷。本章主要从美国、欧盟、日本和中国 2017～2018 年度的重要立法、判例出发，解读互联网领域知识产权保护规则的发展趋势。

一、美国的网络知识产权保护趋势

美国作为判例法国家的代表，在塑造网络知识产权保护规则方面，联邦法院一直在发挥着重要作用。2017～2018 年度，美国联邦法院又做出了数份有代表性的判决，其在论证过程中提出了以下新的分析思路：一是对于"服务器标准"的重新审视；二是重视联邦版权办公室的作用；三是网络平台适用"避风港规则"的条件要求趋严。

（一）高盛（Goldman）案—对于第九巡回庭"服务器标准"的"拨乱反正"

第九巡回庭在"Perfect 10 公司诉亚马逊（Amazon）"一案中确立了激进的"服务器标准"（Server Test），[①]网站运营者是否因发布在其网站上的图片承担共同侵权责任，完全取决于发布的照片是否存储在网站运营者的服务器中。"服务器标准"在诞生之日起就备受争议，终于在 2018 年 2 月 15 日宣判的"高

---

① *Perfect 10, Inc. v. Amazon. com, Inc.*, 508 F. 3d 1146 (9th Cir. 2007).

盛诉 Breitbart 新闻网有限责任公司"①一案中,第二巡回区下的纽约州南部联邦地区法院(因此可以不受第九巡回庭判例的强制性约束)勇于向"服务器标准"发起了挑战。

高盛一案中引发争议的是"嵌入"技术。原告将其拥有发表权的照片上传到了其推特账号上,并在推特账号乃至随后的全网范围内引起了轰动,并被各大新闻门户网站转载。门户网站在转载时使用了"嵌入"技术,这样照片仍然存储在推特的服务器中,但同样可以在这些门户网站上被用户观看。原告认为门户网站侵犯了其依据《著作权法案》第 106 条第 5 款享有的公共展览权。如果适用"服务器标准",门户网站显然不应该承担共同侵权责任。但是,法院认为:无论是《著作权法案》的条款原文,还是立法过程及相关讨论,以及法案通过后联邦最高法院的司法立场,都不足为根据一张图片的物理位置和所有情况而判断侵权人究竟是否在进行《著作权法案》规定的"展示"提供任何依据。法院强调,法案对于公共展出的定义包含通过任何设备和过程实现的展出,同时《著作权法案》诞生已久,但是第 106 条表明立法者希望涵盖"现在已知的或者随后发展的"的任何设备和过程。以此为基础,法院论证门户网站使用"嵌入"技术对于照片的展示,不论照片是否存储在门户网站的服务器中,肯定会被第 106 条中"公共展示"的定义所涵盖。

纽约州南部联邦地区法院在高盛一案中引用了联邦最高法院在"美国广播公司诉 Aereo 公司案"中的推理,即"用户看不到的技术上不应作为判断是否成立著作权侵权责任的关键"。笔者认为,高盛一案反映出这一以美国联邦法院系统在判定互联网服务提供商的侵权责任时,态度趋于审慎务实。纽约州南部地区法院积极回归《著作权法案》法条原文,以及采取"功能重于形式"的推理方式是对这种审慎务实态度的集中体现,也很可能代表了美国联邦系统在裁决网络服务提供者侵权责任时的趋势和方向。

---

① *Goldman v. Breitbart News Network LLC et al.*, No. 1:2017cv03144-Document 169 (S.D.N.Y. 2018).

（二）Aereokiller 案—凸显联邦版权办公室的重要作用

互联网技术的发展带来知识产权法案在新技术背景下进行应用的困惑。比如在“福克斯电视台诉 Aereokiller”案[①]中，被告 FilmOn X 公司利用电视天线接收广播电视信号然后通过互联网使其付费用户可以观看这些电视节目。此前美国联邦最高法院在 Aereo Inc. 一案中裁定 FilmOn X 的商业模式构成对于著作权作品的公开表演，因此侵犯了著作权人的相关权利。FilmOn X 因此试图基于《版权法》第 111 条向联邦版权办公室（Copyright Office）申请“有线系统”强制著作权许可，从而可以免费使用相关著作权作品。被告辩称其通过互联网转播有线电视节目的系统符合《版权法》中第 111 条定义的“有线系统”。

在当事人双方都没能证明《版权法》第 111 条明确地包括或者排除了 FilmOn X 的技术——基于互联网技术的再传输服务，第九巡回庭引用了联邦版权办公室对于第 111 条的解释。一直以来，版权办公室都坚持，基于互联网技术的再传输服务不应该被视作第 111 条所适用的“有线系统”。版权办公室的理由主要是基于互联网技术的再传输服务是立法机关在通过第 111 条时没有认知，也无法预见的，另外，第九巡回庭也注意到，尽管立法机关已经多次修订过《版权法》，但其从来没有针对版权办公室关于第 111 条的立场做出反驳或采取其他行动 。

美国联邦法院系统在有关案件中重视美国联邦版权办公室等知识产权联邦行政机构的态度和立场，在“福克斯电视台诉 Aereokiller”案中，联邦第九巡回庭法院在拒绝采纳双方当事人对于《著作权法案》的解读后，最后通过援引联邦版权办公室对于相关法条的解读，做出了裁决。笔者同时注意到，版权办公室在 2017 年发布了关于《版权法》第 108 条和第 1201 条的报告，并就是否修改其提供的保护框架，是否针对新的技术环境进行小的修订等问题进行了详细的说明。在未来互联网语境下通过司法判例界定传统知识产权保护尺度

---

① *Fox Television Stations, Inc. v. Aereokiller LLC*, No. 15-56420 (9th Cir. 2017).

时,知识产权行政机构也势必发挥愈加重要的作用。①

（三）BMG 案—DMCA 法案下的“避风港规则”的最新发展

美国国会为了平衡网络服务提供商与著作权人之间的利益平衡,在 1998 年颁布了《千禧年数字版权法案》,为网络服务提供商提供了避风港式的保护。但是,美国近年来判例表明,适用避风港规则的条件日趋严格,

美国联邦第四巡回法庭在 2018 年 2 月 1 日做出的“BMG 诉 Cox 通信公司”案②代表了美国联邦法院对于避风港规则适用条件的最新看法,从中亦可看出该类司法判例的未来走向。

本案中的互联网服务提供商 COX 主张应到避风港规则的保护,但遭到法院的驳回。在法院看来,被告没有资格享受避风港规则的保护,因为其未能采取合理努力落实其关于关闭从事重复侵权活动的账号的政策。第四巡回庭举出以下三点理由:(1)COX 从未自动关闭任何用户账号。(2)虽然 COX 强调其“对于侵权行为并非确实明知,所以并无义务关停有关账号”,但是,证据显示所有被关停的账号随后都会被激活,也就使得 COX 的关于“确实明知”的论点失去了意义。(3)在 COX 调整了其政策,规定将不再重新激活被关停账号后,证据显示 COX 从此再也没有关停过账号。基于上述事实,考虑到证据显示 COX 不关停账号的一个重要原因是这些账号会产生收入,并且还考虑到 COX 忽视了发送到帮助其监控个人对个人(peer-to-peer ,P2P)侵权的公司的数以百万计的侵权通知。③

二、欧盟在数字版权领域的最新发展

2019 年 6 月 7 日,欧盟版权法改革的主要成果《单一数字市场版权指令》

---

① See http://www.copyright.com/blog/copyright-law-2017-look-happened-news/, June 20,2018.

② *BMG Rights Management v. Cox Communications*, No. 16-1972 (4th Cir. 2018).

③ *BMG Rights Management v. Cox Communications*, No. 16-1972 (4th Cir. 2018).

(Directive on Copyright in the Digital Single Market,以下简称《版权指令》)生效,《版权指令》是继美国《数字千年版权法案》(DMCA)之后,国际上应对互联网产业发展与版权保护新情况的首个重大成果。《版权指令》旨在应对互联网技术发展对版权保护的冲击,保障内容产业高质量发展,进一步推进欧盟数字市场一体化建设。本部分旨在对《版权指令》中涉及大数据、人工智能的制度——在线内容分享平台的"过滤义务"和对网络爬虫、文本与数据挖掘、数据科学、机器学习等新兴技术的版权规制——进行研究和分析。

(一)欧盟版权法改革概述

1.《版权指令》立法过程及主要内容

2015年5月,为了抓住数字革命带来的数字机遇,欧盟委员会启动"单一数字市场战略"(Digital Single Market Strategy),旨在通过一系列举措革新法律和监管政策,将28个成员国市场打造成为一个统一的数字市场,以促进欧盟数字经济繁荣发展。这一战略以三大支柱、十六项关键计划为核心。第一大支柱,旨在便利消费者和企业跨欧盟获取数字产品和服务,涵盖跨境电商、消费者保护、物流、地理屏蔽、电商领域反垄断调查、版权法改革、卫星和有线指令审查、税费改革等事项。第二大支柱,旨在为数字网络和创新性服务繁荣发展创造适宜的条件和公平竞争的环境,涵盖电信规则改革、音视频媒体制度审查、在线平台规则、个人数据保护、网络安全等事项。第三大支柱,旨在最大化激发数字经济的增长潜力,涵盖数据自由流动、标准和互操作性、数字技能等事项。①

版权法改革是这一战略的重要组成部分。在此背景下,2016年9月14日,欧盟委员会发布了版权法改革的一系列提案,《版权指令》作为其中的核心提案,虽然在立法过程中遭遇了巨大的抗议和反对,欧盟议会甚至一度投票反对该立法。但在经过激烈的立法博弈之后,欧盟立法者现代化欧盟版权制度使其能够适应技术发展的决心,最终战胜各界的抗议。在经过2019年3月26

① 曹建峰:《欧盟如何为繁荣数字经济打造统一的数据法律规则?》,载 https://zhuanlan.zhihu.com/p/47611114,2018年6月10日最后访问。

日欧盟议会批准、4 月 15 日欧盟理事会批准之后,欧盟历时两年多最终通过了《版权指令》。成员国需要在该指令生效后两年内将其转换为国内法。《版权指令》旨在实现三个主要目的:其一,促进跨欧盟获取在线内容;其二,扩大在教育、科研、文化遗产等活动中使用版权内容的机会;其三,完善版权市场机制。最终希望在新的数字环境下促进内容产业相关的创新、创造力、投资和新内容的生产。①

《版权指令》主要包括八个方面的内容:(1)第 3~6 条新增数字和跨境环境下的版权例外(合理使用),包括文本与数据挖掘、数字和跨境教学活动中使用作品以及文化遗产保存。(2)第 8~11 条规定了非流通作品的保护。(3)第 12 条规定了延伸性集体管理组织,旨在解决交易成本问题,促进作品许可。(4)第 13 条针对流媒体平台上的视听作品许可问题,提出通过中立机构或调解人等协商机制来促进此类许可。(5)第 14 条明确了公有领域的视觉艺术作品的使用问题,即除非衍生自公有领域的视觉艺术作品具有独创性,否则不能获得保护。(6)第 15~16 条规定了新闻出版商邻接权,要求新闻聚合等在线平台为使用新闻出版物(包括其中的部分或片段)向新闻出版商付费,以保护新闻出版商的组织和金钱投入。新闻出版物不限于文字作品,也包括图片、视频等形式。考虑到新闻的时效性,《版权指令》最终为这项邻接权规定了较短的存续期间,只有 2 年。(7)第 17 条规定了在线内容分享服务平台的特殊责任机制,将此类平台定性为直接从事向公众传播作品行为,为免于承担版权侵权责任,此类平台需要主动履行授权寻求、版权过滤等义务。(8)第 18~22 条规定了作品、表演开发利用合同中对作者、表演者的保护,包括公平合理报酬原则、透明度义务、合同调整机制、争议解决程序、作者、表演者的撤销权等机制。②

---

① European Commission, "Modernization of the EU copyright rules", https://ec.europa.eu/digital-single-market/en/modernisation-eu-copyright-rules, June 20, 2019.

② Official Journal of the European Union, Directive (EU) 2019/790 of the European Parliament and of the Council of 17 April 2019 on Copyright and Related Rights in the Digital Single Market and Amending Directives 96/9/EC and 2001/29/EC, https://eur-lex.europa.eu/legal-content/EN/TXT/? uri=CELEX%3A32019L0790, April 20, 2019.

2.《版权指令》旨在应对互联网技术对版权保护的冲击,保障内容产业高质量发展

欧盟主要的网络版权立法《电子商务指令》和《信息社会指令》,制定于2001年之前。当时,网络搜索引擎服务还处在襁褓阶段,尚无社交网络、视频分享、流媒体等如今风行全球的数字网络服务。然而,互联网技术经过二十多年的发展,给内容产业带来了巨大影响,彻底改变了创作、生产、发行和利用作品的方式。新的商业模式和市场参与者持续涌现。如今,社交媒体、流媒体、新闻聚合、内容分享等互联网平台成为人们获取数字内容的主要渠道。在欧盟立法者看来,这给网络版权保护提出新的挑战,因为这些平台尤其是谷歌新闻、YouTube等长期以来免费使用新闻、视频等版权内容,在这些平台和权利人之间造成了所谓的“价值鸿沟”(value gap),因为按照既有版权规则,在线平台不需要向权利人付费。因此,《版权指令》希望通过一系列新的规则来弥合这一鸿沟,确保版权及相关权的权利人可以就互联网平台使用其版权内容获得公平合理的报酬。

更进一步,文创人员、记者、新闻出版商等是内容产业高质量发展的中流砥柱。然而,过时的版权规则导致新闻聚合、内容分享等在线平台收割了大部分利益,权利人却没有获得公平的报酬。《版权指令》加强了新闻聚合、内容分享等在线平台的法律责任,使其有义务、有动力与权利人达成公平的许可协议并向权利人支付报酬。同时确保权利人在维护其版权权利、获得公平补偿上处于优势地位,以便让更多的在线版权收益流向作者而非互联网巨头的股东,从而确保可持续的文创工作和媒体质量。

3.推行欧盟内部统一的互联网监管模式,制衡美国等国际互联网产业力量

欧盟《版权指令》立法背后有其深刻的政治经济动因,包括通过制定规则来推动利益再分配,并推行互联网规制的欧盟模式。具体而言,不满于美国互联网巨头长期从欧盟收割数据、版权内容等带来的巨大收益,新的《版权指令》通过革新版权制度促使美国互联网巨头向权利人分配其所应得的公平报酬,使权利人在互联网环境下继续受益。正如欧盟立法者所言,“个别公司依赖无

数创作者和新闻记者的作品，赚取巨额的金钱（huge sums of money），却没有给予他们公平的报酬。对于纠正这一状况，本指令迈出了非常重要的一步”。在2019年2月13日欧盟委员会、议会、理事会等三方就《版权指令》艰难达成政治协议后，欧盟委员会在博客网站 Medium 上发文，回应舆论对《版权指令》杀死、终结互联网的质疑，斥责美国互联网公司鼓动欧洲民众杀死英雄（新闻记者和文创工作者）、拯救恶龙（大型互联网平台）。

更进一步，在单一数字市场战略之下，《一般数据保护条例》（GDPR）和《版权指令》以及持续进行中的数字税、反垄断、涉及假新闻、政治广告的平台监管等一系列举措，旨在构建欧盟内部统一的互联网监管模式，以此削弱美国互联网巨头的垄断地位，使面向未来的互联网惠及所有人，而非个别占据着市场优势的公司。这意味着互联网监管需要考虑国际竞争因素，正如脸书高管马克·扎克伯格和雪莉·桑德伯格、谷歌 CEO 桑达尔·皮查伊在接受媒体采访时所表示的那样，政府对美国大型科技公司的强监管（如针对四大巨头 GAFA 启动的反垄断调查）可能危及美国硅谷科技行业整体的成功，因为有太多国家想要复制硅谷，所以监管政策需要实现平衡，避免失去硅谷的竞争优势。①

（二）从“避风港”到“过滤义务”的网络版权保护范式转移

1.“过滤义务”的出台背景及主要规定

“过滤义务”制度是欧盟此次版权法改革的核心举措，也是最受争议的条款，受到了美国主流互联网企业的大力反对和抗议。其出台目的是降低“避风港规则”给权利人带来的消极影响。具体而言，在欧盟立法者看来，以 YouTube 为代表的互联网平台长期未经授权上传并传播大量版权作品，致使欧盟众多权利人利益受损。但平台商在法律诉讼中往往以自己尽到“通知—删除”义务，符合“避风港规则”为由进行抗辩以免除侵权责任，并且“通知—删除”是事后措施，并不需要平台方承担事先的版权过滤义务。在通知删除规则下，

---

① CNN Business, Google CEO Reacts to Looming US Antitrust Probes for First Time, https://edition.cnn.com/2019/06/14/tech/sundar-pichai-google-antitrust/index.html, April 20, 2019.

权利人很难与平台方订立版权许可协议,更无法因其作品被上传而获取报酬,导致平台与权利人之间的"价值鸿沟"。于是,"避风港规则"的"庇护"引起了权利人组织的不满。

因此,《版权指令》第 17 条在避风港规则之外,为符合要求的在线内容分享平台创设了特殊责任机制,其目的十分明确:在线平台从版权内容中赚钱,却不补偿权利人,不可能让这样的事情继续存在下去。具体而言,该特殊责任机制包括主要包括以下内容。

(1)重新界定在线内容分享平台(online content sharing service provider)的性质。对于在线内容分享平台究竟提供信息存储空间服务而应受到《电子商务指令》第 14 条的责任限制规定保护,还是从事落入版权专有权范围的向公众传播、向公众提供行为而应承担直接责任,《版权指令》给出了明确的回答。即分享平台存储、组织、推广用户上传的大量作品以营利,是向公众传播、向公众提供行为,而非宿主(hosting)服务。对于在线内容分享服务提供者(online content sharing service provider)的认定,需要在个案中个别认定,考虑其用户、上传的作品量等,但从立法意图来看主要针对 YouTube 等视听内容分享平台。但不包括非营利的在线百科全书(如 Wikipedia),非营利的教育和科学知识库,开源软件开发、共享平台(如 GitHub),电子通信服务提供者,在线市场(电商平台),B2B 云服务,个人云服务等。(见图 5-1)

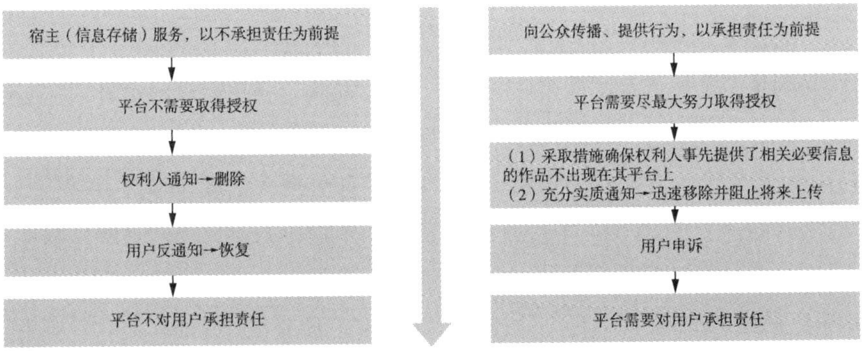

图 5-1 避风港规则与在线内容分享平台特殊责任机制对比

(2)构建以授权寻求义务和版权过滤义务为核心的在线内容分享平台特殊责任机制。《版权指令》并没有完全颠覆关于"宿主服务"(所谓的信息存储空间服务)的避风港规则,即《版权指令》第17条规定的在线内容分享平台以外的"宿主"服务提供者依然适用"通知—删除"机制。因此,在线内容分享平台的版权侵权责任不以遵守"通知—删除"程序或对用户侵权的明知、应知为限,而应对其实施的向公众传播、向公众提供行为承担直接责任,不论其是否知道用户上传内容未获授权。以此为基础,为了免于承担版权侵权责任,在线内容分享平台需要证明其主动履行两项义务:一是授权寻求义务,分享平台应当与权利人签订许可协议,获得权利人的授权,而且不能预设用户上传内容已经获得了权利人的授权。二是版权过滤义务,如果未获授权,分享平台应当对于权利人事先提供了相关必要信息的特定作品,根据专业注意义务的较高行业标准尽最大努力阻止其出现在平台上,或者在接到权利人发出的充分实质通知后,迅速移除或限制访问侵权内容并尽最大努力阻止其将来被再次上传。(见图5-2)

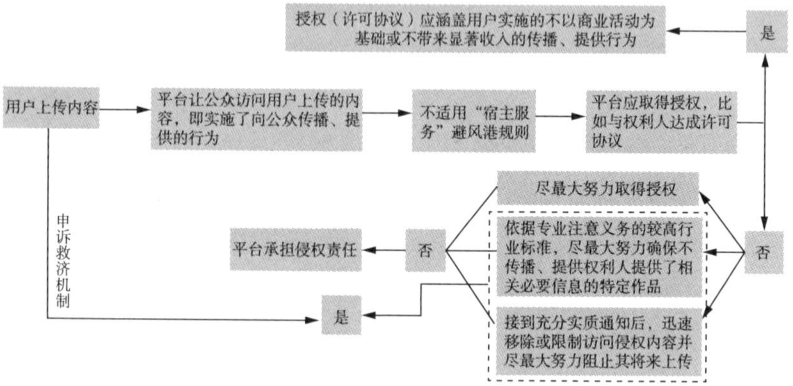

图5-2　在线内容分享平台特殊责任机制

(3)平台不承担对用户上传内容的普遍监控义务。不承担普遍监控义务是美、欧版权法上的避风港规则的内在要求,《版权指令》继续遵循这一要求。按此,对分享平台上侵权内容的过滤,需要以权利人和分享平台之间的合作为基础。网络版权的保护需要平台和权利人之间的配合合作,《版权指令》相比美国DMCA而言走得更远,从基于避风港的合作机制发展到了基于特殊责任的合作机制。即权利人需要事先向分享平台提供必要且相关的信息,表明其是特定作品的权利人。对于权利人不明确的作品,不能期望平台采取阻止、过滤措施。即使其被用户上传,也不大可能让平台承担责任。

(4)对用户的保护和对创业型平台的豁免。《版权指令》给分享平台规定的过滤义务,不影响不侵犯版权或构成版权例外(合理使用)的内容的上传,例如 meme、GIF 等,因此引用、批评、评论,讽刺、戏仿或模仿,或其他合理使用均不受影响。此外,为避免过滤义务阻碍互联网创新,上线运营不足 3 年且年营业额少于 1000 万欧元的创业型平台免于遵守新的过滤义务。但当其月独立访问者超过 500 万时,需要采取措施阻止用户将来上传被通知的侵权内容。

2.“过滤义务”的履行与人工智能技术背景下的自动过滤器

对于分享平台如何履行《版权指令》规定的“过滤义务”,法案并没有对需要采取的工具、人力资源、设施等进行明确规定,虽然《版权指令》最早的版本明确提出“可以采取有效的内容识别技术”,这被各界解释为《版权指令》要求在线内容分享平台采取上传过滤器(upload filters)来识别过滤侵权内容。但正如欧盟议会所言,“指令没有明确说明或列举需要采取什么工具、人力资源或基础设施来阻止未授权内容出现在网站上。然而,如果大型平台不提出创新性的解决方案,它们最终可能倾向于采取上传过滤器。事实上,一些大公司已经采取了过滤器。过滤器有时候确实有可能过滤掉合法内容,但这是研发、部署过滤措施的平台的责任,不是设定立法目标的(平台必须为使用内容的行为付费)立法者的责任”。①

欧盟议会提出说某些平台已经采取了过滤器,其实是指 YouTube 平台上的 ContentID 技术,简单来说,当用户上传内容时,YouTube 会基于 ContentID 技术将用户上传的内容与平台作品库中的内容进行自动比对,如果发现涉嫌侵权,则告知权利人,由权利人决定是否允许用户上传。当前,随着机器学习、深度学习等人工智能技术的发展,自动化的内容识别成为可能且其准确性在不

---

① European Parliament, Questions and Answers on Issues about the Digital Copyright Directive, https://www.europarl.europa.eu/news/en/press-room/20190111IPR23225/questions-and-answers-on-issues-about-the-digital-copyright-directive, June 20, 2019.

断提高甚至已经超过了人类水平。例如,Facebook 等科技公司开始引入 AI 技术辅助互联网平台治理,采取 AI 技术自动审查、移除非法内容。经过训练的 AI 系统能够对大部分内容的违法性作出自动判断,从而自动阻止非法内容的上传和传播,并在用户投诉举报之前就移除非法内容。但在版权领域,自动化的识别过滤需要存在一个事先的作品库,否则平台无从采取 AI 等技术手段对用户上传内容进行比对,所以《版权指令》要求权利人事先向平台提供作品的相关必要信息。以微信为例,其对公众号原创文章的保护也是以平台上的原创作品库为基础,对于原创作品库之外的或者其他平台上的文章,公众号的原创保护机制无法进行识别比对。

美国 DMCA 制定之时,互联网技术尚在发展初期,也没有现在的人工智能技术的进步,避风港对互联网创新起到了很好的保护作用。但如今,考虑到人工智能等数字技术的进步,欧盟给在线内容分享平台施加新的过滤义务,要求其考虑行业最佳实践,提出创新性的解决方案来净化平台上的版权内容。当然,这需要考虑所采取措施的有效性、可行性、服务的规模以及现有措施和未来技术发展。正如平台的注意义务需要考虑服务类型、行为类型、技术能力、权力类型等因素一样,①平台内容治理也需要考虑现有技术和未来技术发展提供的可能性,这样的治理既可以基于平台自身设定的平台规则,也可以通过类似欧盟《版权指令》这样的立法来推动。

(三)数据科学、人工智能发展背景下的文本与数据挖掘例外

1. 文本与数据挖掘例外的出台背景及主要规定

随着数字经济时代的到来,大数据、云服务和物联网以及人工智能等已经成为欧盟竞争力的核心,大数据和人工智能甚至被认为是所有经济领域内实现经济增长和推动创新的催化剂,而文本和数据挖掘(Text and Data Mining, TDM)更是推动大数据时代经济发展和科学研究的重要工具。文本和数据挖掘技术在整个数字经济中非常普遍。新技术能够对数字形式的信息进行自动

---

① 司晓:《网络服务提供者知识产权注意义务的设定》,载《法律科学》2018 年第 1 期。

计算分析,例如文本、声音、图像或数据,通常称为文本和数据挖掘。文本和数据挖掘使处理大量信息成为可能,以便获得新知识和发现新趋势。而且随着大数据产业和人工智能技术的快速发展,对海量数据的学习和挖掘要求极为迫切。因此,高科技公司急需获得文本和数据挖掘例外,在不用担心著作权侵权的前提下可以专心进行技术的研究并促进高新科技产业的快速发展。欧盟委员会专家组在2014年发布的报告《创新和技术发展尤其是文本和数据挖掘领域的标准化》指出,文本和数据挖掘对欧盟经济来说是一次重大机遇,大规模运用文本和数据挖掘将会为欧盟GDP额外增加数以百亿欧元的收入。

然而,在多大程度上可以对内容进行文本和数据挖掘,这方面面临法律不确定性。在某些情况下,文本和数据挖掘可能涉及受版权保护的行为、受特殊数据库权利保护的行为,或同时受二者保护的行为,特别是复制作品或其他客体、从数据库中提取内容、或二者同时发生,例如,在文本和数据挖掘过程中数据被规范化。在没有例外或限制的情况下,需要权利人授权进行此类行为。

在这一背景下,《版权指令》第3条和第4条规定了文本与数据挖掘的版权例外。第3条规定了为科学研究目的的文本与数据挖掘的版权例外,属于法定例外,不可通过服务条款、许可协议等方式禁止之。按此,研究机构和文化遗产机构,为了科学研究目的进行文本与数据挖掘的,可对其可以合法访问的作品、数据库等进行复制和提取。具体而言,此项例外的行为主体限于研究机构和文化遗产机构;行为目的限于进行文本与数据挖掘是为了科学研究目的;行为方式是为进行文本与数据挖掘而对作品、数据库等进行复制(reproduction)或提取(extraction);行为对象是可以合法访问的内容,包括通过订阅协议、开源许可等方式获取的内容,也包括网上免费可获取的内容。行为主体还需履行一项附属义务,即存储复制件应采取适当的安全措施,并可为科学研究目的(如验证研究结果)而保存复制件。此外,权利人为避免网站被大量爬虫爬取而威胁到其服务的安全和可用性,可以采取必要措施确保系统安全完整。

第4条则规定了有条件的文本与数据挖掘例外。该例外不限制行为主体和行为目的,为文本与数据挖掘目的而复制、提取可以合法访问的作品、数据库等,即属于版权例外。但权利人可以保留为文本与数据挖掘目的而复制、提取的权利,即对于网站上公开提供的内容,权利人可通过机器可读方式来保留这一权利,包括元数据(metadata)、网站的服务条款等。其他保留方式包括合同协议、单边宣言等。这意味着商业目的的文本与数据挖掘必须尊重版权权利人的意志,否则即可构成侵权行为。

2. 明确数据科学和人工智能应用中的数据与作品利用的法律保护边界

人工智能时代,数据成为企业的核心资产,人工智能系统的研发和应用离不开数据的“喂养”,所以实践中大量存在利用网络爬虫从网上爬取数据或以其他方式获取数据并用于数据挖掘、人工智能系统训练或其他商业目的,因此,明确数据与作品的利用边界对于促进创新和技术发展意义重大。欧盟早在 1996 年就制定了《数据库保护指令》,创设了数据库权这一特殊权利,禁止他人未经许可从受保护的数据库中提取、复制数据。此次的《版权指令》区分科学研究目的和商业目的,进一步明确了文本与数据挖掘、数据科学、机器学习等技术应用中复制、提取作品和数据的版权保护边界,一方面为相关技术研发应用活动提供了法律确定性,另一方面通过全面放开文本与数据挖掘合理使用例外,确保欧盟在数据科学、人工智能等科学研究领域与美国等竞争时不会受到不合理的法律壁垒限制。

更进一步,数据合理使用和数据不当使用的边界需要明确。根据《版权指令》,数据合理使用需是为了文本与数据挖掘目的,且商业性使用需尊重权利人的意志和保留权。而不当获取与利用数据,根据国内外司法判例主要有两种方式:一是未经许可或超出许可,采取侵入的方式获取非公开数据,通常表现为侵入服务器、破解或规避技术措施或者使用他人 ID、密码等;二是采取爬虫等手段复制、抓取数据,一般针对公开数据。根据前述判例,法院在认定这些行为的不正当性时一般采取两个测试标准:一是实质替代标准,即将获取的数据用于足以产生替代效果的竞争性产品、服务,此标准主要体现在大众点评系列案件中。二是正当商业利益标准,其出发点是企业对其投入劳动收集、获取、加工、整理、生成的数据和数据产品享有竞争法上的财产性利益,他人未经授权予以利用具有不正当性。正如美国最高法院在 International News Service

诉 Associated Press 一案中所表达的观点,信息、设计等无形物可以因劳动、金钱等投入而产生一种“准财产权”(quasi-property right),从而可以基于反不正当竞争法禁止他人不当盗用。[①]

(四)启示

大数据、人工智能等技术与版权制度的关系主要体现在两个层面:第一,工具的层面,互联网平台在加强平台治理、保护网络版权方面的技术能力在不断进步,区块链、人工智能等都可以为网络版权保护提供创新性的思路,欧盟《版权指令》中过滤义务的提出也是基于现在和未来技术发展的考虑。第二,规范的层面,人工智能对版权制度的影响不限于作品创作,即所谓的 AI 生成内容的版权保护问题,也包括数据科学、人工智能应用中对作品的非表达性使用(non-expressive use)和前置的复制行为的正当性问题。例如,如果一个 AI 系统通过免费方式复制、学习某个知名歌手的所有歌曲来创作出一首类似风格的歌曲,复制行为是否侵权?原歌手能否就 AI 生成的新歌曲主张权利或者版权利益?随着内容创作的版图从人类作者中心主义扩大到“非人类作者”甚至将来可能过渡到“非人类作者中心主义”,版权制度必须对所有这些问题予以回应。将版权合理使用的辐射范围延伸至文本与数据挖掘,仅仅开了一个头而已。

就当前而言,视频聚合、分享网站尤其是短视频分享网站给我国网络版权保护带来巨大冲击。在避风港规则之下,它们一方面没有义务和动力向权利人付费,另一方面也扭曲和支付了高昂许可费的正版视频网站之间的公平竞争,不利于在线版权市场的可持续发展。这类分享平台通过个性化推荐算法等手段最大化地传播用户上传的视听内容,是否还是《信息网络传播权保护条例》第 22 条意义上的“信息存储空间服务”,值得深入检视。当前,美国、欧盟等都在反思美国 DMCA 奠定的避风港框架的有效性,欧盟率先跳出避风港框架,加强了视听内容分享平台的版权责任。就我国而言,国家版权局推行的“重点作品版权保护预警名单”,其实已经超出了我国现有法律的规定。可以

① 曹建峰、田小军:《从国内外典型数据保护案例看如何保护企业数据权益》,载 https://mp. weixin. qq. com/s/paqSCnfZmctZoG8pkBv8kA,2019 年 8 月 30 日最后访问。

在此基础上，在著作权法修订中考虑适当加强直播、短视频等视听内容分享平台的版权责任，除了遵守通知删除程序，还应履行版权过滤义务，更积极主动地与权利人合作，采取可行的措施，尽到最大努力阻止侵权内容出现在其平台上并阻止用户将来再次上传。

三、日本保护网络知识产权的最新发展

2018 年 2 月 23 日，日本政府向国会提交了《著作权法修正案》。该修正案较之前的版本的最大变动之处就是原则上在不侵害著作权人利益或对著作权的损害程度轻微的情况下，允许互联网和高科技企业可以不经过著作权人同意直接使用著作权作品，只对明显损害著作权人权益的恶性行为进行惩罚。之前的版本对于网络平台和网络用户的限制十分严格：不但明文规定了复制、向公众传播受著作权保护的作品的行为需要获得著作权人同意，[①]而且在 2015 年 1 月实施的《著作权法修正案》还进一步扩大了权利主体的范围，即授予出版社以代替著作权人本人，要求停止网络侵权行为的权利。[②] 最新的修正案无疑将会提高日本互联网服务提供商对于受著作权保护作品之使用的自由度。目前日本内容提供界对修正案提出强烈反对，认为其会导致网络著作权侵权行为增加。而制定修正案的日本文化厅则认为在物联网、大数据和人工智能等技术的冲击下，为了促进相关技术发展，需要给予相关企业合法使用受著作权保护的海量信息的权利。[③]

---

① 日本《著作权法》第 21 条、第 23 条第 1 款、第 2 条第 1 款(viibis)、(viii)、(ixbis)。[1997 年日本著作权法修正时即确认了第 23 条第 1 款中的向公众传播的行为包含三种，一是广播，二是有线播放，三是交互式传播——通过互联网传播。根据第 2 条第 1 款的解释，上传作品的行为就属于使可被传输(making transmittable)的行为，毫无疑问这种规定是非常严格的。]

② 参见 http://ip. people. com. cn/n/2014/0509/c136655-24997230. html，2018 年 6 月 20 日最后访问。

③ 参见《日本大尺度修改〈著作权法〉》，载新华网：http://www. xinhuanet. com/globe/2018-04/06/c_137084661. htm，2018 年 7 月 30 日最后访问。

四、我国保护网络知识产权的发展及趋势

整体看来,我国对于网络知识产权保护的重视程度在不断加深,具体可以体现于适用更为严格的法院判决标准、行政机构增强管理和网络平台增强自律三方面。

(一)法院判决标准趋于严格统一

从 2018 年 4 月以来最高人民法院及全国各高级人民法院发布的《知识产权司法保护的白皮书》中提及的内容来看,2017 年一年全国法院新收知识产权民事一审案件增幅达到 47.24%,案件总量大幅增长,案件特点则是新类型案件不断涌现,新问题、疑难问题增多,案件审理难度增大。[①] 这其中可以很明显看出,涉及网络知识产权保护的案件层出不穷,比如极具重要意义的体育赛事直播案件、视频聚合软件侵权案件、网络游戏直播画面案件等。

两起关于体育直播赛事画面是否具有可版权性,并以电影作品的形式受到版权保护的案件在两家一审法院得到了截然不同的判决结果。因此北京知识产权法院于 2018 年 3 月就体育赛事节目这类焦点问题给出了阶段性的答案。两个案件中,北京新浪互联信息服务有限公司与北京天盈九州网络技术有限公司著作权权属纠纷的被告不被认定侵权,而央视国际网络有限公司与暴风集团股份有限公司因侵害著作权纠纷案的被告则被认定侵权。究其根源,即体育赛事画面不能以电影作品或者以类似摄制电影的方法创作的作品形式受到著作权保护,但是当涉事体育赛事节目满足“固定”的要件时,其可以作为录像制品受到《中华人民共和国著作权法》(以下简称《著作权法》)保护。北京知识产权法院指出,体育赛事画并不具有电影作品应具有的“独创性”要件:第一,拍摄手法(例如犯规后给予犯规球员近景镜头等)并不具备明显的个性化选择;第二,慢动作画面仅起到答疑解惑的作用,与独创性并无直接联系;

---

① 参见 http://www.ncac.gov.cn/chinacopyright/contents/518/372098.html,2018 年 7 月 30 日最后访问。

第三，特写镜头也属于对于镜头运用的常规选择。法院还表示，赛事集锦事实上确有可能有较高独创性程度，从而构成电影作品；但是如果从整场比赛的连续画面来考量的话则不可能构成电影作品。① 虽然从目前的判决结果上来看，对于合法从事体育直播赛事的从业者来说，《著作权法》给予其的保护力度不够强势，依赖《反不正当竞争法》上的一般条款来保护其合法利益也仍旧不是长久之计，但是体育直播赛事是否具有可版权性这一问题得到解决无疑还是值得肯定的，未来对于体育直播赛事的保护不仅需要从立法层面加以加强，还需要行政机构与网络平台联合起来以技术措施、行政手段等联合保护。

不同于体育直播赛事，游戏直播呈现出的连续画面被认定属于类似摄制电影的方法创作的作品，且这种电影作品的版权应当属于游戏软件的权利人。② 广州知识产权法院认为游戏系统的开发者已预设了游戏的角色、场景、人物、音乐及其不同组合，不同的动态画面只是不同用户在预设系统中的不同操作产生的不同操作或选择之呈现结果，用户在动态画面的形成过程中无《著作权法》意义上的创作劳动。但是法院同时也指明了信息网络传播权的定义无法涵盖网络游戏直播这种实时性网络传播行为，因此适用了《著作权法》的兜底条款，将网络直播行为视为"其他侵犯著作权的行为"，判决被告侵权。不仅如此，法院还通过被告关联上市企业的财务指标及游戏主播收入，对被告获利金额进行了合理估算，决定了 2000 万元的赔偿金额。在游戏产业和直播行业获利金额呈现飙升趋势的当下，广州知识产权法院的判决无疑是为游戏开发商继续开发优质游戏打入一剂强心剂。

在判定视频聚合软件是否侵犯信息网络传播权的案件中，此前各地法院一直对适用"服务器标准"还是"用户感知标准"采取不同的立场。2017 年，深

---

① 北京知识产权法院审结北京天盈九州网络技术有限公司与北京新浪互联信息服务有限公司、乐视网信息技术（北京）股份有限公司侵犯著作权及不正当竞争纠纷案及央视国际网络有限公司与北京暴风科技股份有限公司侵害著作权纠纷案。参见 http://baijiahao.baidu.com/s?id=1596795793018124104&wfr=spider&for=pc 以及 http://baijiahao.baidu.com/s?id=1596622500421229917&wfr=spider&for=pc，2018 年 8 月 30 日最后访问。

② 广州网易计算机系统有限公司诉广州华多网络科技有限公司侵害著作权及不正当竞争纠纷［粤知法著民初字第 16 号（2015）］。

圳市南山区人民法院一审判定,“电视猫”通过破坏原告腾讯公司所设置的技术措施获取知名电视剧《北京爱情故事》内容并进行播放,属于对未经授权的作品再提供,构成侵犯信息网络传播权的行为。尽管本案中被告“电视猫”主张其仅仅提供的是网络搜索链接服务,其自身并未上传或向用户提供作品,但是法院认为被告“主观上具有在其软件上直接为用户呈现涉案作品的意图,客观上也使用户在其软件上获得涉案作品,同时使得涉案作品的传播超出了原告的控制范围,构成未经许可的作品再提供,侵害了原告的信息网络传播权”。① 这也就意味着在互联网技术不断进步的背景下,随着深层链接、转码链接等传播手段的不断兴起和普及,继续使用“服务器标准”来判断网络服务提供者是否承担侵权责任已经不再适应当今版权保护的需要了,法院接连的判决则显示“实质性替代”原则将会在此类案件中成为适用的准则。② 随着视频聚合软件接连成为被告,并在不断败诉的情况中,可以看出我国对于此类以“链接”为名的网络平台的态度是从严治理,严厉打击。不但借由法院判决对其侵权行为进行严格限制,还利用行政执法的手段对其进行制裁,比如“剑网2017”行动中就各种视频聚合型应用程序进行了严厉打击。

北京乐动卓越科技有限公司与阿里云计算有限公司侵犯作品信息网络传播权的纠纷案是国内首例云服务器厂商被判侵权案。本案中原告发现其拥有著作权的移动端游戏《我叫 MT online》被通过 www. callmt. com 网站进行传播,被传播的版本非法复制了原告游戏的数据包,且这些游戏内容被存储于被告阿里云服务器,而且可以通过该服务器向客户端提供游戏服务。依据《侵权责任法》第 36 条,北京市石景山区人民法院认为虽然被告阿里云并不负有事先审查的义务,但是其应当在原告提出有效侵权通知后采取必要、合理、适当的措施来配合权利人的维权行为。③ 这个案例进一步明确了网络平台的义务—

---

① 参见 http://gd. qq. com/a/20171124/028073. htm。

② “服务器标准”,即以侵权作品是否存在于网络服务提供者的服务器上为标准,来判定其是否构成侵权——如果侵权作品存在其服务器上,则应承担信息网络传播权侵权责任;反之则不承担责任。

③ 北京乐动卓越科技有限公司与阿里云计算有限公司侵害作品信息网络传播权纠纷案[石民(知)初字 8279 号(2015)判决书]。

采取必要措施,也为提供各类服务的网络平台都敲响了警钟。

浙江天猫网络有限公司与上海载和网络科技公司、载信软件(上海)有限公司不正当竞争纠纷案中上海知识产权法院并未完全根据之前判例中的"非公益必要不干扰"原则,而是综合考量了被控行为对原告经营是否过度妨碍、是否具有正面市场效应及对市场竞争秩序的影响后,认定被告利用软件的干扰行为构成不正当竞争。[①] 同样,北京市海淀区人民法院认为乐视公司更改乐视浏览器的用户代理(User Agent,UA)设置链接访问优酷的苹果客户端(优酷从此客户端被动提供无广告视频节目)行为客观上使通过苹果客户端访问优酷网的用户数量增加,从而导致优酷从安卓客户端播放视频的广告收益减少,因此被告乐视公司的行为侵犯了优酷的合法利益,构成不正当竞争。[②] 同样,搜索引擎恶意"导流"不正当竞争纠纷案、抄袭网页页面及手机应用程序界面不正当竞争纠纷案等涉及网络平台的不正当竞争纠纷案件频发,从中可以看出网络平台利用《反不正当竞争法》来解决各类问题的趋势也在增高,我国法院在未来仍需要应对越来越多的网络平台不正当竞争案例。

除了这些极具意义的案例,在等待知识产权相关法律进行修订的同时,我国法院还出台了各种适应当前网络知识产权保护现状,用以解决当前问题的审理指南。比如北京市高级人民法院在2018年4月20日公布的《北京市高级人民法院侵害著作权案件审理指南》,其中就综艺节目视频、体育赛事节目视频、网络游戏等是否受著作权保护,裁量确定赔偿数额需要考量的因素,信息网络传播权的认定,侵害影视作品著作权和侵害计算机软件著作权的认定都做出了细致的规定。天津市高级人民法院也在2018年4月26日发布了《天津市高级人民法院关于侵害信息网络传播权纠纷案件审理指南(试行)》,旨在提高审判水平,统一裁判尺度。这份审理指南毫无疑问是在最高人民法院的相关指南基础上进行了更为细致的规定,与北京高级人民法院发布的指

---

① 浙江天猫网络有限公司与上海载和网络科技公司、载信软件(上海)有限公司不正当竞争纠纷案[沪73民终197号(2017)判决书]。

② 乐视网信息技术(北京)股份有限公司与合一信息技术(北京)有限公司不正当竞争案[京73民终1923号(2017)判决书]。

南基本一致。

(二)相关行政机构管理趋严

自2005年起,国家版权局已经连续14年开展打击网络侵权盗版专项治理的"剑网行动",在此期间国家版权局不断创新管理方式,对20家大型视频网站,20家大型音乐网站,8家网盘平台,10家大型文学网站等进行重点版权监管,不断更新重点作品预警名单,关闭数千侵权网站,并积极帮助著作权方维权,对侵权作品进行下架、屏蔽链接等处理。①

自2015年国家版权局发布《关于责令网络音乐服务商停止未经授权传播音乐作品的通知》用以整顿混乱无序的网络音乐市场以来,各音乐平台之间的竞争加剧,造成音乐版权价格持续走高,音乐版权争端不断,一些音乐平台逐步退出市场。为了遏制哄抬音乐版权授权费用、争夺独家版权等行为,2017年9月开始,国家版权局约谈了网络音乐服务商、境内外音乐公司和国际唱片业协会,就这些问题提出了相关要求。国家版权局先后约谈了四大网络音乐服务商和二十余家境内外音乐公司以及国际唱片业协会,就版权问题提出了相关要求。② 在国家版权局倡导"推动网络音乐产业繁荣发展"的情况下,各大音乐平台纷纷破除音乐贸易壁垒,腾讯、网易云、阿里音乐三大音乐平台在音乐版权上实现了大范围重合共通。为了规范网络视听节目传播秩序,国家新闻出版广电部门在2018年3月22日下发的通知中指出"不得擅自对经典文艺作品、广播影视节目、网络原创视听节目作重新剪辑、重新配音、重配字幕,不得截取若干节目片段拼接成新节目播出……"③这项通知要求实质的作用也在于保护网络版权,符合广大著作权人利益。

2018年1月24日,中国信息协会法律分会、中国版权保护中心和中国司

---

① 参见http://game.people.com.cn/n1/2018/1023/c40130-30356424.html,2018年11月30日最后访问。

② 参见http://tech.sina.com.cn/roll/2017-10-28/doc-ifynffnz3055194.shtml,2018年10月22日最后访问。

③ 参见http://www.xinhuanet.com/2018-03/22/c_1122577762.htm,2018年5月30日最后访问。

法大数据研究院联合主办的“版权线上调解平台”正式启动。依托于这一网上调解平台，当事人和调解员可以直接通过网络处理侵权行为，从申请、举证、质证、调解到送达全流程在网上进行，极大地提高了纠纷处理的便捷性，保障调解的公平性。[①] 4月26日的中国网络版权保护大会上，国家版权局版权管理司与中国移动版权保护中心、12426中国版权协会版权监测中心签署了《版权保护合作协议》，这也无疑会为我国网络版权提供更强更有力的保护。

（三）网络平台自律行为增长

我国的相关网络平台也为保护网络知识产权作出了十分重要的贡献。腾讯公司在知识产权保护方面则一直走在前列，不但成立了专门的知识产权维护团队进行检测取证等管理方式，还一早设立了专门的侵犯知识产权行为的投诉平台和投诉渠道。[②] 根据《2017年阿里巴巴知识产权保护年度报告》的内容，阿里巴巴运用商品大脑、图像识别算法、生物实人认证等技术手段来治理网络售假行为。同时，阿里巴巴还作为平台服务商发起了针对利用其平台进行售假行为的卖家的诉讼，这是中国首起相关案例。[③] 新浪微博也与中国版权保护中心、平壑科技达成合作，接入了中国版权保护中心的DCI体系，[④]为微博用户的原创内容提供版权认证服务。

网络平台方主动采取技术措施、监管、投诉、起诉等手段来保护网络知识产权毫无疑问是我国保护网络知识产权整体行动的强援和基础。只有网络平台方进行合理健全的行业自律，从侵犯知识产权行为所发生的平台本身入手，才可以从源头对于侵犯知识产权行为进行限制，并可弥补政府监管的不足之处。另外，各网络平台之间的密切合作，对于打击侵害知识产权的行为也是非

---

① 参见 http://www.legaldaily.com.cn/index/content/2018-01/24/content_7456047.htm，2018年4月30日最后访问。

② 腾讯在线投诉平台（https://www.tencent.com/legal/html/zh-cn/complaint.html），可以通过该网址针对腾讯旗下8种平台进行知识产权投诉。

③ 参见《2017年度人民法院十大民事行政案件》，载中华人民共和国最高人民法院网：http://www.court.gov.cn/zixun-xiangqing-76622.html，2018年1月24日最后访问。

④ DCI，Digital Copyright Identifier，数字版权唯一标识符。

的报告,相对于前一季度,2018 年第一季度加密货币挖矿软件攻击量增长 4000%。[①] 同时,作为虚拟货币基础的区块链也被发现可以携带恶意数据,并且该数据难以有效移除,从而为网络犯罪的实施提供便利。[②] 最后,除数据泄露事件以外,因数据不当保存而导致的数据暴露事件也在 2018 年变得尤为突出,例如,2018 年 6 月数据经济商 Exactis 爆出因未对其服务器防火墙加密,导致 2.3 亿条个人信息和 1.1 亿条企业信息公开暴露于互联网之上。[③]

(二)网络犯罪产业化趋势明显

2018 年,网络犯罪产业化的趋势持续强化,以暗网为代表的地下网络犯罪市场日益猖獗,加密货币被广泛用于实施毒品犯罪、恐怖主义犯罪、有组织犯罪等严重犯罪,网络犯罪黑市则为这些犯罪提供黑客技术、恶意软件等网络技术服务,包括 SamSam 等在内的勒索软件在暗网上被打包廉价出售,使得利用此类软件实施网络犯罪的门槛大幅度降低。[④] 2018 年,欧盟开启打击国际和有组织犯罪第二个四年周期,其中第一项优先议题即是网络犯罪,集中关注三个问题:一是网上辅助犯罪产业链;二是网上儿童色情与剥削;三是网上非现金诈骗。[⑤] 2017 年,在美国联邦调查局(Federal Bureau of Investigation,FBI)、美国缉毒局(Drug Enforcement Administration,DEA)、荷兰国家警察的联合执法之下,AlphaBay、Hansa 和 RAMP 三家巨型暗网得以关闭,这三家网站占到世界

① See Malwarebytes, "Cybercrime tactics and techniques: Q1 2018", https://www.malwarebytes.com/pdf/white-papers/CTNT-Q1-2018.pdf, December 28, 2018.

② See Interpol, "Blockchain threat", https://www.interpol.int/Crime-areas/Cybercrime/Research, December 28, 2018.

③ See "Massive breach at data broker Exactis exposes millions of Americans", https://www.securityweek.com/massive-breach-data-broker-exactis-exposes-millions-americans, November 26, 2018.

④ See Danny Palmer, "Giant ransomware bundle threatens to make malware attacks easier for crooks", https://www.zdnet.com/article/giant-ransomware-bundle-threatens-to-make-malware-attacks-easier-for-crooks/, November 28, 2018.

⑤ See "EU policy cycle for organized and serious international crime 2018-2021", http://statewatch.org/news/2017/mar/eu-council-draft-conclusions-policy-cycle-2018-21-6372-17.pdf, November 26, 2018.

暗网市场非法交易活动的87%。① 但大型暗网的关闭也使得网络黑灰产业向更深层、更分散和更隐蔽的方向发展,并且可能脱离互联网而与加密通讯应用程序更为紧密地结合在一起,从而为网络黑灰产业的打击设置更多障碍。②

(三)线上线下全面融合

2018年,网络犯罪继续呈现出线上线下深度融合的态势。首先,在物联网技术深入广泛应用于社会生活的背景下,线上线下犯罪活动融合程度不断加强,犯罪分子通过自动汽车、监控设备、智能家居等各种智慧设备实施犯罪活动,以 Mirai 变种软件、IoT_reaper、VPNFilter 等为代表的恶意软件继续通过攻击监控路由器、摄像头等物联网(Internet of Things,IoT)设备制造大量僵尸网络;2017年6月中国央视报道称,大量家庭摄像头遭入侵,导致智能摄像头被恶意操纵、用户监控视频被泄露等危害。③ 其次,线下犯罪持续借用网络信息工具实现线上操作,例如,2018年12月25日,最高人民法院集中发布了5件网络犯罪专题指导性案例,其中第105号和第106号案例均为利用微信群开设赌场的典型案件,也反映出线下犯罪的线上迁移。最后,暗网的猖獗发展也为传统线下犯罪工具和手段的传播提供了便利。④

(四)网络犯罪破坏力持续强化

2018年以来,网络犯罪所造成的损害仍在扩大,犯罪破坏力随着技术升级不断强化。Sophoslabs2018年统计报告显示,自2018年1月16日至当年11月

---

① See Chainalysis, "The changing nature of cryptocrime", https://www.chainalysis.com/static/Cryptocrime_Report_V2.pdf, December 26, 2018.

② See IOCTA, "Internet organized crim threat assessment 2018", https://www.europol.europa.eu/sites/default/files/documents/iocta_2018_0.pdf, December 27, 2018.

③ 《盘点:2017中国网络安全大事》,载 http://tech.china.com.cn/it/20180206/335376.shtml,2018年5月17日最后访问。

④ See Giacomo P. Paoli, "The trade in small arms and light weapons on the dark web", *UNDOA Occasional Papers* No. 32, https://www.un.org/disarmament/publications/occasionalpapers/unoda-occasional-papers-no-32-october-2018/, December 28, 2018.

12 日,SamSam 勒索病毒的非法收益已经超过 600 万美元。① 自 2018 年 5 月爆发以来,当月受到 VPNFilter 感染的设备就超过 50 万台,覆盖至少 54 个国家或地区。② WannaCry 自 2017 年 5 月在全球范围内爆发之后,短时间内波及 150 多个国家和地区,造成的损失高达 80 亿美元。③ 根据诺顿 2018 年网络安全报告,在其调查的 20 个国家和地区中,2017 年共有近 9.78 亿人口遭到网络犯罪侵害,整体损失高达 1720 亿美元。④ 有报告认为,2018 年全球网络犯罪所形成的违法所得至少高达 1.5 万亿美元,其中贡献度最高的是非法网络市场,后四者依次是商业秘密或知识产权(Intellectual Property,IP)盗窃、数据交易、犯罪软件服务以及恶意软件。⑤ 根据国际商业机器公司(International Business Machines Corporation,IBM)安全部门与波耐蒙(Ponemon)研究所 2018 年联合发布的报告,仅数据泄露一项将造成高达 386 万美元的损失,较之 2017 年增长 6.4%。⑥

(五)网络犯罪严重威胁国家安全

2018 年,网络犯罪与国际网络战之间的联系愈发紧密,个别化的网络犯罪正在更为频繁地升级为国家安全威胁,例如,俄罗斯被指控运用黑客工具

---

① See SOPHOS,"Sophoslabs 2019 threat report",https://www.sophos.com/en-us/medialibrary/pdfs/technical-papers/sophoslabs-2019-threat-report.pdf,December 28, 2018.

② See John E. Dunn,"Check your router – list of routers affected by VPNFilter just got bigger", https://nakedsecurity.sophos.com/2018/06/11/check-your-router-list-of-routers-affected-by-vpnfilter-just-got-bigger/,December 28, 2018.

③ 《2017 年国内网络安全十大事件盘点》,载 http://science.china.com.cn/2018-01/04/content_40130945.htm,2018 年 5 月 15 日最后访问。

④ 二十个国家和地区为:澳大利亚、巴西、加拿大、中国、法国、德国、中国香港、印度、印度尼西亚、意大利、日本、墨西哥、荷兰、新西兰、新加坡、西班牙、瑞典、阿联酋、英国和美国。See "2017 Norton Cyber Security Insights Report Global Results", https://www.symantec.com/content/dam/symantec/docs/about/2017-ncsir-global-results-en.pdf,May 24, 2018.

⑤ See Mike McGuire,"Into the web of profit",https://www.bromium.com/press-release/hyper-connected-web-of-profit-emerges-as-global-cybercriminal-revenues-hit-1-5-trillion-annually/#_ftn1,December 28, 2018.

⑥ See IBM,"2018 Cost of a data breach study: global overview",https://www-01.ibm.com/common/ssi/cgi-bin/ssialias? htmlfid=55017055USEN,December 28, 2018.

"Cannon"攻击美欧政府计算机系统;[1]法国涉及核电站、监狱和铁路系统的上万份机密文件被黑客窃取;[2]英国国家安全中心(National Cyber Security Centre, NCSC)发布警报,认为在不久的将来英国将面临"一级犯罪紧急事件",此类事件将对英国国家安全构成持续性破坏。[3]

二、域外网络犯罪法律政策发展状况

2018年,世界各国继续推进网络犯罪立法进程,提升执法效率和能力,促进各利益相关方开展广泛的国际、区际和多边合作,探索网络犯罪综合治理的方式方法。根据欧洲理事会网络犯罪项目办公室(The Cybercrime Programme office of the Council of Europe,C-PROC)的统计,截至2018年1月,联合国193个成员国中90%对网络犯罪和电子证据进行了不同程度的立法,49%的成员国设立了专门的网络犯罪罪名,相较于2013年1月分别上涨了16%和13%。相对而言,程序法的立法活动进展较慢,2018年成员国中专门就网络犯罪进行程序立法的仅占到38%。[4] 具体而言,2018年域外网络犯罪法律与政策的发展呈现出以下四方面的特征:

(一)加强网络犯罪国际治理合作

一起美国政府与微软公司之间的涉及搜查存储于美国境外(爱尔兰)的用户数据的诉讼案件,引发美国与欧盟在跨境数据提取方面的争议,反映出传统国际间司法协助机制的缺陷,以及实现网络犯罪国际有效治理的现实"瓶

---

① 参见国家互联网应急中心:《网络安全信息与动态周报》,2018年第47期,载国家互联网应急中心网:https://www.cert.org.cn/publish/main/upload/File/2018cncert47.pdf,2019年1月2日最后访问。

② See "Hackers obtain nuclear power plant plans in France",https://threatbrief.com/hackers-obtain-nuclear-power-plant-plans-in-france/,November 27, 2018.

③ See NCSC, "Annual review 2018",https://www.ncsc.gov.uk/content/files/NCSC_Annual_Review_2018.pdf,December 22, 2018.

④ See C-PROC, "Cybercrime: the state of legislation",https://www.coe.int/en/web/cybercrime/-/ccpcj-news,December 28, 2018.

颈”。基于此,探索更高效的跨境数据获取机制成为2018年域外法律体系探索的重点。美国通过制定《澄清境外数据的合法使用法》(Clarifying Lawful Overseas Use of Data Act,CLOUD法),对1986年《存储通信法》的境外数据获取规定进行了修改,允许执法部门依据令状要求美国技术公司提供境外服务器中存储的美国用户数据;在其9月出台的《国家网络战略》中美国也再次强调要加强各国执法机构打击网络犯罪的合作和能力建设。[①] 欧盟在已有的EIO和MLA框架的基础上,正在起草《欧盟刑事电子数据提供和存储条例》和《欧盟刑事电子数据和存储指令》,通过创设数据提供命令(European Production Order)和数据存留命令(European Preservation Order)制度,提升欧盟成员国之间跨境数据提取效率。[②] 荷兰在2018年发布的《保障荷兰安全的世界合作:国际安全综合战略2018—2022》着重关注打击跨国网络犯罪的国际合作。[③] 2018年4月,53位政府首脑联合签署和发布了《英联邦网络宣言》(Commonwealth Cyber Declaration),强调建立统一的网络安全国家响应机制和稳定的国际间合作机制。[④] 9月,第六届国际刑警组织与欧洲刑警组织网络犯罪会议专门以“网络犯罪治理的全球努力”为主题。10月,首届网络犯罪非洲论坛在埃塞俄比亚召开,共同探索非洲区域内打击网络犯罪的立法与执法的协同合作。当月,在多国警方、欧洲刑警组织和安全公司比特梵德(Bitdefender)的共同合作下,开发出专门针对GandCrab勒索软件的解密技术,并免费提供给该软件

---

① See “National cyber strategy”, https://www.whitehouse.gov/wp-content/uploads/2018/09/National-Cyber-Strategy.pdf, November 9, 2018.

② See “Proposal for a regulation of the European Parliament and of the Council on European production and preservation orders for electronic evidence in criminal matters”, https://eur-lex.europa.eu/legal-content/EN/TXT/? qid=1524129181403&uri=COM:2018:225:FIN, December 29, 2018.

③ See “Integrated international security strategy 2018-2022”, https://www.government.nl/documents/reports/2018/05/14/integrated-international-security-strategy-2018-2022, November 18, 2018.

④ See “Commonwealth Cyber Declaration”, http://thecommonwealth.org/sites/default/files/inline/CommonwealthCyberDeclaration_1.pdf, December 29, 2018.

的受害者。[1][2] 11 月,《网络犯罪公约》委员会就该公约第二附加议定书公开征求意见,集中关注国际刑事司法协助中亟待解决的紧急情况应对、请求语言和视频会议三个问题,以期提升司法协助效率。[3]

可以说,网络犯罪全球治理的时代已经到来,司法界和产业界已经在联合呼吁在联合国框架下制定《网络空间日内瓦公约》,旨在推动全球范围内统一的网络安全措施标准、法律措施标准、国际侦查协作标准、全球公私合作标准以及网络空间司法机制。[4] 然而从联合国目前的磋商机制运行情况来看,各国尚难以就以上规则等在内的网络犯罪治理规则形成统一认知,特别是在已经存在《网络犯罪公约》的情况下,由联合国主导建立新的全球性网络犯罪治理法律框架存在较大阻力。[5]

(二)提升执法机关网络犯罪治理能力

2018 年,在探索和建构国际及区际间网络犯罪涉案数据获取机制之外,强化执法机关的网络犯罪治理能力也是各国实现有效打击网络犯罪的重点。在 2018 年 4 月奥地利维也纳召开的联合国毒品和犯罪问题办公室第四次网络犯罪专家组会议中,有专家指出当前世界各国普遍建立起网络犯罪的实体法立法,但在具体的程序性操作和能力建设方面则发展相对迟缓,由此形成打击网

---

① See Europol, "Pay no more: universal GandCrab decryption tool released for free on no more ransom", https://www.europol.europa.eu/newsroom/news/pay-no-more-universal-gandcrab-decryption-tool-released-for-free-no-more-ransom, November 27, 2018.

② See "The first African forum on cybercrime", https://au.int/en/newsevents/20181016/first-african-forum-cybercrime, December 28, 2018.

③ See T-CY, "Provisional draft text of provisions: language of requests, emergency MLA, video conferencing", https://www.coe.int/en/web/cybercrime/-/towards-a-protocol-to-the-budapest-convention-further-consultatio-1, December 29, 2018.

④ See Stein Schjolberg, "A proposal for a Geneva Convention or Declaration for Cyberspace", http://www.cybercrimelaw.net/documents/2018Listen_to.pdf, December 29, 2018.

⑤ See "Third Committee approves 11 drafts amid heated debate over death penalty moratorium, use of mercenaries, efforts to end cybercrime", issued on November 13, 2018, https://www.un.org/press/en/2018/gashc4252.doc.htm, January 2, 2019.

络犯罪的短板。[①] 对此,欧洲委员会继续在推动各国或区域网络犯罪及数字取证的执法能力建设方面扮演领军角色,同时各国也在逐渐关注网络犯罪执法机关能力建设问题,相关立法和政策主要表现在三个方面。

首先,继续推进网络犯罪专门立法,强化本国各地区、各部门之间的合作。例如美国《强化州与地方网络犯罪打击法》(Strengthening State and Local Cyber Crime Fighting Act)旨在加强本国各区域间的刑事执法合作;智利总统于2018年10月25日正式签署批准新的《计算机犯罪法》(Ley de Delitos Informáticos),以适应网络信息革命对1993年《自动数据处理犯罪法》的冲击,并提升本国打击网络犯罪的综合能力。[②]

其次,提升侦查手段和措施,例如挪威在2017年修订《刑事诉讼法》第199a条,针对采用生物验证系统保护的计算机系统,修改其搜查和扣押的相关规则,从而提高犯罪侦查质量;2017年英国建立国家网络安全中心(National Cyber Security Center, NCSC),以有效应对国家网络安全事件;澳大利亚《协助和准入法案》(Assistance and Access Bill)于2018年12月正式通过两院审议,该法试图通过引入电子令状等新措施以提升网络犯罪和数字取证的效率;[③] 智利2018年《计算机犯罪法》针对特殊侦查措施和技术的应用进行了规定,并对控方运用电子证据设立了程序性规则;[④]荷兰议会在2018年6月通过《计算

① See Cristina Schulman, "Legislation and legal frameworks on cybercrime and electronic evidence: some comments on developments 2013-2018", http://120.52.51.15/www.unodc.org/documents/organized-crime/cybercrime/cybercrime-april-2018/SCHULMAN_Item_2.pdf, November 27, 2018.

② See "Gobierno envía proyecto de Ley de Delitos Informáticos", https://www.interior.gob.cl/noticias/2018/10/25/gobierno-envia-proyecto-de-ley-de-delitos-informaticos/, January 2, 2019.

③ See "Telecommunications and other legislation amendment (assistance and access) bill 2018", https://www.aph.gov.au/Parliamentary_Business/Bills_Legislation/Bills_Search_Results/Result? bId=r6195, January 1, 2019.

④ See "Gobierno envía proyecto de Ley de Delitos Informáticos", https://www.interior.gob.cl/noticias/2018/10/25/gobierno-envia-proyecto-de-ley-de-delitos-informaticos/. January 2, 2019. https://www.government.nl/topics/cybercrime/news/2018/06/26/senate-approves-legislative-proposal-on-computer-crime-iii, November 28, 2018.

机犯罪法(三)》以强化警方对计算机系统进行远程秘密侦查的能力,同时放宽了警方在严重犯罪中的技术侦查裁量空间。

最后,广泛开展网络犯罪执法培训和技术支持。2018 年欧盟执法培训处(European Union Agency for Law Enforcement Training)针对网络犯罪首次应对者、网络司法鉴定、与私主体开展合作等议题开展多项专项培训,以强化成员国执法人员的网络犯罪应对和侦查能力;①荷兰司法安全部部长 Grapperhaus 在 2018 年 6 月公布政府新的警力投资长期计划,通过引入更多的数据分析专家、采用先进网络信息技术等措施,综合提升荷兰警察网上执法能力。②

(三)着重保障网络安全与个人信息

2018 年,网络安全与个人信息保护仍然是各国刑事政策、立法和司法实践的重点。就网络安全而言,其范围尽管超过网络犯罪,但必要的刑罚手段是维护网络安全不可或缺的组成部分,因此 2018 年各国立法仍然持续关注对涉安全类犯罪的打击和防控,美国、加拿大、捷克、卢森堡、丹麦、荷兰、瑞士、澳大利亚、新加坡等国均在 2018 年制定或更新了本国的网络安全国家战略;③南非正式通过《网络犯罪和网络安全法》,以有效应对不断增长的网络犯罪;④泰国在 2018 年正式就《网络安全法案》(Cybersecurity Bill)举行两次公开听证,并在 2018 年 12 月 18 日通过内阁审议,该法案的最新版本强调了关键信息设施主体的网络安全评估和防范义务;⑤越南在 2018 年制定了新的《网络安全法》,

---

① 2018 年度相关培训信息参见 https://www.cepol.europa.eu/tags/cybercrime? page = 3,2018 年 12 月 29 日最后访问。

② See "Minister Grapperhaus presents long-term plan for police investments", https://www.government.nl/latest/news/2018/06/15/minister-grapperhaus-presents-long-term-plan-for-police-investments, August 30, 2018.

③ See CCDCOE, "Cyber security strategy documents", updated on 8 November 2018, https://ccdcoe.org/cyber-security-strategy-documents.html, December 28, 2018.

④ 参见徐丹、樊海旭:《南非正式通过〈网络犯罪和网络安全法案〉》,载人民网:http://world.people.com.cn/n1/2018/1114/c1002-30398994.html,2019 年 1 月 1 日最后访问。

⑤ See Dhiraphol Suwanprateep, et al., "Thailand: Cybersecurity Bill revised and reissued in November 2018", https://globalcompliancenews.com/thai-cybersecurity-bill-revised-november-2018-20181220/, January 1, 2019.

该法区分了关键信息设施和非关键信息设施,列举了六类禁止性内容,强化了执法机关的网络监控职权,并对网络运营者设置了诸多网络安全监督和维护义务;[①]澳大利亚出台《2018年关键设施安全法》,集中针对外国机构对于本国国家安全采取的破坏、间谍或威胁活动,并建立关键设施资产注册制度。[②]

个人信息保护方面,国际层面的法律与政策存在两方面的关注重点。第一项重点是针对以个人信息为犯罪客体或工具的网络犯罪进行持续打击,其中又以儿童等脆弱群体的个人信息保护为重点。例如,挪威议会司法委员会于2018年3月提交议案,拟就散布私人图像行为修订相关规则。个人信息保护的第二项重点是针对执法机关在执法过程中可能不当干预个人信息等基本权利进行立法规制,例如欧盟基本权利处(European Union Agency for Fundamental Rights)自2017年起组织相关专家和执法人员共同探索和起草《欧盟网络犯罪和基本权利法律手册》,该手册预计在2020年正式对外发布;[③]土耳其政府对手机上装载加密通讯应用软件ByLock的多名公民予以审前羁押和起诉,原因在于其认为该软件主要用于参与"葛兰运动"(Gülen movement),联合国于2018年10月26日明确表示该做法违反《公民权利和政治权利国际公约》。[④]

(四)强化网络服务提供者的治理义务

2018年网络犯罪治理立法与政策的突出特征在于普遍强化网络平台和服务提供者的协助执法义务。2017年,在经历了恶意软件WannaCry的袭击之后,英国国家犯罪局(National Crime Agency,NCA)、国家警察局长委员会(Na-

① See "Vietnam's new Cybersecurity Law 2018", https://vietnam-business-law.info/blog/2018/7/30/vietnams-new-cybersecurity-law, December 18, 2018.

② See "Security of Criminal Infrastructure Act 2018", https://www.legislation.gov.au/Details/C2018A00029, December 17, 2018.

③ See "Handbook on European law relating to cybercrime and fundamental rights", https://fra.europa.eu/en/project/2018/handbook-european-law-relating-cybercrime-and-fundamental-rights, December 18, 2018.

④ See "UN penal to Turkish gov't: prosecution based on alleged use of ByLock violates civil and political rights", https://stockholmcf.org/un-anel-to-turkish-govt-prosecution-based-on-alleged-use-of-bylock-violates-civil-and-political-rights/, November 30, 2018.

tional Police Chiefs' Council,NPCC)和国家网络安全中心(National Cyber Security Center, NCSC)共同认为,面对网络犯罪,如果没有企业的支持,难以实现有效的犯罪控制。与之类似的,美国在 2018 年 9 月公布的《国家网络战略》(National Cyber Strategy)中也表示,未来执法机关将强化与私主体的合作,以实现对网络犯罪的有效预防和打击。①

基于该思路,2018 年各国的最新立法均体现出对网络信息产业不断提升的合作要求,例如,越南《网络安全法》对信息系统的运营者(operator of an information system)设置了多项义务,如服务提供者有义务对在网络上传或传播的内容进行监控,对六类禁止性内容予以及时屏蔽和删除,并对上传禁止性内容的机构和个人停止提供服务;②泰国《网络安全法案》对关键基础设施进行了专门规定,并强化了网络运营者等私主体在维护网络及信息安全中心的义务,不履行相关义务有可能引发刑事责任,并导致罚金或自由刑等刑罚措施;③澳大利亚《协助和准入法案》对网络信息产业区分了自愿性协助义务和强制性协助义务,以此强化执法机关获取数据的能力;④日本在 2018 年修订《电子通信商务法》时引入新机制以便于电子通信服务运营者之间就网络攻击事件及时共享信息。

在整体立法和政策导向之下,2018 年网络信息产业参与犯罪治理的程度和深度普遍提升,例如在巴西大选期间,瓦次艾普关停了数十万个干扰性账

---

① See https://www.whitehouse.gov/wp-content/uploads/2018/09/National-Cyber-Strategy.pdf,November 9,2018.

② See "Vietnam's new Cybersecurity Law 2018", https://vietnam-business-law.info/blog/2018/7/30/vietnams-new-cybersecurity-law,December 18, 2018.

③ See Dhiraphol Suwanprateep, et al., "Thailand: Cybersecurity Bill revised and reissued in November 2018", https://globalcompliancenews.com/thai-cybersecurity-bill-revised-november-2018-20181220/,January 1, 2019.

④ See "Telecommunications and other legislation amendment (assistance and access) bill 2018", https://www.aph.gov.au/Parliamentary_Business/Bills_Legislation/Bills_Search_Results/Result? bId=r6195,January 1, 2019.

号,同时脸书专门设置了“战役空间”以遏制仇恨言论、虚假信息和其他有害内容。①

三、中国网络犯罪法律政策发展状况

2018年,习近平总书记在全国网络安全和信息化工作会议上强调,要“依法严厉打击网络黑客、电信网络诈骗、侵犯公民个人隐私等违法犯罪行为,切断网络犯罪利益链条,持续形成高压态势”;②最高人民法院在《2018年人民法院工作要点》中将严惩各类新型网络犯罪作为年度工作重点之一;国务院在《关于落实〈政府工作报告〉重点工作部门分工的意见》中明确提出要整治电信网络诈骗、侵犯公民个人信息、网络传销等突出问题。在此基础上,2018年各部门继续全面开展和深化网络犯罪治理的立法与执法活动,主要表现在以下四个方面。

(一)重点打击特定类型网络犯罪

2018年,中国继续加强网络犯罪打击力度,在全面强化犯罪预测、预防和综合治理能力的基础上,着重对以下四类网络犯罪进行集中打击。

第一类是涉网络内容类犯罪。2018年全国“扫黄打非”办公室作出专门部署,在全国范围内开展“净网2018”专项行动,集中打击利用云盘、应用程序、网络直播平台、网络游戏、网络群组、弹窗广告等实施的涉及“黄赌毒”“枪爆盗”“黑拐骗”等违反犯罪。③

---

① See Tom McKey, “WhatsApp bans 100,000 accounts before Brazilian election, which is still a real mess”, https://gizmodo.com/whatsapp-bans-100-000-accounts-before-brazilian-electio-1829886723, November 18, 2018.

② 参见《习近平:自主创新推进网络强国建设》,载 http://www.moj.gov.cn/news/content/2018-04/22/xxtt_18452.html, 2018年11月10日最后访问。Http://www.moj.gov.cn/subject/content/2018-03/10/340_16778.html,2018年10月23日最后访问。

③ 参见《2018年我国“打黄打非”工作十件大事公布》,载 http://media.people.com.cn/n1/2019/0103/c40606-30500534.html,2019年1月3日最后访问。

第二类是侵犯个人信息类犯罪。2018 年最高人民检察院发布了《检察机关办理侵犯公民个人信息案件指引》，全方位提升检察机关专业化办案水平，有效保障公民个人信息；公安部网络安全保卫局发布《互联网个人信息安全保护指引（征求意见稿）》，以期有效防范侵犯公民个人信息的违法犯罪行为。

第三类是电信网络诈骗类犯罪。2018 年，最高人民法院和最高人民检察院在 3 月的工作报告中集中总结了过去一年打击电信网络诈骗类犯罪的成果；①针对跨国电信网络诈骗案件，2018 年公安部先后 7 次组织地方公安机关赴老挝、印度尼西亚、柬埔寨、菲律宾等国家开展执法合作，抓获 700 余名犯罪嫌疑人，全国共立此类案件 3.1 万起，同比下降 36.8%；②最高人民检察院发布的第 10 批指导性案例中也涉及到利用网络平台实施的集资诈骗犯罪。

第四类是利用互联网实施的传销、赌博等犯罪。2018 年 1 月，公安部与国家工商总局联合启动网络传销违法犯罪活动联合整治工作，集中打击四类网络传销活动；③12 月，最高人民法院集中发布了 5 件网络犯罪专题指导性案例，其中第 105 号和第 106 号案例均针对的是利用微信群开设赌场案件。

（二）加强网络犯罪域外合作和司法协助

2018 年，酝酿十余年的《国际刑事司法协助法》正式出台，为中国开展域外司法协助活动奠定了法律基础。根据 2018 年最高人民检察院《工作报告》，最高人民检察院已与 95 个国家和地区执法司法机关签署 145 份双边合作协议，在反恐、追逃追赃和打击电信网络犯罪、毒品犯罪等领域紧密合作。2018 年 5 月，中国司法部副部长刘志强与联合国毒品与犯罪问题办公室执行主任费多托夫签署《中华人民共和国司法部与联合国毒品与犯罪问题办公室合作计划》，强调建立打击网络犯罪国际合作的法律与社会基础，并支持联合国研

---

① 参见《聚焦两高报告中的十大法治两点》。

② 参见《公安机关打击跨国电信网络诈骗犯罪再传捷报》，载 http://www.mps.gov.cn/n2253534/n2253535/c6319335/content.html，2019 年 1 月 3 日最后访问。

③ 参见《公安部　国家工商总局部署开展网络传销违法犯罪活动联合整治》，载 http://www.mps.gov.cn/n2254314/n2254487/c6291889/content.html，2018 年 5 月 17 日最后访问。

究制定《联合国打击网络犯罪公约》;[①]针对电信网络诈骗犯罪,公安部部长赵克志在2018年11月的全国打击治理电信网络新型违法犯罪工作电视电话会议上进一步强调要建立电信网络诈骗犯罪的快速联动机制,建立与有关国家的联合打击机制,加强国际执法合作。[②]

(三)强化网络信息产业协助执法义务

2018年,我国网络犯罪治理继续强调网络信息产业的协助和支持义务,以推动公安司法机关与网络平台、网络服务提供者、运营者等的深入合作。在开展"净网2018"行动过程中,公安机关实行"一案双查"制度,即"在对网络违法犯罪案件开展侦查调查工作时,同步启动对涉案网络服务提供者法定网络安全义务履行情况的监督检查"。[③] 公安部于2018年9月出台《公安机关互联网安全监督检查规定》,其中要求有关机关对互联网服务提供者履行法定网络安全义务情况进行监督检查。针对威胁国家安全的网络犯罪,《中华人民共和国反恐怖主义法》(以下简称《反恐怖主义法》)要求电信业务经营者、互联网服务提供者落实网络安全、信息内容监督制度和安全技术防范措施,并对其设置了多项协助执法义务。

(四)持续关注网络安全

网络安全是国家安全的重要组成部分,通过网络设施威胁、损害国家安全的犯罪一直是网络犯罪立法和政策制定的重点。2018年仍然延续了往年对网

① 参见《司法部副部长刘志强率中国代表团出席第27届联合国预防犯罪和刑事司法委员会会议》,载http://www.moj.gov.cn/organization/content/2018-05/16/sfxzwsssjxw_19548.html,2019年1月3日最后访问。

② 参见《赵克志在全国打击治理电信网络新型违法犯罪工作电视电话会议上强调——忠实践行以人民为中心的发展思想 严厉打击全面治理电信网络新型违法犯罪》,载中华人民共和国公安部网:http://www.mps.gov.cn/n2253534/n2253535/c6326041/content.html,2018年12月18日最后访问。

③ 参见《公安机关对网络违法犯罪案件实行"一案双查"》,载中华人民共和国公安部网:http://www.mps.gov.cn/n2254314/n2254487/c6291654/content.html,2018年11月25日最后访问。

络安全的重视，同时形成了一系列新进展。2018 年年初，国家互联网信息办公室与中网络安全和信息化委员会办公室进行机构整合，列入中共中央直属机构序列，以强化对网络共建的综合治理力度。2018 年新修订的《反恐怖主义法》强调各部门、各主体间对于涉恐怖主义内容进行及时有效的监控、防范和处理。

四、未来网络犯罪法律政策制定建议

综观 2018 年国内外网络犯罪立法政策发展趋势，可以看出以下四项共同的发展趋势：首先，网络犯罪与国家安全紧密相关，制度建设呈现出高度交融的发展样态；其次，网络犯罪与传统犯罪的界限日益模糊，线上线下持续融合；再次，网络犯罪的国际治理成为共识，强化跨国执法合作已经成为打击网络犯罪的必要方式；最后，国内外都在不断强化网络信息产业的配合执法义务。

同时，我们也可以观察到以下法律政策方面的差异：首先，就网络犯罪的类型而言，国内外在治理重点上存在差异，但新型犯罪和网络犯罪产业已然成为国内网络犯罪重要特征；其次，域外法律政策在经过最初阶段对于入罪的关注之后，目前的犯罪治理重点已经逐渐转向程序规则和证据规则，我国相关治理政策仍然以强化网络犯罪实体法为主；最后，域外法律政策执法机关的能力建设已经渐成体系，特别是围绕《布达佩斯公约》形成了一整套的国际执法能力培训和支持项目，我国尽管也在强调执法机关的能力建设，但一方面尚未形成体系化的思路，另一方面也未形成较强的域外辐射能力。

通过以上对比，结合中国当前网络犯罪治理生态，同时综合考量中国的全球网络战略和构建网络人类命运共同体的宏观主张，未来中国网络犯罪治理应当从以下四个方面入手。

（一）加强程序法和证据规则建设

随着网络犯罪的刑事实体法的不断完善，以及在刑法谦抑性的原则指导之下,考虑到社会生活数字化的整体发展趋势,未来网络犯罪与普通犯罪的界限会进一步虚化,网络去地域性的特征会进一步显现在普通的传统犯罪之中,立法和政策制定的重心有必要从实体法向程序法和证据法转移,特别是需要形成中国制定国际规则的鲜明的话语。

(二)加强网络犯罪治理的国际合作

网络空间的跨地域性特征意味着传统的以物理边界为依据的刑事管辖权规则渐趋失灵,在重构和升级主权理论的同时,网络犯罪治理的国际合作不仅必要而且急迫。具体而言,主要包括以下三个方面:一是探索和制定统一的网络犯罪治理规则,避免因规则冲突或错位而造成网络犯罪打击不力;二是推动各国网络犯罪治理执法能力的培训,形成国际执法合作的长效机制;三是在保障数据主权和安全的前提下,加深各国执法机构之间的数据、信息、技术共享。以上目标的实现有赖于联合国发挥更为积极的主导作用。

(三)合理界定网络信息产业的协助执法义务

网络犯罪的滋生和蔓延是网络信息革命的必然产物,这也意味着其治理必须符合网络信息革命的内在特性。基于此,网络信息产业由于其占有数据、技术等方面的天然优势,不可避免地在未来会进一步介入网络犯罪治理活动,甚至可能成为治理的关键。但是鉴于私主体与公权力之间的天然差异,这种介入有必要同时从两个方向予以考虑:一方面,立法需要明确网络信息产业介入犯罪治理的具体路径、义务形式和范围,促进及时高效地预防和打击犯罪,同时避免私主体过度介入形成执法偏见;另一方面,这些义务的设置也需要考虑网络信息产业的承受能力和个人信息保护的国际通行原则和规则,以避免形成产业在业务全球化过程中的守法困境。

(四)加强执法机关与司法机关的技术能力建设

犯罪与网络信息技术的高度融合,意味着执法人员的执法能力需要同步强化,由此才有可能形成打击网络犯罪“魔高一尺,道高一丈”的局面。具体而言包括以下三个方面:一是从国家层面制定统一的网络犯罪执法能力建设计划,并予以相应的财政、人力等方面的保障;二是在国内形成网络信息技术和网络犯罪侦破的长效、动态运行的培训机制;三是推动网络犯罪治理能力建设的国际合作机制,推动课程共享。

下篇
“互联网+”各领域法律制度

第七章 “互联网+工业”法律政策

一、概要

（一）“互联网+工业”的含义及全球发展概况

“互联网+工业”尚无官方权威定义，目前已在我国衍生出“工业互联网”“智能制造”等新兴理念。从广义上看，“互联网+工业”是指利用互联网信息技术与工业融合创新，大力提升工业生产能力和资源整合能力的方式。

“互联网+工业”是全球工业的发展趋势。德国早在2011年就已形成“工业4.0”的概念，2012年美国通用电气公司提出了“工业互联网”体系，中国直接把智能制造作为“中国制造2025”的主攻方向，日本则提出了“工业价值链”的策略。①

（二）“互联网+工业”涉及的法律问题与该领域立法趋势

“互联网+工业”由于涉及领域新，边界不明确，覆盖范围广。一方面，现有的法律框架将受到新兴领域的冲击；另一方面，需要积极制定网络安全、平台责任、数据保护等领域的法律法规。

目前，“互联网+工业”发展较早的国家已经陆续发布产业参考架构，同时已经或正在建立一个较为完善的网络安全与数据合规领域的法律体系。此外，“互联网+工业”的平稳高效运行，还将有赖于行业标准的细化规定。

---

① 参见胡权：《重新定义智能制造》，载《清华管理评论》2018年第Z1期。

(三)行业展望与立法建议

"互联网+工业"是目前全球工业的未来发展方向。为更好促进"互联网+工业"的发展,我国应加快行业标准化的步伐,学习先进国家的发展经验,加紧建立公认的行业标准体系。行业从业者还应当关注网络安全、数据保护等各国立法监管的重点领域,承担必要的平台责任,以避免企业的合规风险或商业上不必要的经济损失。

立法建议方面,建议对数据采取分类保护的模式,促进非个人信息、非关键数据的工业数据在行业内的快速流转应用;尽快完善《网络安全法》及其配套法规,使之对行业内的平台安全、数据安全提供更加明确的指导;传统领域法规应积极应对互联网带来的社会变革,及时作出界定与调整,以指导、规范社会生产与发展。

二、"互联网+工业"概述

(一)"互联网+工业"的含义

一般认为,"互联网+工业"是指利用如物联网、信息通信、云计算、大数据等互联网信息技术,与工业融合创新,搭建网络云平台,构筑产业生态圈,实现产品的个性化定制,最终提升工业生产能力与资源整合能力。与传统工业相比,"互联网+工业"体现出数据互联化、设备智能化、管理高效化的特征。

(二)"互联网+工业"的全球发展概况

2010 年,德国发布了更新版的"国家高技术战略 2020",随后逐渐提出"工业 4.0"的概念,并将"工业 4.0"作为国家战略。近年来,德国持续发展"工业 4.0"。2016 年,德国发布了"数字化战略 2025",规划了包括强化"工业 4.0"在内的十个重点步骤。2017 年 3 月,德国联邦经济与能源部发布《德国数字化平台白皮书》,报告分析认为,德国需要的不仅仅是数字化方面的更多投资,必要的是企业文化的改变。2017 年 4 月,德国国家科学与工程院发布了《“工业 4.0”成熟度指数》,分析现行企业文化和现有的思维模式,以及“工业 4.0”对信息技术和资源方面的需求。

2012 年,美国通用电气公司(General Electric Company,GE)正式提出“工业互联网”概念,美国创建“国家制造业创新网络”(NNMI)计划。2014 年,美国成立了工业互联网联盟(Industrial Internet Consortium, IIC)积极聚合全球力量协同推进发展。2016 年以来,巨头企业通用电气公司、西门子等展示出强大的云平台构建能力,为工业互联网提供通用的链接、计算、存储能力。2016 年 9 月,IIC 发布工业互联网安全框架(Industrial Internet Security Framework,IISF)指导企业进行工业互联网安全措施部署。2017 年启动《工业互联网安全成熟度模型》《工业互联网安全最佳实践》编制工作,进一步推动安全解决方案落地实施。

2015 年,中国政府报告提出“互联网+”和“中国制造 2025”战略,进一步丰富工业互联网的概念。至 2017 年,十一个部委发布文件形成我国工业互联网的“1+X”体系,工业和信息化部在对“中国制造 2025”战略实施的阐述中指出,工业互联网是新一轮工业革命和产业变革的重点发展行业,其应用及发展可以从智能制造以及将互联网引入企业、行业两个方面切入,最终达到融合发展。

在工业互联网浪潮中,日本提出了“工业价值链”的策略。2015 年 6 月,日本机械工程学会成立了工业价值链计划(Industrial Value Chain Initiative, IVI)。该计划目前已经获得日本经济产业省(Ministry of Economy,Trade and Industry,METI)支持,成为日本经济产业省和学会联合促进的计划。日本工业价值链促进会是一个由制造业企业、设备厂商、系统集成企业等发起的组织,旨在推动“智能工厂”的实现。

(三)“互联网+工业”可能涉及的法律问题

1. 网络安全及数据保护问题

在“互联网+工业”的背景下,许多企业或组织机构都会成为网络运营者。

但是,随着以云计算、大数据、物联网为代表的新技术在全球范围内的快速应用,网络运营者,尤其是关键信息基础设施运营者,正在面临巨大的安全威胁,特别是在有组织的、高强度的攻击面前。因此,在现有的网络安全法规的框架下,还需要进一步制定一系列的细化、全面的网络安全法规,明确平台建立运行要求与责任,加强政府监管,建立安全评估机制等。

(1)平台责任问题

"互联网+工业"的平台是面向制造业数字化、网络化、智能化需求,构建基于海量数据采集、汇聚、分析的服务体系,支撑制造资源泛在连接、弹性供给、高效配置的工业云平台。平台在利用技术与数据发挥功能的同时,也应当承担较高的安全保障义务以及后续因平台运转造成损害的赔偿责任。

(2)数据保护问题

在数据安全方面,由于大量数据在"互联网+工业"体系中被收集、流通、计算,上述过程涵盖产品全生命周期。数据蕴含着巨大的经济价值。如果不能够保证数据安全,则可能为数据主体、数据控制者造成巨大的经济损失甚至为个人带来精神损失,大量数据的泄露还可能影响国家安全和公共利益。在数据流通方面,需要形成工业互联网数据流动管理机制,建立行业数据流通标准,可以使数据高效流通创造更大的经济价值。

2. 传统领域法学理论面临新兴行业的冲击

传统法域在"互联网+工业"领域当然适用,但是面对瞬息万变的事实情形,可能会出现难以界定的一些问题。如基于跨公司的大数据网络制造出的产品,给社会带来的危害应该由谁承担责任;在工作方式日趋灵活的网络化时代,如何准确定义个人工作时间(以及相应地支付薪酬);机器人对于人类工作岗位的取代应该受到何种法律约束;人机协作过程中对人类身心健康的保护;新技术和新概念的出现,无论对于法律的制定者和遵守者都带来了新的挑战。

三、"互联网+工业"法律政策的国际趋势

德国、美国、日本目前走在世界"互联网+工业"发展的前列。本节将主要

介绍德、美、日目前的“互联网+工业”的参考架构及网络信息安全领域的法律发展现状。

（一）德国

2017 年 4 月，为应对“工业 4.0”发展过程中复杂的法律问题，德国联邦经济与能源部于开始推出第一版“工业 4.0”法律架构“Ju-RAMI 4.0”。“Ju”是德语中“法律”单词的开头字母。该项目试图在法律和技术领域之间架起一座桥梁，尽可能减少外行人员的使用难度。Ju-RAMI 4.0 有三个维度：第一个维度是“工业 4.0”活动中对应的法律风险，分为八大类，包括人身伤害、财产损失、违反合同、滥用私人信息、机器时空、侵犯员工权利、人身或财产风险、侵犯知识产权；第二个维度是“工业 4.0”价值链上的各种活动，贯穿工业产品的整个生命周期；第三个维度是相关的法律领域，该维度与所在国家的法律体系有关，在德国，相关的法律领域涉及民法、刑法、数据保护法等。Ju-RAMI 4.0 的主要内容如下：

第一，明确和统一法律责任框架。自动化技术或者人工智能的运用使得即便没有人为作用或者人的过错也很有可能发生事故，从而导致人身或者财产损害。目前的法律规定就细节而言不够明确，就整体而言有欠统一性。对此，国家有必要推出明确统一的法律责任框架来解决损害赔偿的问题。

第二，引导生产者履行产品责任上的义务。生产者应当清楚知悉，如果其所生产的产品具有安全上的缺陷并因此引发损害，这可能会给其带来民法甚至刑法上的后果。生产者不但在产品设计和制造时就应当最大程度地确保安全性并作出准确易懂的使用说明和危险警示，还应完整记录生产过程，另外还需在产品投入流通之后进行追踪观察，发现问题时及时采取警告、召回等措施。

第三，强化个人信息保护。智能系统几乎都要求用户提供个人信息，并且会对获得的个人信息进行储存或分析使用，除此之外，智能系统的网联化更使得个人信息的泄露风险增高。这需要专门作出法律规定，防止企业或者私人泄露、滥用他人个人信息。

第四,研究和预防智能机器的潜在危险。工业生产中使用的智能机器,在提升生产效率的同时,也带来了很多不可预测的危险性。这些危险性可能来自硬件,也可能来自软件,受害的可能是承担生产任务的劳动者,也可能是最终的消费者,所以应当增强对智能机器的研究,预防机器的危险,法律上还应当规定对工业化智能机器的专门控制措施。

第五,提高对劳动者的法律保护。智能系统在工业生产中的普及应用将极大地改变生产过程,比如机器可以连续 24 小时不停工。为此,劳动者应当获得更好待遇来适应智能化生产的节奏,比如合理的工休时间轮换、在身体健康和心理健康方面得到专业辅导。另外,还应该为劳动者安排专门的培训,使他们能学习如何正确地使用智能机器。

第六,增强对知识产权的保护。网络增加了知识产权被他人侵害滥用的可能性,这需要法律的强化保护。另外网络活动的匿名性增加了查明侵权者身份和给予法律救济的困难度,数据的跨境流动也使得法律适用变得更加棘手,上述难题都需要法律做出回应。

此外,在"互联网+工业"的重点法律领域——网络数据安全领域,德国将受到欧盟 2018 年生效的《一般数据保护条例》和《欧盟网络与信息系统指令》的规制,为其网络数据安全领域提供更加充分的保护。

(二)美国

2017 年,美国工业互联网联盟 IIC 发布互联网参考架构 IIRA 1. 8 版本①(Industrial Internet Reference Architecture,IIRA)。IIRA 包括商业视角、使用视角、功能视角和实现视角四个层级,并论述了系统安全、信息安全、弹性、互操作性、连接性、数据管理、高级数据分析、智能控制、动态组合九大系统特性。

2017 年 12 月,美国白宫发布《美国国家安全战略》,对新一届政府将重点采取的国家安全政策进行阐释与展望。其中涉及网络空间的部分,既在优化网络风险防御能力、威慑并打击恶意网络行为等方面继承了美国以往的国家

① 参见 https://www. iiconsortium. org/IIRA. htm,June 20,2018。

安全政策，同时又受特朗普所崇尚的美国利益至上理念影响，因而在淡化意识形态、强调国家竞争等方面呈现出若干新的趋势。

2017 年 9 月，美国国会通过了 2018 财年《国防授权案》，大幅削减了联邦政府的科研性支出。特朗普政府明确宣布暂停新建制造业创新中心，并暂停了对制造业伙伴扩大项目的资金支持，因此，美国的工业互联网发展将更多依靠产业界自身投入进行。但由于美国在工业互联网及高端制造中的强势地位，美国将继续引领全球高端制造发展。①

（三）日本

2016 年 12 月 8 日，日本工业价值链计划 IVI 基于日本制造业的现有基础，推出了智能工厂的基本架构《工业价值链参考架构》（Industrial Value Chain Reference Architecture，IVRA）。IVRA 与“工业 4.0”平台的 Ju-RAMI 4.0 类似，也是三维模式。其中的每一个子块被称为“智能制造单元”，通过三个轴进行判断，分别是“资源轴”“执行轴”“管理轴”。

在网络数据安全领域，随着互联网的发展，日本持续完善信息安全法规体系，修订已有法规，制定新法规，并积极加入国际法律公约等。

四、我国“互联网+工业”领域的法律政策

（一）我国“互联网+工业”领域的法律、政策框架

2017 年以来，国务院围绕“中国制造 2025”进一步推出《制造业人才发展规划指南》《信息产业发展指南》《新材料产业发展指南》《促进装备制造业质量品牌提升专项行动指南》等配套指南，形成了完整的“1+X”政策方案体系；同时国务院发布《关于深化“互联网+先进制造业”发展工业互联网的指导意见》，围绕工业互联网网络安全、平台责任和数据保护三方面加强立法，完善工

① 王欣怡：《美国工业互联网发展的新进展和新启示》，载《电信网技术》2017 年第 11 期。

业互联网规则体系。2017 年至 2018 年出台的相关法律、政策详见本章附录一。

1. 网络安全领域

中央网络安全和信息化领导小组办公室(现为中共中央网络安全和信息化委员会办公室)2017 年 1 月印发《国家网络安全事件应急预案》,3 月批准《网络空间国际合作战略》,巩固了网络安全的国家战略高度地位。为进一步构建工业互联网多层次安全保障体系,我国 2017 年发布《关键信息基础设施安全保护条例(征求意见稿)》《中华人民共和国无线电频率划分规定》《网络关键设备和网络安全专用产品目录》(第一批)夯实基础设施安全,同时工业和信息化部连续印发《关于清理规范互联网网络接入市场服务的通知》《工业控制系统信息安全行动计划(2018-2020 年)》,规范工业互联网的网络控制、通信安全。

(1)平台责任领域

2017 年实施的《网络安全法》明确规定网络运营者应当履行网络安全保护义务,如采取数据分类、重要数据备份和加密,为用户办理接入、域名注册服务时的身份审查,个人信息和重要数据的储存、保密。工业和信息化部印发《工业互联网 APP 培育工程实施方案(2018-2020 年)》,强调工业互联网将承载工业知识和经验,也是工业企业、信息通信企业、互联网企业、第三方开发者等主体聚集平台,平台应当具有更高的安全防护、数据保护义务。

2018 年 7 月 9 日,工业和信息化部印发《工业互联网平台建设及推广指南》和《工业互联网平台评价方法》,认为工业互联网平台是面向制造业数字化、网络化、智能化需求,构建基于云平台的海量数据采集、汇聚、分析服务体系,支撑制造资源泛在连接、弹性供给、高效配置。同时,将从制定工业互联网平台标准、培育及推广工业互联网,建设工业互联网平台生态、加强工业互联网平台管理等几个方面来建设发展工业互联网平台。

(2)数据保护与流通规范领域

《网络安全法》第四章针对网络信息安全作出了专门规定,但工业互联网中数据流通涉及诸多情形尚有空白,如工业数据的分级分类管理,个人信息、工业数据的收集、储存、处理、转移、出境、删除各个环节。为弥补前述空白，2017 年 8 月发布的《信息安全技术、数据出境安全评估指南(征求意见稿)》规制了数据出境问题，12 月发布的《信息安全技术 个人信息安全规范》重点加强个人信息的数据流通管理。

2. 传统领域法学的应对

以民法为代表的私法体系积极吸纳互联网环境下的行为、财产观念，2017 年 10 月 1 日生效的《中华人民共和国民法总则》第 111 条明确了个人信息独立受法律保护，第 127 条明确了“数据”和“虚拟财产”的法律地位，第 137 条完善了互联网语境下的意思表示生效规则，《最高人民法院关于办理侵犯公民个人信息刑事案件适用法律若干问题的解释》强化了个人信息安全的保护。

2017 年 11 月修订的《反不正当竞争法》第 12 条强调在互联网领域中技术手段的合理应用。2018 年 8 月底出台的《电子商务法》试图更合理规制互联网领域的生产经营活动，并对信息网络中进行的商品、服务交易进行了专门调整。此外，还有相继出台各类行政法规、部门规章，逐步改变传统的行政规制理念，典型的如《非法金融机构和非法金融业务活动取缔办法》《互联网信息服务管理办法》《网络借贷信息中介机构业务活动信息披露指引》等。

面对互联网领域的诸多犯罪，我国相继以《中华人民共和国刑法修正案(九)》补强危害计算机信息系统安全，强化互联网服务提供者的网络安全管理责任，2017 年最高人民检察院、最高人民法院针对专项犯罪的法律理解、法律适用出台《最高人民法院、最高人民检察院关于利用网络云盘制作、复制、贩卖、传播淫秽电子信息牟利行为定罪量刑问题的批复》《最高人民法院、最高人民检察院关于办理侵犯公民个人信息刑事案件适用法律若干问题的解释》《最高人民检察院关于办理涉互联网金融犯罪案件有关问题座谈会纪要》等文件，发布侵犯公民个人信息犯罪典型案例，并联合公安部就网络犯罪的程序问题又专门出台《最高人民法院、最高人民检察院、公安部关于办理网络犯罪案件适用刑事诉讼程序若干问题的意见》。

(二)我国“互联网+工业”领域的技术安全标准

我国相继出台多项“互联网+工业”领域的国家标准和产业标准，形成了

“统筹规划、需求牵引、兼容并蓄，建立统一、综合、开放的工业互联网标准体系”的总体思路，以总体性标准、基础共性标准和应用标准为三个重点标准化领域和方向，已经具备了标准体系的初步框架(详见本章附录二)。

2018 年 10 月中旬，工业和信息化部、国家标准管理委员会发布《国家智能制造标准体系建设指南(2018 年版)》，在《国家智能制造标准体系建设指南(2015 年版)》的基础上进行更新与调整，旨在指导当前和未来一段时间智能制造标准化工作，解决标准缺失、滞后、交叉重复等问题，落实“加快制造强国建设”。该指南提出，到 2018 年，累计制修订 150 项以上智能制造标准，基本覆盖基础共性标准和关键技术标准。到 2019 年，累计制修订 300 项以上智能制造标准，全面覆盖基础共性标准和关键技术标准，逐步建立起较为完善的智能制造标准体系。建设智能制造标准试验验证平台，提升公共服务能力，提高标准应用水平和国际化水平。《国家智能制造标准体系建设指南(2018 年版)》中，智能制造的标准体系结构见图 7-1。

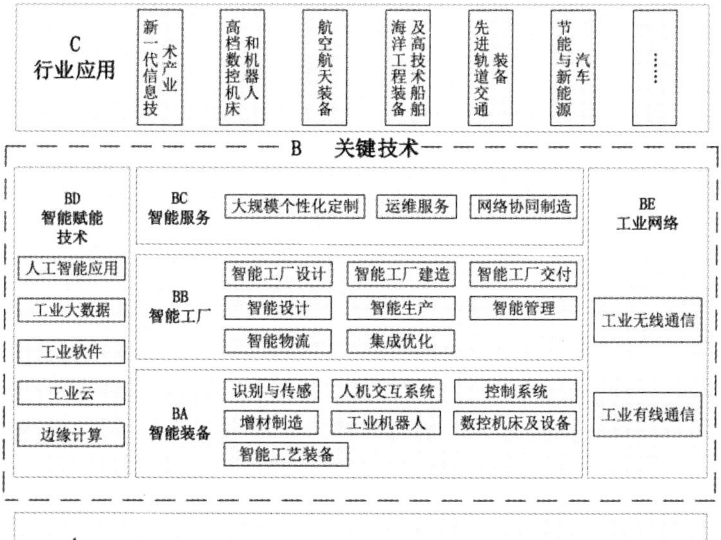

图 7-1 智能制造标准体系结构

（三）我国法律政策对“互联网+工业”的影响

我国政策呈现支持引导“互联网+工业”发展，法律规范又相对滞后。政策上立足“中国制造2025”，将互联网与工业的融合提升到战略高度，引导各界资源汇聚，从而推动工业互联网的技术研发、平台搭建和产品开发；法律上立足网络主权，加强关键信息基础设施和数据保护的相关规则，规范数据管理和使用机制，从而明确相关主体的权益保护、责任承担，更加规范工业互联网的各项进程。

五、行业展望与立法建议

（一）行业建议

1. 行业标准化

学习先进国家的发展经验，加紧建立公认的行业标准体系，以推动“互联网+工业”行业的迅速发展。建议国家引导或行业组织自行按照“基础共性先行、产业急需先行、创新驱动先行、安全可靠先行”的思路，统筹国家标准、行业标准和团体标准的关系，协调好基础共性标准和产业急需标准的关系，兼顾国内标准和国际标准；推进工业互联网标准验证和标准推广，加强工业互联网技术标准、产品、系统和应用的验证环境建设，为技术、标准、产品、系统和应用的研发、测试和运行提供试验支撑环境，推进工业互联网标准公共服务平台建设，为业界提供标准相关的检索、咨询、测试等服务；加强国际标准化合作与交流，与德国“工业4.0”平台、工业互联网联盟（IIC）等组织加强合作交流，积极参加国际标准化组织活动及国际标准研制。

2. 行业合规化

为面对“互联网+工业”带来的社会变革，各国正在加快立法监管步伐，许多尚未有明确规定或监管的领域可能随时会被纳入监管范围。因此，行业从业者,尤其是跨国行业从业者,需要特别关注各个法域的立法动态,以避免不必要的合规风险。

(二)立法建议

1. 建立数据分类保护制度

“互联网+工业”的运转通过处理大量数据实现,通过数据分类,可以对不同的数据采用不同的保护模式,使不需要特别保护的数据加速流转,促进行业发展。因此,除关注个人信息的保护外,还应当关注“重要数据”的边界,使其与一般的工业数据进行区分,让一般的数据能够更快地采集、分析、传播、存储、交易、使用、共享。

2.《网络安全法》及配套法规的完善

随着《网络安全法》等相关法律法规的出台,我国互联网领域立法大步迈前。《网络安全法》规定了平台的运营责任以及信息保护责任。但是,《网络安全法》的具体实施还有赖于配套法规的出台。目前已有不少配套法规处于征求意见阶段,如《网络安全审查办法(征求意见稿)》《数据安全管理办法(征求意见稿)》《个人信息出境安全评估办法(征求意见稿)》《儿童个人信息网络保护规定(征求意见稿)》《网络安全等级保护条例(征求意见稿)》《个人信息和重要数据出境安全评估办法(征求意见稿)》《关键信息基础设施安全保护条例(征求意见稿)》等。通过《网络安全法》及其配套法规的完善,明晰平台义务及责任,才能保障公民个人利益与国家利益。

针对“互联网+工业”而言,完善的网络安全保护体系表现在从法律上保障全产业链数据安全管理,并落实相关主体的数据安全保护责任和具体要求,避免用户隐私或重要工业数据遭到不法窃取或利用;法律要求建立工业数据分级分类管理制度,形成工业互联网数据流动管理机制,明确数据留存、数据泄露通报要求;通过加强监督检查,落实工业互联网企业的数据安全保护责任。

3. 传统领域法学的积极应对

面对互联网发展带来的包括“互联网+工业”在内的社会变革，传统领域法学需要及时作出调整，适应社会发展。否则，在瞬息万变的社会适用旧有的法律可能带来重重矛盾，不利于社会纠纷的良好解决，最终阻碍社会的发展。因此，这就需要立法、执法、司法相应的智能部门积极观察社会变革，及时调整与应对。

附录一　我国“互联网+工业”领域的法律、政策框架

发布时间	发布机关	项目
2017年1月10日	原中共中央网络安全和信息化领导小组办公室	《国家网络安全事件应急预案》
2017年1月11日	教育部、人力资源和社会保障部、工业和信息化部	《制造业人才发展规划指南》
2017年1月16日	工业和信息化部、国家发展和改革委员会	《信息产业发展指南》
2017年1月22日	工业和信息化部	《工业和信息化部关于清理规范互联网网络接入市场服务的通知》
2017年1月23日	工业和信息化部、国家发展和改革委员会、科学技术部、财政部	《新材料产业发展指南》
2017年2月4日	国家互联网信息办公室	《网络产品和服务安全审查办法(征求意见稿)》
2017年2月24日	工业和信息化部、国家质量监督检验检疫总局、国家国防科技工业局	《促进装备制造业质量品牌提升专项行动指南》
2017年3月1日	外交部	《网络空间国际合作战略》
2017年6月9日	国家互联网信息办公室、工业和信息化部、公安部、国家认证认可监督管理委员会	《网络关键设备和网络安全专用产品目录(第一批)》
2017年7月3日	工业和信息化部	《电信业务经营许可管理办法》
2017年7月10日	国家互联网信息办公室	《关键信息基础设施安全保护条例(征求意见稿)》
2017年8月24日	工业和信息化部	《互联网域名管理办法》
2017年8月25日	全国信息安全标准化技术委员会	《信息安全技术 数据出境安全评估指南(征求意见稿)》

续表

发布时间	发布机关	项目
2017 年 10 月 27 日	工业和信息化部、国家发展和改革委员会、科学技术部、财政部等十六部委	《关于发挥民间投资作用 推进实施制造强国战略的指导意见》
2017 年 10 月 30 日	国家互联网信息办公室	《互联网新闻信息服务新技术新应用安全评估管理规定》
2017 年 11 月 27 日	国务院	《国务院关于深化“互联网+先进制造业”发展工业互联网的指导意见》
2017 年 12 月 29 日	国家质量监督检验检疫总局、国家标准化管理委员会	《信息安全技术 个人信息安全规范》
2017 年 12 月 29 日	工业和信息化部	《工业控制系统信息安全行动计划(2018-2020 年)》
2018 年 2 月 7 日	工业和信息化部	《中华人民共和国无线电频率划分规定》
2018 年 4 月 27 日	工业和信息化部	《工业互联网 APP 培育工程实施方案(2018-2020 年)》
2018 年 5 月 17 日	工业和信息化部	《通信建设工程质量监督管理规定》
2018 年 5 月 31 日	工业和信息化部	《工业互联网发展行动计划(2018-2020 年)》《工业互联网专项工作组 2018 年工作计划》
2018 年 7 月 9 日	工业和信息化部	《工业互联网平台建设及推广指南》《工业互联网平台评价方法》
2018 年 7 月 23 日	工业和信息化部	《推动企业上云实施指南(2018-2020 年)》
2018 年 8 月 31 日	全国人民代表大会常务委员会	《电子商务法》
2018 年 10 月 15 日	工业和信息化部、国家标准化管理委员会	《国家标准化管理委员会关于印发国家智能制造标准体系建设指南(2018 年版)》

附录二　工业互联网（智能制造）标准体系

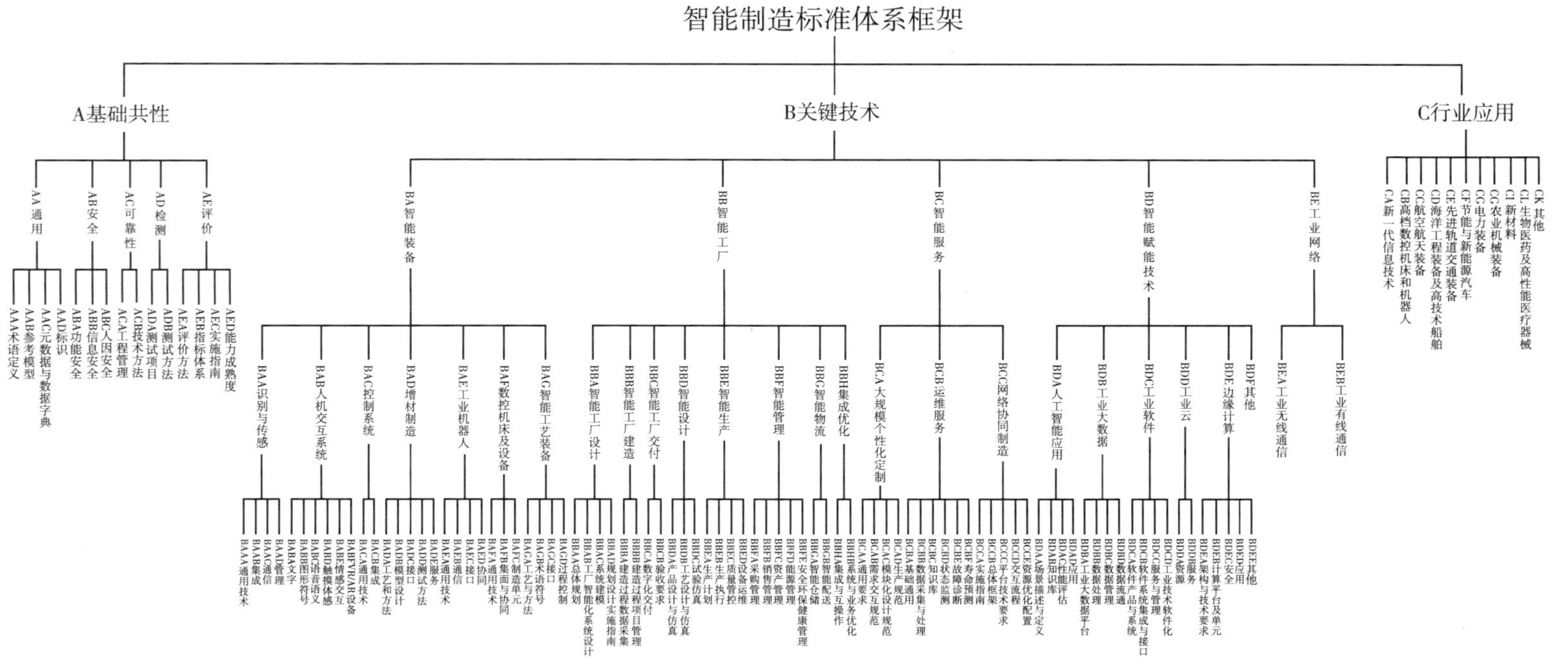

附录三 我国已发布、制定中的工业互联网(智能制造)基础共性标准和关键技术标准

总序号	分序号	标准名称	标准号/计划号	对应国际标准号	所属的国际标准组织	状态
A 基础共性						
AA 通用						
1	1	信息技术 词汇	GB/T 5271	ISO/IEC 2382		已发布
2	2	技术产品文件 计算机辅助设计与制图 词汇	GB/T 15751-1995	ISO/TR 10623-1991	ISO	已发布
3	3	工业过程测量和控制 术语和定义	GB/T 17212-1998			已发布
4	4	信息技术 嵌入式系统术语	GB/T 22033-2008			已发布
5	5	制造业信息化技术术语	GB/T 18725-2008			已发布
6	6	网络化制造技术术语	GB/T 25486-2010			已发布
7	7	机器人与机器人装备 词汇	GB/T 12643-2013			已发布
8	8	信息技术 传感器网络 第2部分:术语	GB/T 30269.2-2013			已发布
9	9	信息技术 云计算 概览与词汇	GB/T 32400-2015	ISO/IEC 17788:2014		已发布
10	10	物联网 术语	GB/T 33745-2017			已发布

续表

总序号	分序号	标准名称	标准号/计划号	对应国际标准号	所属的国际标准组织	状态
11	11	智能传感器　第3部分:术语	GB/T 33905.3-2017		IEC　TC65	已发布
12	12	增材制造　术语	GB/T 35351-2017	ISO　17296-1:2014	ASTM	已发布
13	13	信息技术　开放系统互联　基本参考模型	GB/T　9387	ISO/IEC 7498		已发布
14	14	网络化制造系统集成模型	GB/T 25488-2010			已发布
15	15	供应链管理业务参考模型	GB/T 25103-2010			已发布
16	16	信息技术　云计算　参考架构	GB/T 32399-2015	ISO/IEC 17789:2014		已发布
17	17	工业过程测量、控制和自动化　生产设施表示用参考模型(数字工厂)	GB/Z 32235-2015	IEC/TR 62794:2012	IEC　TC65	已发布
18	18	集团企业经营管理业务参考模型	GB/T 35133-2017			已发布
19	19	过程检测和控制流程图用图形符号和文字代号	GB/T 2625-1981			已发布
20	20	工业过程测量和控制　在过程设备目录中的数据结构和元素	GB/T 20818	IEC　61987	IEC　SC65E	已发布
21	21	批控制	GB/T 19892.1~19892.2	IEC　61512	IEC　SC65A	已发布

续表

总序号	分序号	标准名称	标准号/计划号	对应国际标准号	所属的国际标准组织	状态
22	22	信息技术 元数据注册系统(MDR)	GB/T 18391.1~18391.6	ISO/IEC 11179	ISO/IEC JTC 1/SC 32	已发布
23	23	信息技术 实现元数据注册系统(MDR)内容一致性的规程	GB/T 23824	ISO/IEC TR 20943	ISO/IEC JTC 1/SC 32	已发布
24	24	信息技术 开放系统互连 OSI登记机构的操作规程 第1部分:一般规程和国际对象标识符树的顶级弧	GB/T 17969.1-2015	ISO/IEC 9834-1:2008		已发布
25	25	信息技术 开放系统互连 对象标识符(OID)的国家编号体系和操作规程	GB/T 26231-2017			已发布
26	26	信息技术 开放系统互连 用于对象标识符解析系统运营机构的规程	GB/T 35300-2017			已发布
27	27	信息技术 开放系统互连 对象标识符解析系统	GB/T 35299-2017	ISO/IEC 29168-1:2011		已发布
28	28	工业物联网仪表身份标识协议	GB/T 33901-2017			已发布
29	29	工业通信网络 网络和系统安全 术语、概述和模型	20170373-T-604	IEC 62443-1-1	IEC TC65	制定中

续表

总序号	分序号	标准名称	标准号/计划号	对应国际标准号	所属的国际标准组织	状态
30	30	数字化车间　术语和定义	GB/T 37413-2019			已发布
31	31	智能制造　系统架构	20173704-T-604			制定中
32	32	物联网　协同信息处理参考模型	20150040-T-469			制定中
33	33	智能制造　对象标识要求	20170057-T-469			制定中
34	34	智能制造　标识解析体系要求	20170054-T-339			制定中
35	35	智能制造　制造对象标识解析体系应用指南	20173805-T-339			制定中
AB　安全						
36	1	工业控制网络安全风险评估规范	GB/T 26333-2010			已发布
37	2	工业控制系统信息安全	GB/T 30976.1~.2-2014			已发布
38	3	工业自动化产品安全要求	GB　30439			已发布
39	4	过程工业领域安全仪表系统的功能安全	GB/T 21109.1~21109.3	IEC　61511	IEC　SC65A	已发布
40	5	工业通信网络　网络和系统安全　建立工业自动化和控制系统安全程序	GB/T 33007-2016	IEC　62443-2-1:2010	IEC　TC65	已发布

续表

总序号	分序号	标准名称	标准号/计划号	对应国际标准号	所属的国际标准组织	状态
41	6	工业自动化和控制系统网络安全 集散控制系统(DCS)第1部分:防护要求	GB/T 33009.1-2016			已发布
42	7	工业自动化和控制系统网络安全 集散控制系统(DCS)第2部分:管理要求	GB/T 33009.2-2016			已发布
43	8	工业自动化和控制系统网络安全 集散控制系统(DCS)第3部分:评估指南	GB/T 33009.3-2016			已发布
44	9	工业自动化和控制系统网络安全 集散控制系统(DCS)第4部分:风险与脆弱性检测要求	GB/T 33009.4-2016			已发布
45	10	工业自动化和控制系统网络安全 可编程序控制器(PLC)第1部分:系统要求	GB/T 33008.1-2016			已发布
46	11	控制与通信网络 CIP Safety规范	GB/Z 34066-2017	IEC 61784-3	IEC SC65C	已发布
47	12	控制与通信网络 Safety - over - EtherCAT规范	GB/T 36006-2018	IEC 61784-3	IEC SC65C	已发布

续表

总序号	分序号	标准名称	标准号/计划号	对应国际标准号	所属的国际标准组织	状态
48	13	信息安全技术　工业控制系统风险评估实施指南	GB/T 36466-2018			已发布
49	14	信息安全技术　工业控制系统安全管理基本要求	GB/T 36323-2018			已发布
50	15	信息安全技术　工业控制系统信息安全分级规范	GB/T 36324-2018			已发布
51	16	信息安全技术　工业控制系统现场测控设备通用安全功能要求	GB/T 36470-2018			已发布
52	17	工业环境用机器人　安全要求　第1部分:机器人	GB 11291.1-2011			已发布
53	18	机器人与机器人装备　工业机器人的安全要求　第2部分:机器人系统与集成	GB 11291.2-2013			已发布
54	19	信息安全技术　数控网络安全技术要求	20170567-T-469			制定中
55	20	信息安全技术　信息系统等级保护安全设计技术要求　第5部分:工业控制系统	20171111-T-469			制定中

续表

总序号	分序号	标准名称	标准号/计划号	对应国际标准号	所属的国际标准组织	状态
56	21	信息安全技术 工业控制网络监测安全技术要求及测试评价方法	20171118－T－469			制定中
57	22	信息安全技术 工业控制系统网络审计产品安全技术要求	20171743－T－469			制定中
58	23	信息安全技术 工业控制系统安全防护技术要求和测试评价方法	20171744－T－469			制定中
59	24	信息安全技术 工业控制系统信息安全防护能力评价方法	20173583－T－469			制定中
60	25	信息安全技术 工业控制系统专用防火墙技术要求	20173856－T－469			制定中
61	26	工业控制系统产品信息安全 第2部分：安全功能要求	20171279－T－469			制定中
62	27	工业控制系统产品信息安全 第3部分：安全保障要求	20171280－T－469			制定中
63	28	工业控制系统信息安全检查指南	20173870－T－469			制定中
64	29	智能工厂 安全监测有效性评估方法	20173706－T－604			制定中

续表

总序号	分序号	标准名称	标准号/计划号	对应国际标准号	所属的国际标准组织	状态
65	30	工业自动化和控制系统安全 第2-4部分:IACS服务提供商的安全程序要求	20173709-T-604			制定中
AC 可靠性						
66	1	系统可靠性分析技术 失效模式和影响分析(FMEA)程序	GB/T 7826-2012	IEC 60812:2006	IEC/TC56	已发布
67	2	测量、控制和实验室用的电设备电磁兼容性要求	GB/T 18268	IEC 61326	IEC SC65A	已发布
68	3	物联网总体技术 智能传感器可靠性设计方法与评审	GB/T 34071-2017			已发布
69	4	电子设备可靠性预计模型及数据手册	20132222-T-339			制定中
70	5	设备可靠性 可靠性评估方法	GB/T 37079-2018	IEC 62308:2006	IEC/TC56	已发布
71	6	系统可信性规范指南	20141011-T-339	IEC 62347:2006	IEC/TC56	制定中
AD 检测						
72	1	信息技术 开放系统互连 一致性测试方法和框架	GB/T 17178.1~17178.7	ISO/IEC 9646		已发布

续表

总序号	分序号	标准名称	标准号/计划号	对应国际标准号	所属的国际标准组织	状态
73	2	Modbus测试规范	GB/T 25919.1~.2-2010			已发布
74	3	过程工业自动化系统出厂验收测试(FAT)、现场验收测试(SAT)和现场综合测试(SIT)规范	GB/T 25928-2010	IEC 62381:2006	IEC SC65E	已发布
75	4	工业自动化仪表通用试验方法	GB/T 29247-2012			已发布
76	5	信息技术 开放系统互连 测试方法和规范(MTS)测试和测试控制记法 第3版 第4部分:TTCN-3操作语义	20142102-T-469			制定中
AE 评价						
77	1	工业过程测量和控制、系统评估中系统特性的评定	GB/T 18272.1~18272.8	IEC 61069	IEC SC65A	已发布
78	2	过程测量和控制装置 通用性能评定方法和程序	GB/T 18271.1~18271.4	IEC 61298	IEC SC65B	已发布
79	3	制造业信息化评估体系	GB/T 31131-2014			已发布
80	4	智能传感器 第4部分:性能评定方法	GB/T 33905.4-2017			已发布
81	5	大规模PLC性能评定方法	GB/T 36009-2018			已发布

续表

总序号	分序号	标准名称	标准号/计划号	对应国际标准号	所属的国际标准组织	状态
82	6	智能制造能力等级要求	20173534-T-339			制定中
83	7	智能制造能力等级评价方法	20173536-T-339			制定中
B 关键技术						
BA 智能装备						
84	1	中文语音识别互联网服务接口规范	GB/T 34083-2017			已发布
85	2	中文语音合成互联网服务接口规范	GB/T 34145-2017			已发布
86	3	中文语音识别终端服务接口规范	GB/T 35312-2017			已发布
87	4	智能传感器　第1部分:总则	GB/T 33905.1-2017			已发布
88	5	智能传感器　第5部分:检查和例行试验方法	GB/T 33905.5-2017			已发布
89	6	大规模PLC检查和例行试验方法	GB/T 36011-2018			已发布
90	7	全分布式工业控制智能测控装置　第1部分:通用技术要求	GB/T 36211.1-2018			已发布
91	8	全分布式工业控制智能测控装置　第2部分:通信互操作方法	GB/T 36211.2-2018			已发布

续表

总序号	分序号	标准名称	标准号/计划号	对应国际标准号	所属的国际标准组织	状态
92	9	物联网总体技术 智能传感器接口规范	GB/T 34068-2017			已发布
93	10	物联网总体技术 智能传感器特性与分类	GB/T 34069-2017			已发布
94	11	基于传感器的产品监测软件集成接口规范	GB/T 33137-2016			已发布
95	12	信息技术 射频识别 800-900MHz 空中接口协议	GB/T 29768-2013			已发布
96	13	信息技术 射频识别 2.45GHz 空中接口协议	GB/T 28925-2012			已发布
97	14	信息技术 射频识别 2.45GHz 空中接口符合性测试方法	GB/T 28926-2012			已发布
98	15	工业物联网仪表互操作协议	GB/T 33899-2017			已发布
99	16	工业物联网仪表应用属性协议	GB/T 33900-2017			已发布
100	17	工业物联网仪表服务协议	GB/T 33904-2017			已发布
101	18	自动识别技术和ERP、MES和CRM等系统的接口	GB/T 35123-2017			已发布
102	19	机器人仿真开发环境接口	GB/T 33267-2016			已发布

续表

总序号	分序号	标准名称	标准号/计划号	对应国际标准号	所属的国际标准组织	状态
103	20	可编程序控制器 第1部分:通用信息	GB/T 15969.1-2007	IEC 61131	IEC SC65B	已发布
104	21	面向多核处理器的机器人实时操作系统应用框架	GB/T 33264-2016			已发布
105	22	可编程仪器标准数字接口的高性能协议	GB/T 15946-2008	IEC 60488-1:2004	IEC SC65C	已发布
106	23	快速成形软件数据接口	GB/T 25632-2010			已发布
107	24	机器人通信总线协议	GB/T 29825-2013			已发布
108	25	机器人控制器开放式通信接口规范	GB/T 32197-2015			已发布
109	26	模块化机器人高速通用通信总线性能	GB/T 33266-2016			已发布
110	27	增材制造 文件格式	GB/T 35352-2017	ISO/ASTM 52915:2016	ISO&ASTM	已发布
111	28	智能仪器仪表的数据描述 执行机构	20173978-T-604			制定中
112	29	智能仪器仪表的数据描述 定位器	20173980-T-604			制定中
113	30	智能仪器仪表的数据描述 属性数据库通用要求	20173981-T-604			制定中

续表

总序号	分序号	标准名称	标准号/计划号	对应国际标准号	所属的国际标准组织	状态
114	31	可编程序控制器 第9部分:用于小型传感器和执行器的单点数字通信接口(SDCI)	20171654-T-604			制定中
115	32	工业机器人控制程序性能评估与测试	20170040-T-604			制定中
116	33	工业机器人机械环境可靠性要求和测试方法	20170043-T-604			制定中
117	34	工业机器人云服务平台数据交换规范	20170044-T-604			制定中
118	35	面向人机协作安全工业机器人设计规范	20170048-T-604			制定中
119	36	工业机器人的通用驱动模块接口	20170049-T-604			制定中
120	37	工业机器人生命周期风险评价方法	20170052-T-604			制定中
121	38	工业机器人机器视觉集成技术条件	20170989-T-604			制定中
122	39	工业机器人柔性控制通用技术要求	20170988-T-604			制定中
123	40	工业机器人电磁兼容设计规范	20170990-T-604			制定中

续表

总序号	分序号	标准名称	标准号/计划号	对应国际标准号	所属的国际标准组织	状态
124	41	增材制造　增材制造产品设计指南	20151392-T-604	ISO/ASTM 52910-2018	ISO&ASTM	制定中
BB　智能工厂						
125	1	技术产品文件　字体　拉丁字母、数字和符号的CAD字体	GB/T 18594-2001	ISO 3098-5:1997		已发布
126	2	技术产品文件　CAD图层的组织和命名　第1部分:概述与原则	GB/T 18617.1-2002	ISO 13567-1:1998	ISO	已发布
127	3	技术产品文件　生命周期模型及文档分配	GB/T 19097-2003	ISO 15226:1999	ISO	已发布
128	4	技术产品文件　计算机辅助技术信息处理　安全性要求	GB/T 16722.1-2008	ISO 11442:2006	ISO	已发布
129	5	技术产品文件　数字化产品定义数据通则	GB/T 24734-2009			已发布
130	6	CAD工程制图规则	GB/T 18229-2000			已发布
131	7	CAD文件管理	GB/T 17825.1~17825.10			已发布
132	8	技术制图　CAD系统用图线的表示	GB/T 18686-2002			已发布

续表

总序号	分序号	标准名称	标准号/计划号	对应国际标准号	所属的国际标准组织	状态
133	9	CAD/CAM 数据质量	GB/T 18784-2002			已发布
134	10	CAD/CAM 数据质量保证方法	GB/T 18784. 2-2005			已发布
135	11	计算机辅助工艺设计系统功能规范	GB/T 28282-2012			已发布
136	12	机器的状态检测和诊断 数据处理、通信和表达	GB/T 22281. 1~22281. 2	ISO 13374	ISO TC184	已发布
137	13	现场设备工具(FDT)接口规范	GB/T 29618	IEC 62453	IEC SC65E	已发布
138	14	过程控制用功能块	GB/T 21099. 1~21099. 3		IEC SC66E	已发布
139	15	控制网络 LONWO-RKS 技术规范	GB/Z 20177. 1~20177. 4			已发布
140	16	控制网络 HBES 技术规范 住宅和楼宇控制系统	GB/T 20965-2013			已发布
141	17	工业自动化系统 企业模型的概念与规则	GB/T 18999-2003	ISO 14258: 1998	ISO TC184	已发布
142	18	工业自动化系统 企业参考体系结构与方法论的需求	GB/T 18757-2008	ISO 15704: 2000	ISO TC184	已发布

续表

总序号	分序号	标准名称	标准号/计划号	对应国际标准号	所属的国际标准组织	状态
143	19	工业自动化系统 制造报文规范	GB/T 16720.1~16720.4	ISO 9506	ISO TC184	已发布
144	20	工业过程测量和控制系统用功能块	GB/T 19769.1~19769.4	IEC 61499	IEC SC65B	已发布
145	21	工业自动化 车间生产	GB/T 16980.1~16980.2	IDT ISO/TR 10314	ISO TC184	已发布
146	22	先进自动化技术及其应用 制造业企业过程互操作性建立要求 第1部分:企业互操作性框架	GB/T 32855.1-2016	ISO 11354-1:2011,IDT	ISO TC184	已发布
147	23	企业应用产品数据管理(PDM)实施规范	GB/Z 18727-2002			已发布
148	24	企业资源计划	GB/T 25109.1~25109.4			已发布
149	25	物流装备管理监控系统功能体系	GB/T 32827-2016			已发布
150	26	面向制造业信息化的ASP平台功能体系结构	GB/T 25460-2010			已发布
151	27	集团企业经营管理信息化核心构件标准	GB/T 35128-2017			已发布

续表

总序号	分序号	标准名称	标准号/计划号	对应国际标准号	所属的国际标准组织	状态
152	28	现场设备工具(FDT)/设备类型管理器(DTM)和电子设备描述语言(EDDL)的互操作性规范	GB/T 34076-2017			已发布
153	29	OPC统一架构 第1部分:概述和概念	GB/T 33863.1-2017	IEC/TR 62541-1:2010		已发布
154	30	OPC统一架构 第2部分:安全模型	GB/T 33863.2-2017	IEC/TR 62541-2:2010		已发布
155	31	OPC统一架构 第3部分:地址空间模型	GB/T 33863.3-2017	IEC 62541-3:2010		已发布
156	32	OPC统一架构 第4部分:服务	GB/T 33863.4-2017	IEC 62541-4:2011		已发布
157	33	OPC统一架构 第5部分:信息模型	GB/T 33863.5-2017	IEC 62541-5:2011		已发布
158	34	OPC统一架构 第6部分:映射	GB/T 33863.6-2017	IEC 62541-6:2011		已发布
159	35	OPC统一架构 第7部分:行规	GB/T 33863.7-2017	IEC 62541-7:2012		已发布
160	36	OPC统一架构 第8部分:数据访问	GB/T 33863.8-2017	IEC 62541-8:2011		已发布
161	37	工业企业信息化集成系统规范	GB/T 26335-2010			已发布

续表

总序号	分序号	标准名称	标准号/计划号	对应国际标准号	所属的国际标准组织	状态
162	38	工业自动化系统与集成 产品数据表达与交换 第501部分:应用解释构造:基于边的线框	GB/T 16656.501-2005	ISO 10303-501:2000	ISO TC184	已发布
163	39	工业自动化系统与集成 开放系统应用集成框架 第1部分:通用的参考描述	GB/T 19659.1-2005	ISO 15745-1:2003	ISO TC184	已发布
164	40	工业自动化系统与集成 制造软件互操作性能力建规 第1部分:框架	GB/T 19902.1-2005	ISO 16100-1:2002	ISO TC184	已发布
165	41	工业自动化系统与集成 诊断、能力评估以及维护应用集成 第1部分:综述与通用要求	GB/T 27758.1-2011	ISO 18435-1:2009	ISO TC184	已发布
166	42	工业自动化系统与集成 过程规范语言	GB/T 20719	ISO 18629	ISO TC184	已发布
167	43	工业自动化系统与集成 测试应用的服务接口	GB/T 22270.1~22270.2	ISO 20242	ISO TC184	已发布
168	44	工业自动化系统与集成 制造执行系统功能体系结构	GB/T 25485-2010			已发布

续表

总序号	分序号	标准名称	标准号/计划号	对应国际标准号	所属的国际标准组织	状态
169	45	企业信息化系统集成实施指南	GB/T 26327-2010			已发布
170	46	企业集成 企业建模框架	GB/T 16642-2008	ISO 19439:2006	ISO TC184	已发布
171	47	企业集成 企业建模构件	GB/T 22454-2008	ISO 19440:2007	ISO TC184	已发布
172	48	企业控制系统集成	GB/T 20720.1~20720.3	IEC 62264	ISO TC184	已发布
173	49	基于网络的企业信息集成规范	GB/T 18729-2011			已发布
174	50	自动化系统与集成 制造系统能源效率以及其他环境影响因素的评估 第1部分:概述和总则	GB/T 35132.1-2017	ISO 20140-1:2013	ISO TC184	已发布
175	51	自动化系统与集成制造系统先进控制与优化软件集成 第2部分:架构和功能	GB/T 32854.2-2017			已发布
176	52	自动引导车 通用技术条件	GB/T 20721-2006			已发布
177	53	工业自动化能效	GB/T 35115-2017	IEC/TR 62837:2013	IEC TC65	已发布
178	54	批控制 通用和现场处方模型及表述	20173705-T-604			制定中
179	55	批控制 批生产记录	20173707-T-604			制定中

续表

总序号	分序号	标准名称	标准号/计划号	对应国际标准号	所属的国际标准组织	状态
180	56	生产过程质量控制 设备状态监测	20173708-T-604			制定中
181	57	数字化车间 通用技术要求	20170039-T-604			制定中
182	58	智能工厂建设导则 第1部分:物理工厂智能化系统	20173804-T-339			制定中
183	59	智能工厂 工业自动化系统时钟同步、管理与测量通用规范	20173979-T-604			制定中
184	60	智能工厂 安全控制要求	20173982-T-604			制定中
185	61	智能工厂 工业自动化系统工程描述类库	20173983-T-604			制定中
186	62	智能工厂 工业控制异常监测工具技术要求	20173984-T-604			制定中
187	63	智能工厂 过程工业能源管控系统技术要求	20173985-T-604			制定中
188	64	工艺数据管理规范	2012-0546T-SJ			已发布
189	65	产品生命周期管理规范	2012-0547T-SJ			制定中
190	66	制造执行系统(MES)规范	2012-0532T-SJ			已发布

续表

总序号	分序号	标准名称	标准号/计划号	对应国际标准号	所属的国际标准组织	状态
191	67	制造执行系统（MES）控制系统软件互联互通接口规范　第1部分：通用要求	20173439-T-604			制定中
192	68	制造执行系统（MES）控制系统软件互联互通接口规范　第2部分：信息交换	20173437-T-604			制定中
193	69	制造执行系统（MES）控制系统软件互联互通接口规范　第4部分：验证和确认	20173438-T-604			制定中
194	70	自动化系统与集成　对象过程方法	20171656-T-604			制定中
BC　智能服务						
195	1	网络化制造ASP工作流程及服务接口	GB/T 25484-2010			已发布
196	2	网络化制造系统应用实施规范	GB/T 25487-2010			已发布
197	3	网络化制造系统功能规划技术规范	GB/T 25489-2010			已发布
198	4	网络化制造环境下的制造资源分类	GB/T 25111-2010			已发布
199	5	网络化制造环境中业务互操作协议与模型	GB/T 30095-2013			已发布

续表

总序号	分序号	标准名称	标准号/计划号	对应国际标准号	所属的国际标准组织	状态
200	6	个性化定制　分类指南	20173834 - T -469			制定中
201	7	个性化定制　成熟度模型及评价指标	20173835 - T -469			制定中
202	8	信息技术　远程运维　技术参考模型	20173836 - T -469			制定中
203	9	基于云制造的智能工厂架构要求	20173694 - T -604			制定中
204	10	云制造服务平台制造资源接入集成规范	20173695 - T -604			制定中
205	11	云制造服务平台安全防护管理要求	20173696 - T -604			制定中
206	12	云制造仿真服务通用要求	20173697 - T -604			制定中
207	13	云制造服务平台应用实施规范	20173710 - T -604			制定中
BD　智能赋能技术						
208	1	软件工程　产品质量	GB/T 16260. 1~16260. 4	ISO/IEC TR 9126:2004		已发布
209	2	软件工程　软件产品质量要求与评价（SQuaRE）SQuaRE 指南	GB/T 25000. 1-2010	ISO/IEC 25000:2005		已发布

续表

总序号	分序号	标准名称	标准号/计划号	对应国际标准号	所属的国际标准组织	状态
210	3	系统与软件工程　系统与软件质量要求和评价(SQuaRE)第51部分:就绪可用软件产品(RUSP)的质量要求和测试细则	GB/T 25000.51-2016	ISO/IEC 25051:2006		已发布
211	4	嵌入式软件质量保证要求	GB/T 28172-2011			已发布
212	5	嵌入式软件质量度量	GB/T 30961-2014			已发布
213	6	系统与软件功能性	GB/T 29831.1~29831.3			已发布
214	7	系统与软件可靠性	GB/T 29832.1~29832.3			已发布
215	8	系统与软件可移植性	GB/T 29833.1~29833.3			已发布
216	9	系统与软件维护性	GB/T 29834.1~29834.3			已发布
217	10	系统与软件效率	GB/T 29835.1~29835.3			已发布
218	11	系统与软件易用性	GB/T 29836.1~29836.3			已发布
219	12	信息技术　软件生存周期过程指南	GB/Z 18493-2001			已发布

续表

总序号	分序号	标准名称	标准号/计划号	对应国际标准号	所属的国际标准组织	状态
220	13	信息技术　软件资产管理　成熟度评估基准	SJ/T 11621-2016			已发布
221	14	信息技术　软件资产管理　实施指南	SJ/T 11622-2016			已发布
222	15	信息技术　云数据存储和管理　第2部分:基于对象的云存储应用接口	GB/T 31916.2-2015			已发布
223	16	信息技术　数据溯源描述模型	GB/T 34945-2017			已发布
224	17	系统工程　系统生存周期过程	GB/T 22032-2008			已发布
225	18	系统工程　GB/T 22032(系统生存周期过程)应用指南	GB/Z 31103-2014	ISO/IEC 15288:2002		已发布
226	19	弹性计算应用接口	GB/T 31915-2015			已发布
227	20	信息技术　通用数据导入接口	GB/T 36345-2018			已发布
228	21	信息技术　数据质量评价指标	GB/T 36344-2018			已发布
229	22	信息技术　云计算　云服务级别协议基本要求	GB/T 36325-2018			已发布
230	23	信息技术　工业云服务　模型	20162515-T-469			制定中

续表

总序号	分序号	标准名称	标准号/计划号	对应国际标准号	所属的国际标准组织	状态
231	24	信息技术 工业云服务 能力总体要求	20162507-T-469			制定中
232	25	信息技术 工业云服务 服务水平协议规范	20173827-T-469			制定中
233	26	信息技术 工业云服务 计量规范	20173828-T-469			制定中
BE 工业网络						
234	1	物联网 参考体系结构	GB/T 33474-2016			已发布
235	2	物联网 系统接口要求	GB/T 35319-2017			已发布
236	3	工业以太网交换机技术规范	GB/T 30094-2013			已发布
237	4	工业以太网现场总线 EtherCAT	GB/T 31230-2014	IEC 61158、IEC 61784	IEC SC65C	已发布
238	5	工业无线网络 WIA 规范	GB/T 26790.1~26790.2	IEC 62601		已发布
239	6	用于工业测量与控制系统的 EPA 系统结构与通信规范	GB/T 20171-2006	IEC 61158、IEC 61784	IEC SC65C	已发布
240	7	以太网 POWERLINK 通信行规规范	GB/T 27960-2011	IEC 61158、EPSG DS 301	IEC SC65C	已发布

续表

总序号	分序号	标准名称	标准号/计划号	对应国际标准号	所属的国际标准组织	状态
241	8	基于 Modbus 协议的工业自动化网络规范	GB/T 19582-2008	IEC 61158、IEC 61784	IEC SC65C	已发布
242	9	CC-Link 控制与通信网络规范	GB/T 19760-2008	IEC 61158、IEC 61784	IEC SC65C	已发布
243	10	PROFIBUS & PROFINET 技术行规 PROFIdrive	GB/T 25740-2013	PNO Version 4.1.1		已发布
244	11	信息技术 系统间远程通信和信息交换 OSI 路由选择框架	GB/Z 17977-2000	ISO/IEC TR 9575:1995		已发布
245	12	信息技术 增强型通信运输协议 第 1 部分:单工组播运输规范	GB/T 26241.1-2010	ISO/IEC 14476-1:2002		已发布
246	13	信息技术 中继组播控制协议(RMCP)第 1 部分:框架	GB/T 26243.1-2010	ISO/IEC 16512-1:2005		已发布
247	14	信息技术 系统间远程通信和信息交换 局域网 第 3 部分:带碰撞检测的载波侦听多址访问(CSMA/CD)的访问方法和物理层规范	GB/T 15629.3-2014	ISO/IEC 8802-3:2000		已发布

续表

总序号	分序号	标准名称	标准号/计划号	对应国际标准号	所属的国际标准组织	状态
248	15	信息技术 系统间远程通信和信息交换 局域网和城域网 特定要求	GB/T 15629			已发布
249	16	信息技术 传感器网络 第1部分:参考体系结构和通用技术要求	GB/T 30269. 1-2015	ISO/IEC 29182-5:2013		已发布
250	17	信息技术 传感器网络 第301部分:通信与信息交换:低速无线传感器网络网络层和应用支持子层规范	GB/T 30269. 301-2014			已发布
251	18	信息技术 传感器网络 第302部分:通信与信息交换:面向高可靠性应用的无线传感器网络媒体访问控制和物理层规范	GB/T 30269. 302-2015			已发布
252	19	信息技术 传感器网络 第303部分:通信与信息交换:基于IP的无线传感器网络网络层规范	GB/T 30269. 303-2018			已发布

续表

总序号	分序号	标准名称	标准号/计划号	对应国际标准号	所属的国际标准组织	状态
253	20	信息技术　传感器网络　第401部分:协同信息处理:支撑协同信息处理的服务及接口	GB/T 30269.401-2015	ISO/IEC 20005:2013		已发布
254	21	信息技术　传感器网络　第501部分:标识:传感节点标识符编制规则	GB/T 30269.501-2014			已发布
255	22	信息技术　传感器网络　第502部分:标识:传感节点标识符解析	GB/T 30269.502-2017			已发布
256	23	信息技术　传感器网络　第503部分:标识:传感节点标识符注册规程	GB/T 30269.503-2017			已发布
257	24	信息技术　传感器网络　第601部分:信息安全:通用技术规范	GB/T 30269.601-2016			已发布
258	25	信息技术　传感器网络　第602部分:信息安全:低速率无线传感器网络网络层和应用支持子层安全规范	GB/T 30269.602-2017			已发布

续表

总序号	分序号	标准名称	标准号/计划号	对应国际标准号	所属的国际标准组织	状态
259	26	信息技术 传感器网络 第701部分:传感器接口:信号接口	GB/T 30269.701-2014			已发布
260	27	信息技术 传感器网络 第702部分:传感器接口:数据接口	GB/T 30269.702-2016			已发布
261	28	信息技术 传感器网络 第801部分:测试:通用要求	GB/T 30269.801-2017			已发布
262	29	信息技术 传感器网络 第802部分:测试:低速无线传感器网络媒体访问控制和物理层	GB/T 30269.802-2017			已发布
263	30	信息技术 传感器网络 第803部分:测试:低速无线传感器网络网络层和应用支持子层	GB/T 30269.803-2017			已发布
264	31	信息技术 传感器网络 第804部分:测试:传感器接口	GB/T 30269.804-2018			已发布
265	32	信息技术 传感器网络 第806部分:测试:传感节点标识符编码和解析	GB/T 30269.806-2018			已发布

续表

总序号	分序号	标准名称	标准号/计划号	对应国际标准号	所属的国际标准组织	状态
266	33	信息技术　传感器网络　第901部分:网关:通用技术要求	GB/T 30269.901-2016			已发布
267	34	信息技术　传感器网络　第902部分:网关:远程管理技术要求	GB/T 30269.902-2018			已发布
268	35	信息技术　传感器网络　第903部分:网关:逻辑接口	GB/T 30269.903-2018			已发布
269	36	信息技术　传感器网络　第1001部分:中间件:传感器网络节点接口	GB/T 30269.1001-2017			已发布
270	37	信息技术　面向燃气表远程管理的无线传感器网络系统技术要求	GB/T 36330-2018			已发布
271	38	测量和控制数字数据通信　工业控制系统用现场总线　类型3:PROFIBUS规范	GB/T 20540-2006	IEC 61158、IEC 61784	IEC　SC65C	已发布
272	39	工业通信网络现场总线规范　类型10:PROFINET　IO规范	GB/T 25105.1～3-2014	IEC　61784	IEC　SC65C	已发布

续表

总序号	分序号	标准名称	标准号/计划号	对应国际标准号	所属的国际标准组织	状态
273	40	测量和控制数字数据通信 工业控制系统用现场总线 类型 2:ControlNet 和 EtherNet/IP 规范	GB/Z 26157-2010	IEC 61158、IEC 61784	IEC SC65C	已发布
274	41	测量和控制数字数据通信 工业控制系统用现场总线 类型 8:INTERBUS 规范	GB/Z 29619-2013	IEC 61158、IEC 61784	IEC SC65C	已发布
275	42	远程终端单元(RTU)技术规范	GB/T 34039-2017			已发布
276	43	工业通信网络 现场总线规范 类型 10:PROFINET IO 规范	GB/T 25105	IEC 61158、IEC 61784		已发布
277	44	工业通信网络 工业环境中的通信网络安装	GB/T 26336-2010	IEC 61918		已发布
278	45	工业通信网络 现场总线规范 类型 20:HART 规范	GB/T 29910-2013	IEC 61158、IEC 61784	IEC SC65C	已发布
279	46	工业通信网络 现场总线规范 类型 20:HART 规范 第 5 部分:WirelessHART 无线通信网络及通信行规	GB/T 29910.5-2013	IEC 62591:2010	IEC SC65C	已发布

续表

总序号	分序号	标准名称	标准号/计划号	对应国际标准号	所属的国际标准组织	状态
280	47	制造过程物联集成平台应用实施规范	GB/T 35587-2017			已发布
281	48	制造过程物联集成中间件平台参考体系	GB/T 34047-2017			已发布
282	49	信息技术 系统间远程通信和信息交换 中高速无线局域网媒体访问控制和物理层规范	GB/T 36454-2018			已发布
283	50	物联网 信息交换和共享 第1部分:总体架构	GB/T 36478.1-2018			已发布
284	51	信息技术 系统间远程通信和信息交换 局域网和城域网特定要求 基于可见光通信的媒体访问控制和物理层规范	20142105-T-469			制定中
285	52	信息技术 系统间远程通信和信息交换低压电力线通信 第1部分:物理层规范	20141207-T-469			制定中
286	53	信息技术 传感器网络 第304部分:通信与信息交换:声波通信系统技术要求	20150041-T-469			制定中

续表

总序号	分序号	标准名称	标准号/计划号	对应国际标准号	所属的国际标准组织	状态
287	54	信息技术　传感器网络　第 504 部分：标识：传感节点标识符管理规范	20153386-T-469			制定中
288	55	信息技术　传感器网络　第 807 部分：测试：网络传输安全	20150039-T-469			制定中
289	56	信息技术　传感器网络　第 808 部分：测试：低速率无线传感器网络网络层和应用支持子层安全	20153385-T-469			制定中
290	57	信息技术　传感器网络　第 805 部分：测试：传感器网关测试规范	20153383-T-469			制定中
291	58	信息技术　传感器网络　第 809 部分：测试：基于 IP 的无线传感器网络网络层协议	20173831-T-469			制定中
292	59	信息技术　工业传感网设备点检管理系统总体架构	20153388-T-469			制定中
293	60	信息技术　面向需求侧变电站应用的传感器网络系统总体技术要求	20153389-T-469			制定中

续表

总序号	分序号	标准名称	标准号/计划号	对应国际标准号	所属的国际标准组织	状态
294	61	物联网　数据质量	20150046 - T -469			制定中
295	62	物联网　感知对象信息融合模型	20150049 - T -469			制定中
296	63	物联网　感知控制设备接入　第1部分:总体要求	20171073 - T -469			制定中
297	64	信息技术　系统间远程通信和信息交换　低功耗广域网媒体访问控制层和物理层规范	20171088 - T -469			制定中
298	65	信息技术　系统间远程通信和信息交换　高可靠低成本设备间媒体访问控制和物理层规范	20171074 - T -469			制定中
299	66	工业通信网络　网络和系统安全　工业自动化和控制系统信息安全技术	20170374 - T -604	IEC　62443 -3-1	IEC　TC65	制定中
300	67	工业通信网络　行规　第3-8部分:CC-LINK系列功能安全通信行规	20173703 - Z -604	IEC　61784 -3-8		制定中

第八章 “互联网+金融”政策

自2017年以来,国内金融行业整体监管特点表现为“重整治、强监管”。中国共产党第十九次全国代表大会(以下简称党的十九大)报告指出,要深化金融体制改革,增加金融服务实体经济能力,健全金融监管体系,守住不发生系统性金融风险的底线。7月召开的全国金融工作会议指出,金融工作要强化监管,提高防范化解金融风险能力。以强化金融监管为重点,以防范系统性金融风险为底线。年底召开的中央经济工作会议强调,打好防范化解重大风险攻坚战,重点是防控金融风险,促进形成金融和实体经济、金融和房地产、金融体系内部的良性循环,做好重点领域风险防范和处置,坚决打击违法违规金融活动,加强薄弱环节监管制度建设。

在顶层设计方面,为加强金融监管协调,全国金融工作会议决定成立国务院金融稳定发展委员会,管理协调“一行三会”的工作,负责金融稳定协调,制订金融发展规划,维护国家金融稳定。2018年的《国务院机构改革方案》中提出,组建“中国银行保险监督管理委员会”,不再保留“银监会”和“保监会”,并将二者职责整合,拟定银行业、保险业重要法律法规草案和审慎监管基本制度的职责划归中国人民银行。未来,我国金融业监管将形成“一委一行两会”的基本格局,实现强化金融监管与促进金融业发展职能分离,业务规制与监管措施执行分离,功能监管和行为监管将得以落实,监管的穿透性和有效性将持续提升。

在国际层面,金融科技强调技术创新对金融业务的辅助、支持和优化作用,代表着一种金融与科技的全方位融合趋势。按照巴塞尔银行监管委员会的分类,金融科技主要分为支付结算、存贷款与资本筹集、投资管理、市场设施四类,具体业态主要包括网络支付、网络借贷、智能投顾、区块链技术在金融领域应用等。金融科技存在跨界化、去中心化等特点,可能产生跨监管领域、高度复杂的金融产品,冲击现有的监管制度及体系,金融科技监管面临重要挑战。2017年以来,各国政府、金融监管部门以及国际组织等主体,高度重视金融科技领域的监管问题,密切跟踪研究金融科技创新行为,倡导监管科技(RegTech)理念,强化监管科技的发展和应用。

一、国内金融科技监管概况

2017年,互联网金融专项整治工作延期一年。按照《互联网金融风险专项整治实施方案》的要求,各监管部门不断完善各项金融科技监管制度,同时,加大了金融执法检查力度,对一批涉及互联网金融领域的违法案件给予重罚,起到了震慑违法、净化市场的效果。

(一)网络借贷行业监管细则落地 "现金贷"业务纳入整治范畴

2016年8月24日,《网络借贷信息中介机构业务活动管理暂行办法》出台,在厘清网贷行业监管及业务规则的基础上,明确了行业可持续发展方向,为网贷行业规范发展和审慎监管奠定了制度基础。2016年年底至2017年,原中国银行业监督管理委员会(2018年国务院机构改革后为中国银行保险监督管理委员会)相继发布了《网络借贷信息中介机构备案登记管理指引》(以下简称《备案指引》)、《网络借贷资金存管业务指引》(以下简称《存管指引》)和《网络借贷信息中介机构业务活动信息披露指引》(以下简称《信息披露指引》),网贷行业的"1+3"(一个办法加三个指引)监管框架体系基本形成。①

《备案指引》明确了网贷平台办理备案的流程,并且将备案作为办理增值电信业务许可证和银行资金存管前置条件,备案工作由地方金融监管部门负责办理,《备案指引》也规定由各地金融监管部门出台落地细则。自《备案指引》以来,厦门、广东率先出台备案办法,上海、深圳、北京等地公布了征求意见

---

① 参见《信息披露指引出台 网贷行业"1+3"制度体系完成》,载http://www.cbrc.gov.cn/chinese/home/docView/DEAF23AEBF564ABEB8479FEA4E25F185.html,2018年4月3日最后访问。

稿。其中,多个地方提出银行存管属地化要求,例如上海率先提出“选择在本市设有经营实体且符合相关条件的商业银行进行客户资金存管”,深圳则将这一要求进一步细化,而北京并未要求监管银行属地化。由于网贷平台的备案是由地方金融服务(工作)办公室去操作,因此各地的管理办法肯会有差异,而且不同的地方,地方管理水平肯定也会有所区别。鉴于此,中国互联网金融协会曾公开表示,希望各地统一网络借贷企业备案标准,避免出现“监管套利”的情形。

《存管指引》中提出商业银行提供的资金存管业务,应“实现客户资金与网络借贷信息中介机构自有资金的分账管理”,但《存管指引》并未要求商业银行建立“小账户”模式,而是规定网络借贷资金存管专用账户,是指网络借贷中介机构在存管银行处开立的资金存管汇总账户,并未要求投资人可以从存管银行直接查询账户余额。中国互联网金融协会《互联网金融个体网络借贷资金存管系统规范》和《互联网金融个体网络借贷资金存管业务规范》则规定存管银行应当采取小账户模式,在存管账户下为每位投资人设立子账户,进一步防范资金被挪用的风险。

《信息披露指引》规定网络借贷信息中介机构及其分支机构,应当通过其官方网站以及其他互联网渠道向社会公众公示网络借贷信息中介机构基本信息、运营信息、项目信息、重大风险信息、消费者咨询投诉渠道等相关信息。从维护消费者合法权益的角度出发,《信息披露指引》明确了信息披露的基本概念和原则;规定了应当被披露的信息内容,包括网络借贷信息中介机构基本信息、运营信息、项目信息、重大风险信息、消费者咨询投诉渠道信息等网贷业务活动的全过程应当披露的信息。同时,《信息披露指引》配套了说明,对披露的口径、披露标准予以规范,重点对概念模糊、争议较大的披露信息逐一进行解释,有利于避免信息披露过程中因披露主体的标准不一致,而导致的披露对象对信息披露内容的混淆和误解。[①]

2017 年 12 月,互联网金融风险专项整治工作领导小组办公室先后下发了

① 参见《信息披露指引出台 网贷行业“1+3”制度体系完成》,载 http://www.cbrc.gov.cn/chinese/home/docView/DEAF23AEBF564ABEB8479FEA4E25F185.html,2018 年 4 月 3 日最后访问。

《关于开展“现金贷”业务活动清理整顿工作的通知》《关于规范整顿“现金贷”业务的通知》《关于印发小额贷款公司网络小额贷款业务风险专项整治实施方案的通知》,“现金贷”业务由此被纳入互联网金融专项整治范畴。

“现金贷”业务在近两年内爆发式增长,部分“校园贷”机构、P2P企业在业务受限的情况下,也纷纷转投“现金贷”行业,一时间互联网小额贷款牌照“洛阳纸贵”,部分地市级甚至县级金融服务(工作)办公室也批复小额贷款公司可以从事跨地域的网络小额贷款业务。“现金贷”业务虽然在满足消费信贷需求方面发挥了一定作用,但是以“四无”(无抵押、无场景依托、无指定用途、无客户群体限定)为特征的业务模式,伴随着过度借贷、暴力催收、畸高利率等等问题,导致了多起恶性案件发生,社会影响极为恶劣。

《关于规范整顿“现金贷”业务的通知》指出,“各类机构以利率和各种费用形式对借款人收取的综合资金成本,应符合最高人民法院关于民间借贷利率的规定,禁止发放或撮合违反法律有关利率规定的贷款”。“现金贷”行业从业者应采取有效措施防范借款人“以贷养贷”“多头借贷”等行为。此外,“各类机构应坚持审慎经营原则,全面考虑信用记录缺失、多头借款、欺诈等因素对贷款质量可能造成的影响,加强风险内控,谨慎使用‘数据驱动’的风控模型,不得以各种方式隐匿不良资产”。针对暴力催收问题,明确提出“各类机构或委托第三方机构不得通过暴力、恐吓、侮辱、诽谤、骚扰等方式催收贷款”。明确提出“禁止通过互联网平台或地方各类交易场所销售、转让及变相转让现金贷公司的信贷资产;禁止通过网络借贷信息中心机构融入资金”。此外,银监会“禁止消费金融公司通过P2P网络借贷撮合等任何方式为无放贷业务资质的机构提供资金发放贷款,以信贷资产转让、资产证券化的名义融入的资金应与表内融资合并计算;禁止消费金融公司通过签订三方协议等方式与无放贷业务资质机构共同出资发放贷款;禁止消费金融公司将授信审查、风险控制等核心业务外包;禁止消费金融公司接受无担保资质的第三方机构提供增信服务以及兜底承诺等变相增信服务;督促消费金融公司立即采取有效措施要求并保证第三方合作机构不得向借款人收取息费;禁止消费公金融公司发放无指定用途贷款”。

《小额贷款公司网络小额贷款业务风险专项整治实施方案》明确突出排查和整治11个重点领域,包括严格管理审批权限、重新审查网络小额贷款经营资质、股权管理、表内融资、资产证券化等融资、综合实际利率、贷款管理和催收行为、贷款范围、业务合作、信息安全、非法经营。目前网络小额贷款牌照已经暂停发放,通过ABS融资模式(Asset Backed Securitization)将网络小额贷款业务出表的方式也处于停滞阶段。对于“现金贷”业务的专项整治体现了2017年来金融监管部门防范风险的大方针,对于金融风险隐患“打早打小”,防止存在不受金融监管约束的金融业务演变成“灰犀牛”,进而形成系统性风险。

2018年8月,P2P网络借贷专项整治工作领导小组办公室下发《关于开展P2P网络借贷机构合规检查工作的通知》主要阐述了网贷合规检查工作(通常所称的“验收”)的总体要求、主要内容和具体方式。重点内容包括:维持备案制不变;执行统一的标准;全面检查;检查的重点维持不变,与“一个办法+三个指引”规定的P2P平台的业务红线保持一致;增加了行业协会的自律检查。

(二)加强支付业务监管,规范条码支付业务,支付市场双向开放政策落地

《非银行支付机构风险专项整治工作实施方案》指出,“按照安全与效率兼顾、鼓励创新与规范发展相结合、监管与服务并重、监管标准一致性的原则,规范非银行支付机构经营模式,清理整治无证机构,遏制市场乱象,优化市场环境,促进支付机构坚持服务电子商务为社会提供小额、快捷、便民小微支付服务的宗旨,坚持支付中介的性质和职能”。[①] 2017年,监管部门针对备付金管理、支付机构多头连接问题,以及无证经营支付业务等进行重点规范。

1. 备付金管理专项整治工作

支付机构收取的客户备付金是支付机构收到的预收待付货币资金,根据《非金融机构支付服务管理办法》《支付机构客户备付金存管办法》的规定,备

---

① 参见《多部门关于印发〈非银行支付机构风险专项整治工作实施方案〉的通知》,载中华人民共和国中央人民政府网:http://www.gov.cn/xinwen/2016-10/13/content_5118605.htm,2018年3月15日最后访问。

付金不属于支付机构的自有财产。保护客户备付金的安全,不被支付机构挪用,是维护金融消费者合法权益,防范支付行业风险的底线。2015~2016年,人民银行曾注销了广东益民旅游休闲服务有限公司、浙江易士企业管理服务有限公司、上海畅购企业服务有限公司3家严重违规的支付机构的《支付业务许可证》,同时在对支付机构检查中发现,西安银信商通电子支付有限公司、安易联融电子商务有限公司、湖南星广传媒有限公司、广西支付通商务服务有限公司存在挪用、占用备付金备行为,资金缺口总计超过1.35亿元。此外,还存在支付机构将客户备付金以自身名义在多家银行开立账户分散存放的现象。据人民银行统计,平均每家支付机构开立客户备付金账户13个,最多开立账户达70个。[①] 将客户备付金分散存放,既不利于存管银行及监督机构的备付金的监测,也为支付机构挪用备付金提供了有效土壤。为解决备付金资金安全问题,人民银行在《非银行支付机构风险专项整治工作实施方案》提出,建立备付金集中存管制度,即将支付机构的备付金集中统一缴存到一个人民银行或商务银行专用账户中,以加强对备付金安全管理,同时取消备付金存款利息,改变支付机构"吃息差"的业务模式,引导支付机构回归支付中介业务方向。

中国人民银行办公厅发布的《关于实施支付机构客户备付金集中存管有关事项的通知》规定"自2017年4月17日起,支付机构客户备付金应以一定比例按季度交存至指定机构专项存款账户,该账户资金暂不计付利息"。交存比例根据评级结果和业务模式确定比例为10%~24%不等,集中存管的指定机构,目前为中国人民银行。2017年12月29日,中国人民银行办公厅发布了《关于调整支付机构客户备付金集中缴存比例的通知》,将自2018年2月至4月,按照每月10%逐月提高集中缴存比例,至2018年4月备付金缴存比例将达40%~54%。

2018年5月,中国人民银行支付结算司下发《关于通过支付机构备付金

① 参见《中国人民银行有关负责人就非银行支付机构客户备付金集中存管有关问题答记者问》,载中国人民银行网:http://www.pbc.gov.cn/goutongjiaoliu/113456/113469/3234880/index.html,2018年3月15日最后访问。

集中存管账户试点开办资金结算业务的通知》,要点包括:(1)试点机构通过网联或银联转接支付业务的资金结算,全部通过备付金集中存管账户完成;(2)试点机构应确保备付金集中存管账户每日日终余额不低于中国人民银行核定的交存金额;(3)首批试点机构24家。

2018年6月,中国人民银行办公厅下发《关于支付机构客户备付金全部集中交存有关事宜的通知》,要点包括:(1)自2018年7月9日起,按月逐步提高支付机构客户备付金集中交存比例,到2019年1月14日实现100%集中交存;(2)除跨境人民币备付金账户、基金销售结算专用账户、预付卡备付金账户、外汇备付金账户四类账户可在商业银行开立之外,其他备付金存管账户只能通过中国人民银行开立,支付机构需在2019年1月16日前注销在商业银行的其余备付金账户。

2.跨机构清算业务专项整治

此前,部分支付机构跨机构清算业务采用多头开立账户,以“本代本”方式违规变相从事清算业务。《非银行支付机构风险专项整治工作实施方案》规定了非银行支付机构从事跨行支付业务的基本监管要求,明确提出“支付机构开展跨行支付业务必须通过人民银行跨行清算系统或者具有合法资质的清算机构进行,实现资金清算的透明化、集中化运作,加强对社会资金流向的实时监测”。在中国人民银行指导下,中国支付清算协会组织会员单位,积极筹建“非银行支付机构网络支付清算平台”及经营实体。2017年8月29日“网联清算有限公司”正式设立。

中国人民银行规定,网联清算平台上线后,支付机构与银行直连开展跨行支付业务应于2018年6月30日前,全部迁移到网联平台处理。在支付机构与银行“直接”模式终结的同时,客户备付金集中存管制度也可以进一步得以落地。以“共建、共有、共享”为建设理念的网联平台,将通过统一标准、统一规则、统一监管,为非银行支付机构的网络支付业务提供转接清算服务,支付机构与银行多头连接从而变相从事清算业务的局面将彻底改变。对于非银行支付行业整体而言,理顺后端清算市场秩序和规则,将进一步促进前端交易信息透明度提升,优化市场竞争环境,确保用户资金安全,有助于我国非银行支付市场持续健康发展。而网联平台所带来的支付机构与银行合作模式的变化,未来将持续促进支付机构回归支付业务的本源,通过产品和服务体验提升,通过赋能多元化应用场景,为用户提供更为多样化的支付增值服务。

3. 对无证支付机构加大清理整顿力度,规范支付创新行为

2017 年 11 月 13 日,中国人民银行办公厅下发了《关于进一步加强无证经营支付业务整治工作的通知》(以下简称 217 号文)和《关于规范支付创新业务的通知》(以下简称 281 号文),进一步加大对无证支付机构的整治和处罚力度,规范支付机构创新行为。

对于无证支付机构,由于人民银行缺乏有效的惩治手段,无证支付特别是“二清机构”一直处于“打而不死,死而不僵”的状态。217 号文通过“以有证查无证”方式,全面检查持证机构违规为无证机构提供支付清算服务的行为,对于这类持证主体干扰支付市场秩序的行为给予整治和惩处,旨在切断无证机构的支付渠道,从根源上净化支付服务市场环境。

217 号文明确规定了持证机构的范围,包括银行业金融机构、非银行支付机构、中国银联、农信银资金清算中心、各地代收付中心等。在机构自查内容方面,涉及特约商户管理、受理终端与接口管理、备付金管理、账户开立与使用、外包管理、代收付业务管理等。

281 号文进一步规范支付创新业务,强调了重大创新业务需要提前 30 天备案,并加强了对收单业务受理终端、小微商户、代收业务、支付通道的管理。对支付行业中存在个别支付机构通过排他协议的方式限制支付工具的做法,明确提出了支付机构不得滥用本机构及关联企业的市场优势地位,排除、限制支付服务竞争,优化市场环境。

4. 规范条码支付业务,明确资质要求和支付限额

2017 年 12 月 27 日,中国人民银行颁布《条码支付业务规范(试行)》,条码支付业务终于结束了多年来的“裸奔”状态。条码支付业务起于 2014 年,当时中国人民银行认为该项业务存在较大风险隐患,叫停了市场机构的线下条码业务,但实际操作中条码支付业务并未暂停,并出现了爆发式增长。随着令牌化技术的完善,条码支付安全标准得以提升,以及条码支付业务有利于便民

支付,可以成为银行卡收单业务的有效补充,监管当局最终肯定了条码支付业务模式,并出台政策加以规范。

《条码支付业务规范(试行)》明确支付机构向客户提供基于条码支付的付款服务时,应取得网络支付业务许可;支付机构为实体特约商户和网络特约商户提供条码支付收单服务的,应当分别取得银行卡收单业务许可和网络支付业务许可。对于不同的风险防范能力等级设定了不同的交易限额。(见表8-1)

表 8-1 条码支付业务交易限额

风险防范能力	交易验证方式	日累计交易限额(银行:单一账户)	日累计交易限额(支付机构:所有支付账户或快捷支付)
A	包括数字证书或电子签名在内的两类(含)以上有效要素	自主约定	自主约定
B	不包括数字证书、电子签名在内的两类(含)以上有效要素	5000 元	5000 元
C	不足两类要素对交易进行验证的	1000 元	1000 元
D	静态码	500 元	500 元

5. 明确外资进入支付市场的相关条件和政策

支付行业是我国金融业双向开放的重要领域,是适应我国开放型经济的必然趋势。为贯彻落实党的十九大精神和第五次全国金融工作会议精神,进一步深化金融改革,扩大金融对外开放,经国务院批准,2018 年 3 月,中国人民银行印发《中国人民银行公告〔2018〕第 7 号》,进一步明确外商投资支付机构的准入条件和监管政策,支付行业双向开放迈出了重要一步。

放开外商投资支付机构准入限制遵循鼓励公平竞争、促进市场开放,防范风险、保障信息安全,合理引导、坚持规范发展的基本原则。在准入条件方面,境外机构拟为我国境内主体的境内和跨境交易提供电子支付服务,应满足主体、业务设施、信息存储、资本实力、反洗钱等方面的规定,包括在我国境内设立外商投资企业,拥有符合要求的业务处理系统和灾备系统,在境内收集和产生的个人信息和金融信息在境内存储,并根据《非金融机构支付服务管理办法》相关规定取得支付牌照。在具体运营方面,境外机构享受"国民待遇",在公司治理、日常运营、风险管理、资金处理、备付金交存方面满足中国人民银行相关监管要求。

(三)ICO 被认定违规,代币发行融资被全面禁止

2017 年 9 月 4 日,中国人民银行等 7 部委联合发布了《关于防范代币发行融资风险的公告》,认为国内通过发行代币形式包括首次代币发行(Initial Coin Offering,ICO)进行融资的活动大量涌现,投机炒作盛行,涉嫌从事非法金融活动,严重扰乱了经济金融秩序。公告认定,代币发行融资,即融资主体通过代币的违规发售、流通,向投资者筹集比特币、以太币等所谓"虚拟货币",本质上是一种未经批准非法公开融资的行为,涉嫌非法发售代币票券、非法发行证券以及非法集资、金融诈骗、传销等违法犯罪活动。公告规定,任何组织和个人不得非法从事代币发行融资活动,任何所谓的代币融资交易平台不得从事法定货币与代币、"虚拟货币"相互之间的兑换业务,金融机构和非银行支付机构不得直接或间接为代币发行融资和"虚拟货币"提供账户开立、登记、交易、清算、结算等产品或服务。① 我国各代币交易所在禁令出台后,转入国外运营,在比特币交易中以人民币作为交易资金的比例大幅降低。

在我国现行法律框架下,ICO 融资模式涉嫌构成非法集资的法律红线,很多 ICO 项目以区块链技术创新为幌子,实际以圈钱为根本目的。中国人民银行等部委此次从速打击非法代币融资行为,及时将金融风险消化在萌芽阶段,有效防止类似"e 租宝"案件的再次发生,切实有效维护了金融消费者合法权益,也可以进一步促使区块链回归技术本源,有效促进实体经济发展。ICO 禁令出台后陆续出现了首次分叉发行(Initial Fork Offering,IFO)、数字通证的公开发行(Initial Token Offering,ITO)、首次数字资产发行(Initial Digital Assects

① 参见《人民银行等七部门关于防范代币发行融资风险的公告》,载中华人民共和国中央人民政府网:http://www.gov.cn/xinwen/2017-09/04/content_5222657.htm,2018 年 3 月 20 日最后访问。

Offering,IDO)等方式代替 ICO,相关业务经过穿透后是否符合监管要求,值得关注。

(四)加大金融机构及互联网资产管理业务整治力度,互联网平台“引流”模式纳入整顿范围

2018 年 4 月 27 日,经国务院同意,中国人民银行、中国银行保险监督管理委员会、中国证券监督管理委员会、国家外汇管理局联合印发了《关于规范金融机构资产管理业务的指导意见》,该意见按照产品类型统一监管标准,从募集方式和投资性质两个维度对资产管理产品进行分类,分别统一投资范围、杠杆约束、信息披露等要求。坚持产品和投资者匹配原则,加强投资者适当性管理,强化金融机构的勤勉尽责和信息披露义务。明确资产管理业务不得承诺保本保收益,打破刚性兑付。严格非标准化债权类资产投资要求,禁止资金池,防范影子银行风险和流动性风险。分类统一负债和分级杠杆要求,消除多层嵌套,抑制通道业务。加强监管协调,强化宏观审慎管理和功能监管。该意见强调资产管理业务作为金融业务,属于特许经营行业,必须纳入金融监管,非金融机构不得利用互联网平台等公开宣传、分拆销售具有投资门槛的投资标的、过度强调增信措施掩盖产品风险、设立产品二级交易市场。同时该意见对通过人工智能开展资产管理业务作出了指导性规范,从前瞻性角度,区分金融机构运用人工智能技术开展投资顾问和资产管理业务两种情形,分别进行了规范:一方面,取得投资顾问资质的机构在具备相应技术条件的情况下,可以运用人工智能技术开展投资顾问业务,非金融机构不得借助智能投资顾问超范围经营或变相开展资管业务;另一方面,金融机构运用人工智能技术开展资产管理业务,不得夸大宣传或误导投资者,应当报备模型主要参数及资产配置主要逻辑,明晰交易流程,强化留痕管理,避免算法同质化,因算法模型缺陷或信息系统异常引发“羊群效应”时,应当强制人工介入。

在此之前,互联网金融风险专项整治工作领导小组办公室发布《关于加大通过互联网开展资产管理业务整治力度及开展验收的通知》(以下简称 29 号文),作为《互联网金融风险专项整治工作实施方案》的验收要求,是继“校园

贷”“现金贷”等业务整治之后的又一个重磅整顿政策。

29号文进一步体现了“穿透式”监管思路,对于通过互联网开展资产管理业务的,明确其实质仍为资产管理业务,作为金融业务的组成部分,属于特许经营行业,必须纳入监管。在主体资质方面,29号文强调通过互联网发行、销售资产管理产品的,必须取得中央管理部门颁发的资产管理业务牌照或资产管理产品代销牌照,牌照颁发主体不包括地方政府或地方金融服务(工作)办公室的准入许可。在业务类型方面,明确未经许可的包括“定向委托投资”“收益权转让”等此前存在较大争议的互联网资产管理模式,属于非法金融活动,可能构成非法集资、非法吸收公众存款、非法发行证券等。在业务处置方面,29号文规定立即停止未经许可的互联网发行销售资产管理产品的行为,存量业务于2018年6月底之前清零,到期未清零的,明确为从事非法金融活动,纳入取缔类进行处置,包括注销电信经营许可、封禁网站、下架应用程序、吊销工商营业执照等措施。此外,29号文明确互联网平台不得为各类交易场所代销资产管理产品,并明确叫停以“引流”等方式变相提供代销服务的模式,全面禁止了地方黄金交易场所主动管理性质的资产管理计划,同时也堵住了互联网平台与黄金交易场所、股权交易场所的销售合作模式。

(五)规范货币基金互联网销售、赎回业务

2018年5月,中国证券监督管理委员会与中国人民银行联合发布《关于进一步规范货币市场基金互联网销售、赎回相关服务的指导意见》,明确:(1)货币市场基金互联网销售过程中,应当严格落实“三强化、六严禁”的原则要求,强调持牌经营。(2)对“T+0赎回提现”实施限额管理,每人每天单只货币基金在单一基金销售机构“T+0赎回提现”不超过1万元。(3)除取得基金销售业务资格的商业银行外,禁止其他机构或个人以任何方式为“T+0赎回提现”业务提供垫支。(4)规范基金管理人和基金销售机构“T+0赎回提现”业务的宣传推介和信息披露活动,加强风险揭示,严禁误导投资者。(5)要求非银行支付机构不得提供以货币市场基金份额直接进行支付的增值服务,不得从事或变相从事货币市场基金销售业务,不得为“T+0赎回提现”业务提供

垫支等。

(六)规范互联网黄金业务

2018年12月,中国人民银行正式下发《金融机构互联网黄金业务管理暂行办法》,明确黄金产品仅限金融机构、国务院和金融监管部门批准成立的黄金交易场所向市场提供其他任何机构或个人不得向市场提供黄金产品。金融机构互联网黄金业务中,由金融机构提供黄金账户服务,互联网机构不得提供任何形式的黄金账户服务。互联网机构只能进行代销服务,且需满足最低3000万元实缴货币资本。此外,该办法还规定“金融机构互联网黄金业务实行投资者风险自担原则。对黄金资产管理业务,金融机构及代理销售的互联网机构不得承诺保本保收益,不得以任何形式刚性兑付”。该办法本质上可看作是互联网资管新规在黄金理财领域的延伸。

(七)进一步加强非金融企业投资金融机构的监督管理

2018年4月27日,中国人民银行、中国银行保险监督管理委员会、中国证券监督管理委员会联合发布《关于加强非金融企业投资金融机构监管的指导意见》《关于规范金融机构资产管理业务人指导意见》对非金融企业包括互联网企业投资金融机构作出规范,强化对非金融企业投资金融机构的监管,有效防范风险传递,促进非金融企业与金融机构良性互动发展;要求非金融企业依法依规投资金融机构,立足主业,审慎经营,隔离风险,避免盲目扩张和脱实向虚;支持扎根于为实体经济服务的金融创新,鼓励非金融企业和金融机构通过真实合规的财务投资行为受益。其中对于控股金融企业的非金融机构要求“资本实力雄厚,具有持续出资能力。原则上需符合最近3个会计年度连续盈利、年终分配后净资产达到全部资产的40%、权益性投资余额不超过本企业净资产的40%等相关行业监管要求”。互联网企业在一定程度上因连续盈利及资产比例不符合要求,未来可能将不能控股金融机构。同时要求“企业成为金融机构控股股东的,应当建立健全实业板块与金融板块的法人、资金、财务、交易、信息、人员等相互隔离的防火墙制度。有效规范企业与金融机构之间的业务往来、共同营销、信息共享,以及共用营业设施、营业场所和操作系统等行为”。互联网企业控股金融机构,并利用自身互联网平台开展金融业务的,应当对于营销、共享信息及平台予以规范。

(八)明确互联网金融机构反洗钱反恐怖融资监管要求

2018年10月,中国人民银行、中国银行保险监督管理委员会、中国证券监管管理委员会联合发布《互联网金融从业机构反洗钱和反恐怖融资管理办法(试行)》,规范互联网金融从业机构反洗钱和反恐怖融资工作,切实预防洗钱和恐怖融资活动。要点包括:(1)主体范围,互联网金融机构包括但不限于网络支付、网络借贷、网络借贷信息中介、股权众筹融资、互联网基金销售、互联网保险、互联网信托和互联网消费金融等。(2)在基本义务方面,一是建立健全反洗钱和反恐怖融资内部控制机制;二是有效进行客户身份识别;三是提交大额和可疑交易报告;四是开展涉恐名单监控;五是保存客户身份资料和交易记录。(3)大额交易报告制度,规定客户当日单笔或者累计交易人民币5万元以上(含5万元)、外币等值1万美元以上(含1万美元)的现金收支,金融机构、非银行支付机构以外的从业机构应当在交易发生后的5个工作日内提交大额交易报告。

(九)对金融违法违规行为加大处罚力度,净化市场环境

2017年被金融业称为“史上最严”监管年,大额罚单不断开出。全年行政处罚超2700件,罚没金额超80亿元。[①] 其中,针对“侨兴债”事件,[②]银监会开出了历史上最重的罚单之一,对广发银行总行、惠州分行及其他分支机构的违

① 参见《2017“史上最严”金融监管年:行政处罚超1700件》,载新浪新网中心:https://news.sina.cn/gn/2017-12-14/detail-ifypsvkp3068323.d.html? vt=4&pos=8&wm=2272_7071,2018年3月20日最后访问。

② 2014~2015年,蚂蚁金服招财宝平台上销售的惠州侨兴电讯工业有限公司和惠州侨兴电信工业有限公司私募债,浙商财险提供了履约保证保险。2016年12月,侨兴方面到期无法兑付债务,构成违约。招财宝上的投资者对外曝出此事,引起业内外的震惊,原中国银行监督管理委员会通报了“侨兴债”处罚结果,称这是一起银行内部员工与外部不法分子相互勾结、跨机构跨行业跨市场的重大案件。

法违规行为罚没合计7.22亿元,原中国保险监督管理委员会对浙商保险顶格处罚,处以罚款合计200万元。据不完全统计,中国人民银行及其分支机构2017年全年对支付机构处罚超过90笔,累积处罚金额超过2000万元。对违规严重的乐富支付的支付业务许可证拒绝续展,责令其退出市场。截至2018年4月底,支付业务许可证从最多时期的271张,缩减至243张。①

进入2018年,监管机构对于金融违法违规乱象仍然持续保持高压态势。2018年年初,人民银行公布了对民生银行厦门分行(新兴支付清算中心)、平安银行违规开展支付清算业务的处罚结果。② 两家银行存在不同程度的通过直连支付机构的方式变相从事特许经营的清算业务等违法违规行为,违反了清算管理、人民币银行结算账户管理、非金融机构支付服务管理等相关规定,根据相关法律规章,中国人民银行对两家机构合计处罚金额分别达1.63亿元、1334.4万元。据不完全统计,2018年全年,中国人民银行总行及分支机构对非银行支付机构全年处罚超过150次,处罚金额超过2.1亿元。其中对卡友、银盛、智付、联动优势、国付宝、杉德的处罚金额均为千万量级。

二、金融科技监管的国际经验

在国际层面,金融科技强调技术创新对金融业务的辅助、支持和优化作用,代表着一种金融与科技的全方位融合趋势。按照巴塞尔银行监管委员会的分类,金融科技主要分为支付结算、存贷款与资本筹集、投资管理、市场设施四类,具体业态主要包括网络支付、网络借贷、智能投顾、区块链技术在金融领域应用等。金融科技存在跨界化、去中心化等特点,可能产生跨监管领域、高度复杂的金融产品,冲击现有的监管制度及体系,金融科技监管面临重要挑战。各国政府、金融监管部门以及国际组织等主体,高度重视金融科技领域的

---

① See http://www.pbc.gov.cn/zhengwugongkai/127924/128041/2951606/1923625/1923629/index.html,July 20,2018.

② See http://www.pbc.gov.cn/goutongjiaoliu/113456/113469/3500023/index.html, July 20,2018.

监管问题,密切跟踪研究金融科技创新行为,倡导监管科技(RegTech)理念,强化监管科技的发展和应用。

(一)部分国家和地区金融科技监管举措

2017年前后,美国、英国、新加坡等国家和中国香港等地区,在虚拟货币、区块链与分布式账本技术(Distributed Ledger Technology,DLT)、智能投顾等金融科技领域出台了监管规则。与此同时,各国不断加强对金融科技细分业态的研究与监测。

从政府层面,美国、英国、欧盟先后发布金融科技行业发展框架或战略。

2017年年初,美国白宫国家经济委员会发布《金融科技框架》白皮书,明确六项政策目标:培育积极的金融服务创新创业;推动安全、可负担、公平的资本获得渠道;强化美国国内外普惠金融发展;应对金融稳定风险;推动形成21世纪新型金融监管框架;维护国家竞争力。白皮书还提出涵盖消费者保护、技术标准、提升透明度、网络安全和隐私保护、提升金融基础设施效率等领域的十项原则。2017年4月,英国财政部(UK Treasury)发布涉及金融科技领域的《监管创新计划》,提出英国金融行为监管局(Financial Conduct Authority,FCA)、支付系统监管局(Payment Systems Regulator,PSR)、审慎监管局(Prudential Regulation Authority,PRA)、英格兰银行(Bank of England,BoE)现阶段和未来的工作内容,探讨金融监管机构如何适应并鼓励创新商业模式的发展,如何利用创新技术降低新兴金融科技企业的监管合规成本等问题。

2018年3月,英国财政部发布《金融科技行业战略》,回顾了2010年以来英国政府采取的支持金融科技发展的具体措施,并根据2017年政府进行的《英国金融科技普查》结果,列举了金融科技企业目前所面临的挑战以及政府将采取的措施,核心包括通过监管科技的发展降低企业合规成本;确保市场主体获得金融科技方面的知识和技能,成立政府与企业合作项目"Connect with Work"匹配劳动者和金融科技企业需求;通过平台或数据分享,提升金融科技服务供给能力和覆盖水平;探索建立金融科技行业标准,确保初创企业和大型金融机构能够建立顺畅合作关系;与澳大利亚签署《金融科技桥梁协议》,拓展英国金融科技企业海外业务布局。此外,《金融科技行业战略》指出英国金融科技发展的潜在机遇,包括通过政府支持组织“Tech City UK”建立全国性的金融科技项目,确保金融科技发展的普惠性,并对新兴技术所产生的影响加大研究,包括成立一个由财政部、英格兰银行、金融行为监管局共同组成的“加密资产工作组”,进一步对相关风险和效益进行评估。

2018 年 3 月,欧盟委员会发布《金融科技行动计划》,主要涵盖三大具体方向:一是实现创新业务模式在欧洲范围内的普及,包括通过明确、一致的牌照资质要求,促进创新业务模式在欧洲市场规模的提升;通过标准化、互联互通建设,促进市场主体之间的竞争与合作;通过“金融科技促进器”机制(包括监管沙盒、创新中心等模式),促进欧洲市场金融科技创新的涌现。二是支持技术创新在金融领域的应用,包括对现有规则的适当性进行审查,确保为技术应用提供必要保障;移除云计算服务应用过程中的障碍;推动欧盟区块链技术在金融科技领域的应用;建立欧盟金融科技实验室(EU FinTech Lab),强化监管机构在金融科技方面的知识和能力;通过技术创新支持零售投资产品在单一市场中的分销。三是采取系列措施,提升欧洲金融市场的安全性和完整性。

在金融监管机构层面,美国证监会(U. S. Securities and Exchange Commissobn,SEC)针对智能投顾发布指引,①明确智能投顾服务平台作为注册投资咨询机构,同等适用 1940 年《投资顾问法案》及其他实质性要求的约束,并围绕投资者适当性、信息披露内容和形式、内部合规程序等领域提出部分合规建议。

2017 年,针对数字代币和 ICO 行为,美国证监会发布去中心化的组织(Decentralized Autonomous Organization)调查报告 ,认定去中心化的组织(Decentralized Autonomous Organization)提供和出售的代币属于有价证券,应受“联邦证券法”调整,对代币是否是证券的认定,应从交易的经济属性加以判断。新加坡金融监管局(Monetary Authority of Singapore,MAS)发布《关于在新加坡发售数字代币的监管立场》,明确提出,如果数字代币构成《证券及期货法案》(Securities and Futures Act,SFA)第 289 章第所规定的产品,则在新加坡发行与

① US Securities and Exchange Commission,IM Guidance Update on Robo-Advisers[R]. 2017.

销售的数字代币应受到新加坡金管局监管。如果数字代币符合 SFA 中对于证券的定义,除非获得豁免,否则代币发行机构必须在发行之前,向 MAS 提交招股说明书。除非获得豁免,此类代币的发行和中介机构,还应根据 SFA 和《金融顾问法案》的相关要求,取得牌照,并同等适用反洗钱和反恐怖融资领域的相关规定。此外,为此类代币提供二级交易服务的平台,应根据 SFA 相关规定,经 MAS 批准,作为授权交易所或市场经营机构开展业务活动。香港证券及期货事务监察委员会发表有关首次代币发行(ICO)的声明 ,阐明根据个别 ICO 的事实和情况,所发售或销售的数码代币可能属于《证券及期货条例》所界定的"证券",并因此受到"香港证券法例"的规管。虽然在一般 ICO 中发售的数码代币通常被认为具有"虚拟商品"的特点,但某些 ICO 的条款及特点,可能意味着有关数码代币属于"证券"。如 ICO 所涉数码代币符合"证券"定义,需接受香港证监会监管,并取得证券业相关牌照后,方可开展业务。日本《支付服务修正法案》正式生效,增加了"虚拟货币"章节,引入虚拟货币交易机构的强制登记注册制度,明确包括虚拟货币买卖以及与其他虚拟货币交换、提供媒介、经销及代理、管理交易者资金和虚拟货币的行为应纳入监管的核心业务范围,对交易机构提出明确的行为规范,强化交易机构信息与风险提示义务等。同时,虚拟货币交易机构还应履行新修订的《防止犯罪收益转移法案》中规定的反洗钱相关义务。

2018 年 11 月,新加坡颁布"支付服务法案"(Payment Service Bill,PSB),进一步整合精简《支付系统(监督)法案》[PS(O)A]和《货币兑换及转账服务法案》(MCRBA)的相关规定,扩展支付业务监管范围,并根据支付活动引发的风险优化法律法规。PSB 的核心包含两大平行的监管框架,一是零售支付业务牌照制度,二是支付系统的指定(designation)制度。PSB 规定在新加坡境内开展账户发行、国内转账、跨境转账、商户收单、电子货币发行、虚拟货币及货币兑换七类支付业务必须取得支付牌照,并确立了以风险为基础的监管方式(a risk-based approach),针对不同类型的支付活动可能产生的洗钱和恐怖融资、用户保护、互联互通性、技术四类风险,明确支付服务机构应采取的风控措施和相关权利义务。在支付系统管理方面,PSB 保留了 PS(O)A 规定的支付系统指定制度,由 MAS 负责指定并监管新加坡境内被指定支付系统(Designated Payment Systems)。

印度尼西亚央行于 2018 年 5 月颁布新版“电子货币监管法规”,共包含一般规定、原则及范围、牌照及审批、电子货币管理、机构合并及分立、报告及监督、罚则等 10 章 92 个条款。在电子货币定义上,该法规将电子货币界定为符合以下三个特征的支付工具:(1)基于用户事先存储在发行机构的资金所发行;(2)资金通过电子方式存储在服务器或芯片上;(3)由发行机构管理电子货币金额不属于银行法规定的存款。《电子货币监管法规》建立了牌照制度,牌照有效期五年。除了持有客户资金总额不超过 10 亿卢比(约合 48 万元人民币)的闭环电子货币之外,所有电子货币运营机构必须持牌开展业务。非银行机构申请成为电子货币发行机构的,要求其实缴资本不低于 30 亿卢比(约合 144 万元人民币),在股权结构上限制外资股权比例不超过 49%,包括直接和间接持股。在业务运营方面,《电子货币监管法规》规定持牌机构应履行风险管理、信息系统安全标准、电子货币交易处理本地化、互联互通、反洗钱和反恐怖融资、客户权益保护等方面的责任和义务。同时,法规引入了电子货币限额管理制度,规定了客户资金的存放形式。最后,法规还规定了一些禁止性条款,包括禁止发行机构溢价或折价发行电子货币,禁止在电子货币业务中使用虚拟货币,禁止商户对使用电子货币收取附加费用,等等。

(二)国际组织加强金融科技影响的研究分析

1. 二十国集团(G20)

作为国际经济合作组织,二十国集团(Group 20,G20)在 2016 年 9 月的杭州峰会上,形成了普惠金融发展领域的首个国际性共同纲领——《二十国集团数字普惠金融高级原则》(以下简称《高级原则》),旨在推动各国政府采取积极行动,运用数字技术和方法,促进全球普惠金融水平提升。《高级原则》包括了倡导利用数字技术推动普惠金融发展,平衡创新与风险,构建恰当的法律和监管框架,扩展金融基础设施系统,切实保护消费者权益,提高消费者数字金融素养等八项核心原则,并提出了促进目标实现的关键行动倡议。金融科技与数字普惠金融实践存在密切联系,金融科技领域的创新,为数字普惠金融奠定了全新的技术支撑,为普惠金融的商业可持续性提供了可行的路径,是数字普惠金融发展的重要驱动力。

2017 年 3 月,国际治理创新中心(Center for Intemational Governance Initiative,CIGI)发布研究报告指出,区块链技术是建立包容性全球数字经济过程中的一项关键技术,其透明、安全、可追溯的特性,将有望在普惠金融、税收、贸易投资、就业、气候、健康等领域发挥更为积极的作用。同时,报告倡议 G20 国家遵循 2016 杭州峰会《二十国集团创新增长蓝图》中所提出的总体方针,在合作研究、监管沙盒项目、中央银行区块链联盟、跨国监管协调等领域,采取具体措施,以支持公共和私有部门的区块链创新,并建立一致的国际监管框架,以降低创新中的潜在风险,充分发掘区块链技术的经济和社会价值。

2. 金融稳定委员会(FSB)

金融稳定委员会(Financial Stability Board,FSB)成立了金融创新网络工作组,推进金融科技领域研究工作。2017 年 6 月,FSB 发布《金融科技对金融稳定的影响》报告,对金融科技可能带来的正负面影响进行了全面分析。在 FSB 的研究框架中,全面探讨了金融科技的范围、对金融稳定带来的效益和风险、监管方式、存在挑战及未来监管应注意的问题等。根据经济功能,FSB 将金融科技分为支付清算类、借贷和众筹类、保险类、投资管理类和市场支持类几大类别,并针对网络借贷、智能投顾、虚拟货币等具体业务活动,评估了潜在的效益和风险。总体来说,积极影响包括主体多元化发展提高了金融体系弹性、提升了效率和透明度以及拓宽了金融服务获取渠道等,而可能对金融稳定带来的风险则包括宏观金融风险(如信贷增长不可持续、关联度提高、顺周期、风险传染等)和微观金融风险(如信用风险、流动性风险、可操作性风险等)。由于可获得的数据有限、口径不一,评估金融科技对金融稳定带来的实际影响存在较大挑战。FSB 在报告中得出结论,现阶段金融科技创新尚未对金融稳定形成实质性风险,但是也提出了 10 个值得金融监管机构注意的问题,包括对管控第三方服务提供商风险、降低网络安全风险、监测宏观金融风险、跨境法律和监管安排、支持大数据分析的治理和披露框架、评估监管范围并及时更新和拓展跨部门沟通渠道、替代性数字货币研究等。此外，国际监管合作与协调也应进一步得到强化。

3. 支付与市场基础设施委员会(CPMI)

国际清算银行(Bank of International Settlements，BIS)支付与市场基础设施委员会(Committee on Payments and Market Infrastructures，CPMI)主要关注金融科技对支付体系等金融基础设施所带来的影响。2017年2月，CPMI发布《支付、清算与结算体系中的分布式账本技术》报告，围绕DLT技术在支付、清结算领域的发展情况，提出了一个较为全面的结构化分析框架，对于市场主体对区块链技术的应用与研究具有一定参考价值。CPMI工作组的分析框架由四个核心部分构成，一是理解DLT技术的功能和特性，包括识别DLT所能解决哪些问题、对产业链带来的影响等，以及影响DLT技术落地的因素(如市场规模和市场结构等环境因素，新旧系统之间的互联互通等技术因素，商业模式是否清晰等商业因素)；二是理解DLT技术对于支付体系效率所带来的影响，包括对交易处理速度、处理成本、对账速度和透明度、信用和流动性管理成本、智能合约带来的效率提升等；三是理解DLT技术对安全性的潜在影响，包括系统弹性、可扩展性等操作风险，法定结算最终性等结算风险，以及法律、治理、数据和隐私安全等方面的问题；四是理解DLT技术对宏观金融市场的影响，比如互联互通和标准化问题，DLT系统是否会对金融市场结构产生影响，是否会对金融业务和监管模式带来变化等。由于DLT技术目前仍处于早期发展阶段，CPMI在分析框架中也提出了未来技术演进和应用过程中，需市场参与者和监管机构共同探索解决的核心问题。

4. 巴塞尔银行业监管委员会(BCBS)

巴塞尔银行业监管委员会(Basel Committee on Banking Supervision，BCBS)成立金融科技工作组，研究金融科技对银行业务模式及银行业监管所带来的影响和挑战。2017年8月，BCBS发布《稳健实践：金融科技发展对银行及银行业监管的影响》咨询报告，以10条观察及相关建议的形式，对金融科技的含义、具体产品和服务、市场规模、应用场景进行了分析，提出金融科技对商业银行和银行体系带来的促进作用以及潜在的风险和挑战，并探讨了对于银行业监管机构和监管框架的影响。对于银行业监管机构来说,金融科技对现有监管协调机制、监管模式及监管框架都将产生一定影响,BCBS 结合文献研究、业务活动调查、产品分析和场景评估,为银行业监管提出了前瞻性建议,包括与其他有权主体的开展合作,为从事银行业务活动的各类主体建立适当、统一的监管标准;在跨境金融科技业务领域,强化银行业金融监管的国际协调;评估现有培训模式,提升监管人员在新兴技术和业务模式上的专业知识和监管能力;探索应用创新技术改进监管模式和流程,发展监管科技(SupTech);针对创新产品和业务模式所引发的新型风险,对现有监管框架的适应性进行评估,确保监管框架的适应性等。

5. 国际证监会组织(IOSCO)

国际证监会组织(International Organization of Securities Commissibns, IOSCO)在金融科技对资本市场的影响方面进行持续研究。2017 年 2 月, IOSCO 发布《金融科技调查报告》,对金融科技领域的创新业务模式和新兴技术进行了界定,分析了金融科技在全球范围内兴起的推动因素,系统梳理了替代性融资平台、零售交易和投资平台、分布式账本技术(DLT)等金融科技细分领域的发展现状,带来的机遇和挑战,并对各国家和地区的证券业监管措施和具体实践进行了总结,并提出了未来证券监管机构应重点解决的若干问题,包括网络安全风险、投资者教育、金融科技业务活动所带来的监管边界模糊、国际层面的监管协调等。

6. 国际保险监督官协会(IAIS)

国际保险监督官协会(International Association of Insurance Supervisors, IAIS)关注金融科技对保险行业及保险监管所带来的影响,并于 2017 年 2 月发布《保险行业中金融科技的发展》研究报告,分析了保险科技(Insur Tech)创新兴起的背景,对保险业技术创新及其对从业机构、业务模式等带来的影响进行了分析,总结了目前保险科技行业发展现状和应用场景,并对技术创新可能对保险行业、保险监管模式带来的影响进行了评估。IAIS 认为,随着保险科技的不断发展,保险业监管机构将面临诸多挑战,比如,对技术创新的理解和评估、对审慎监管框架的调整、对现有监管模式的改进以及跨部门合作和协调等,监管部门应对此进行战略性规划和考量。

(三)国际金融科技监管的总体发展趋势

从诞生到快速兴起,金融科技产业在技术应用和业务模式上仍处于不断调整和变化的阶段。新兴金融科技产品和服务对传统风险管理框架所带来的影响,对金融监管模式所造成的冲击,仍有待市场实践进一步检验。对金融科技发展所带来的新兴风险进行前瞻性研究分析,是各国金融监管主体和国际金融监管协调机构正在密集开展的工作。从监管政策导向上,金融科技的监管体现出以下几个趋势:

1. 实行功能和行为监管,根据金融业务的本质属性适用相应的监管规则。为避免重复立法所带来的立法资源浪费,在不大幅改变现行金融监管框架的前提下,许多国家和地区对金融科技秉承“技术中立”原则,无论采用何种创新技术提供服务,都应根据其业务实质,同等适用相应的法律法规。以智能投顾领域监管为例,国际证监会组织对各国证券业监管机构开展了调研,结果显示,市场发展相对成熟的,包括美国、英国、中国香港、日本在内的国家和地区,智能投顾业务需受到现行证券领域的监管规则调整。对部分存在监管空白或监管边界较为模糊的新兴模式,通过补充性规则或要求,明确业务定位和法律适用。比如,美国证监会、新加坡金管局、中国人民银行及其他部委针对数字代币的发售活动适时进行的规范。再如,澳大利亚证券与投资委员会(Australian Securities and Investments Commission,ASIC)在智能投顾监管领域,发布《监管指引 255》(Regulatory Guide 255,GR255),明确智能投顾仍需遵守传统投顾领域的法律法规,根据业务情况申请相应牌照。

2. 出于风险防范和消费者保护因素,对从事金融科技创新业务的机构提出更高的标准和要求。由于金融科技具有较为浓重的技术创新色彩,普通零售客户可能对技术和模式创新的局限性缺乏基本认知和理解,比如,智能投顾客户可能并不清楚自动化工具自身可能存在偏见,对某些专有类产品具有倾向性。因此,部分国家或地区在对金融科技从业主体的监管上,会设定比传统模式更加严格的要求,比如,澳大利亚 ASIC 对纯依靠技术生成投资建议的智能投顾流程,在算法监督、人员组织、客户权益保护等方面提出了更高的要求,在人员组织方面,规定持牌企业必须有至少一名满足投资顾问行业最低培训和能力标准的负责经理(Responsible Managers,RM),负责智能投顾模式中的日常决策和持续业务活动;在一般义务方面,引入了适当补偿方案,持金融服务(Australian Financial Services,AFS)牌照的服务提供商应为客户办理专业责任保险(Professional Liability Insurance,PI 保险),在由于算法缺陷为客户造成损失时,可纳入保险赔偿范围。

3. 成立金融科技部门或团队,加强与市场机构的联系与沟通,密切跟踪金融科技领域发展情况。包括澳大利亚证券与投资委员会(ASIC)、英国金融行为监管局(FCA)、香港证券和期货委员会(Securities and Futures Commission of Hong Kong,HKSFC)、荷兰金融市场监管局(AFM)、新加坡金融管理局(MAS)、加拿大安大略证券委员会(Ontario Securities Commission,OSC)、美国金融业监管局(Financial Industry Regulatory Authority,FINRA)等在内的金融监管主体,纷纷成立了专门机构或团队,监测和指导辖区内金融科技机构的业务发展情况。总体来说,具有较强技术驱动色彩的金融科技企业,往往对金融领域的合规要求不甚了解,监管机构主导设立的金融科技管理部门,通过为金融科技企业提供指导,协助企业理解监管框架和授权流程,更好地满足现行监管合规要求。比如,新加坡 MAS 设立的“金融科技与创新小组”,与国家研究基金会合作成立了金融科技办公室,是专门金融科技问题设置的一站式虚拟组织,积极推动新加坡成为全球金融科技中心。英国 FCA 的创新中心(Innovation Hub)正计划成立专门的投顾部门,为开展智能投顾业务的企业提供支持,帮助企业评估业务模式,有效填补目前投顾市场中的空白。荷兰 AFM 开展“创新与金融科技项目”,通过降低不必要的门槛,更好地适应创新企业的发展特征和需求。加拿大 OSC 发起成立“Launch Pad”专门团队,帮助智能投顾、P2P 借贷和众筹平台等金融科技企业的业务开展符合证券领域法律和监管要求。美国 FINRA 成立了跨部门金融科技咨询委员会,更加主动跟进金融科技发展过程中出现的法规和监管问题。

4. 根据金融科技产业的发展情况,监管模式和手段也在进行适应性调整。

目前，包括英国、新加坡等国家和中国香港等地区纷纷采取监管沙盒（Regulatory Sandbox）、创新中心（Innovation Hub）、创新加速器（Accelerator）等创新监管模式，在促进金融科技创新的同时，对业务模式合规性和新兴风险进行前瞻性评估。

监管沙盒是监管部门通过提供可控、包容的测试环境，允许企业在创新金融产品和服务大规模推广之前，以及时、低成本的方式进行实验。各国和地区的沙盒模式存在差异，在进入沙盒主体资质方面，英国、新加坡不要求主体资质，中国香港要求必须是授权或获牌机构。在优惠政策方面，一般包括监管要求的适度宽松或暂不适用、放宽或暂不要求牌照资质。在保障措施方面，一般对客户群体、金额和期限进行一定限制，对报送义务提出额外要求，采取消费者保护和风险防范措施。

创新中心主要是为监管和被监管主体提供平台，就创新产品和服务模式开展沟通交流，金融科技企业可与相关监管机构进行充分对话，监管机构可及时了解业务模式和创新技术，评估对监管框架带来的影响，并提供窗口指导。

创新加速器是类似“孵化器”的机制安排，初创企业可在加速器框架中联合上下游合作伙伴，在固定期限内，共同开发测试新技术和新方案，部分测试效果较好的企业最后会推出产品原型。（见表 8-2）

表 8-2 监管机构的金融科技监管模式创新

国家/地区	监管沙盒 Regulatory Sandbox	创新中心 Innovation Hub	创新加速器 Accelerator
澳大利亚	证券与投资委员会（ASIC）	证券与投资委员会（ASIC）	证券与投资委员会（ASIC）
比利时		中央银行（NBB）/金融服务和市场监管局（FSMA）	
欧央行		单一监管机制（SSM）	
法国		金融审慎监管局（ACPR）/金融市场管理局（AMF）	中央银行（BDF）

续表

国家/地区	监管沙盒 Regulatory Sandbox	创新中心 Innovation Hub	创新加速器 Accelerator
德国		德国联邦金融管理局(BaFin)	
意大利		中央银行(BOI)	
中国香港	香港金管局(HKMA)	香港金管局(HKMA)	
日本		中央银行(BoJ)/日本金融厅(FSA)	
韩国	金融服务委员会(FSC)	金融服务委员会(FSC)	
卢森堡		金融业管理局(CSSF)	
荷兰	中央银行(DNB)/金融市场管理局(AFM)	中央银行(DNB)/金融市场管理局(AFM)	
新加坡	新加坡金管局(MAS)	新加坡金管局(MAS)	新加坡金管局(MAS)
瑞士	金融市场监督管理局(FINMA)		金融市场监督管理局(FINMA)
英国	金融行为管理局(FCA)	中央银行(BoE)/金融行为管理局(FCA)	中央银行(BoE)

资料来源:巴塞尔银行业监管委员会——金融稳定理事会。

三、对我国金融科技监管政策建议

一是监管应具有“穿透性”,将金融科技业务全面纳入金融监管体系,构建完善的金融科技监管体系。金融科技并不改变金融行业的本质,同时金融科技行业是典型的跨市场业务,金融科技公司可能同时涉足经营支付业务、网络借贷业务、网络基金销售或券商资管产品、网络保险代销、消费金融分期、互联网私募股权融资、信托受益权转让、资产证券化结构性交易等业务。根据机构类型划分的传统分业监管模式,并不适应于金融科技混业、跨界经营的属性。而在监管协调方面,无论是金融监管机构之间、国家与地方监管机构之间、金融监管与非金融监管机构之间,目前尚未建立统一顺畅的协调机制。以“侨兴债”事件为例,广发银行与浙商财险均被监管机构给予了重罚,而面向普通投资者出售产品的销售平台并未纳入监管范畴之中,从某种程度而言,金融科技成为监管套利的途径之一。为此监管机构应当考虑通过“穿透”,发现金融科技的业务本质,建立一致、有效的监管原则、监管工具、基础设施、监管指标等,在现有分业监管格局下加强金融监管协调,并与市场进行充分的信息和实践层面的沟通,保证对所有金融科技业务的无死角监管。

二是监管应具有“适应性”,考虑到金融科技的风险属性,可以通过监管沙盒的模式进行试点。金融科技本身的金融属性决定了其有很强的风险特征。风险一方面来自金融科技本身的风险;另一方面,金融科技存在加大金融体系风险的因素,比如在技术环境中,风险的隐蔽性更强、传播速度更快、影响范围更广,使得“金融脱媒”风险加大。[①] 鉴于此,监管应当更加具备适应性,对于创新型的金融科技业务,目前采取“放一放”的思路有时会造成大面积风险。以“现金贷”业务为例,互联网小额贷款业务本身属于个别地方金融监管部门对某些有大数据风控能力和场景优势的互联网企业一次有益的尝试,但是由于没有监管沙盒制度,各地网络小额贷款业务蜂拥而上,将全国变成了业务试验田,存在巨大风险隐患。而如果有完善的监管沙盒制度则可以有效避免这一问题。对于监管沙盒的引入,有观点认为,从国际经验看,实施监管沙盒的都是一些初创型企业,金融科技自我发展动力不足,需要鼓励发展。而我国市场庞大,金融科技企业特别是大型金融科技企业自身发展动力强,在监管沙盒机制设计上,要更加强调控制,比如建立合格投资者白名单,在特定封闭的场景下使用,引导服务于实体经济和普惠金

---

① 参见《构建中国金融科技监管“双支柱”访人民银行金融研究所所长孙国峰》,载中国金融新闻网:http://www.financialnews.com.cn/jg/dt/201709/t20170912_124409.html,2018 年 10 月 28 日最后访问。

融,建立先行赔付机制等,可以有效控制风险。①

三是监管应具有“有效性”,完善统计指标体系,提升监管自身的技术能力。目前,监管科技尚处于起步阶段,短期内并不能满足金融科技的监管需要。相关部门应考虑在推进金融业综合统计工作的基础上,建立健全完善统一的金融科技统计指标体系,改变现有统计口径不一,或者根本未纳入统计指标的情况,为金融科技监管奠定良好的基础。同时监管机构应重视建立监管科技专业团队,弥补部门监管机构技术人才严重短缺的问题,借助信息科技部门的力量,提高金融监管者的信息科技知识水平,并内化为监管体系以及监管微观标准。对于跨境金融科技问题,如比特币监管、数据流动、反洗钱和反恐怖融资等,监管当局应积极参与国际金融监管合作,共同防范金融科技跨界、跨境传染的风险,共同制定金融科技监管及其监管科技应用的微观标准和技术指南。

四是监管应具有“稳定性”,避免“运动式”监管,构建金融科技监管长效机制。金融科技对未来金融体系以及金融监管框架的影响存在较多的未知性和不确定性,需要构建一个具有长期、动态视角的金融科技监管长效机制。避免采用“运动式”监管,对于问题缺乏前瞻性,出现问题盲目采取“一刀切”的监管方式,将“脏水和孩子一起泼掉,然后再将孩子捡回来”,使金融科技行业陷入“一放就乱、一管就死”的循环。监管当局要完善金融科技监管的基础设施,比如建立金融科技相关金融业务的信息系统和检测体系。相关部门要逐步改革完善金融科技监管机制,缓释金融科技导致的跨界经营、混业经营与分业监管的制度性错配,不断完善金融科技监管的治理体系,以功能监管作为支撑构建金融监管新机构体系,强调监管制度的稳定性,给予市场合理预期。同时监管当局往往通过设立超级商业机构的方式来监管市场,例如设立“网联”“信联”(百行征信)来管理网络支付和互联

① See http://www.pbc.gov.cn/goutongjiaoliu/113456/113469/3500023/index.html, October 20, 2018.

网征信行业,这些超级机构本身具有行政垄断色彩,要考虑对其纳入重要金融基础设施管理,避免其造成其他金融风险。同时要考虑进一步通过行业自律组织的方式加强行业自律管理,以市场化的方式完善金融科技的管理,促进行业健康有序发展。

第九章　“互联网+医疗健康”法律政策

互联网始于1969年，最初称为ARPA(Advanced Research Project Agency)网络网，即美国国防部高级研究计划局网络网。美国国防部试图通过ARPA网络网使全国不同地点的国防研究人员进行交流和协作。1973年，ARPA网络网开始与更多的网络连接，遂演变成互联网。[①] 我国于1994年正式接入互联网，迄今已有25年，这期间大致经历了以下三个阶段：一是1994~2000年，即从互联网初期的四大门户到搜索；二是2001~2008年，即从搜索到社交化网络，大批社交型互联网产品诞生，用户通过互联网拓展自己的社交关系；三是2009年至今，即从PC互联网到移动互联网，在此期间手机成为第一网络终端，移动互联网开始爆发。随着中国互联网上述三个发展阶段，我国的“互联网+医疗健康”大致经历了萌芽、探索、快速发展、逐步完善四个阶段，但在时间节点上较互联网的发展进程更为滞后，而且医疗健康对互联网的拥抱与金融、交通、农业、能源、物流、电子商务等领域相比亦较晚一些，这与医疗健康在各国均是一个严格管控的行业紧密相关。2018年以来，我国的“互联网+医疗健康”已进入相对平稳并不断完善的时期，但实践中仍不断涌现出一些新的法律与政策挑战，亟须立足本土，在参考域外经验的基础上，不断加强和完善我国在“互联网+医疗健康”领域的政策立法，以在“法治中国”和“健康中国”全面推进的背景下，不断提升医疗卫生现代化管理水平，优化资源配置，创新服务模式，提高服务效率，降低服务成本，以期能够满足人民群众日益增长的医疗卫生健康需求。

---

① 参见[美]格拉德·佛里拉等：《网络法：课文和案例》，张楚等译，社会科学文献出版社2004年版，第3页。

一、“互联网+医疗健康”的历史发展

（一）“互联网+医疗健康”的内涵与外延

1. “互联网+医疗健康”的内涵

“互联网+医疗健康”是指以互联网为载体、以信息技术为手段［包括通信（移动）技术、云计算、物联网、大数据等］、与传统医疗健康服务深度融合而形成的一种新型医疗健康服务业态的总称。其应用于医疗服务、公共卫生、药物管理、计划生育、医疗保障、综合管理、电子商务等医疗卫生各个领域，包括网络健康教育、医疗健康信息查询、在线疾病风险评估和疾病诊疗咨询、网上就诊预约、网上或远程医疗服务、线上医疗支付、互联网延伸医嘱与电子处方、诊疗报告查询、药品配送、在线健康监测、慢病管理、康复指导、基因检测以及云医院、网络医院等提供的多种形式的医疗健康相关服务。①

2. “互联网+医疗健康”的外延

2018 年 4 月 25 日，《国务院办公厅关于促进“互联网+医疗健康”发展的意见》出台，其明确指出，“互联网+医疗健康”包括发展“互联网+”医疗服务、创新“互联网+”公共卫生服务、优化“互联网+”家庭医生签约服务、完善“互联网+”药品供应保障服务、推进“互联网+”医疗保障结算服务、加强“互联网+”医学教育和科普服务、推进“互联网+”人工智能应用服务等。

（二）“互联网+医疗健康”的历史发展

综观而论，我国“互联网+医疗健康”大致经历了萌芽、探索、快速发展、逐步完善四个阶段。

1. 萌芽时期

时至 20 世纪 80 年代中后期，我国一些规模比较大、设备设施比较好的医

---

① 参见孟群：《“互联网+”医疗健康的应用与发展研究》，人民卫生出版社 2015 年版，第 4 页。

院开始了卫生信息化萌芽,旨在通过收费、挂号等信息化缩短和优化人工服务流程,缓解临床诊疗压力。

2. 探索时期

20 世纪 90 年代,我国开始探索和研究电子病历,国家先后启动了金卫网络工程、中国医学基金会互联网络和军卫二号(远程医疗网),一些著名医学院校、医院都成立了远程会诊中心,数百家医院相继开展了远程医疗工作。①

2001 年,我国首次成功利用机器人进行远程脑外科手术。

2002 年,原卫生部(经 2018 年国务院机构改革后,现为国家卫生健康委员会)发布的《全国卫生信息化发展规划纲要(2003-2010 年)》首次提出:“三级医院在全面应用管理信息系统的基础上。要创造条件,重点加强临床信息系统的建设应用,如电子病历、数字化医学影像、医生和护士工作站等应用。”

2005 年,我国《中华人民共和国电子签名法》开始施行,为数字化医疗信息资源推广应用的可行性奠定了坚实的法律基础。

3. 快速发展时期

2009 年,《中共中央国务院关于深化医药卫生体制改革的意见》出台,其明确指出:“建立实用共享的医药卫生信息系统。大力推进医药卫生信息化建设。以推进公共卫生、医疗、医保、药品、财务监管信息化建设为着力点,整合资源,加强信息标准化和公共服务信息平台建设,逐步实现统一高效、互联互通。”

2013~2014 年,原国家卫生和计划生育委员会(经 2018 年国务院机构改革后,现为国家卫生健康委员会)陆续出台了《关于加快推进人口健康信息化建设的指导意见》和《关于印发远程医疗信息系统建设技术指南的通知》等文件,既明确数字化医疗的组织领导框架、基础设施、标准规范、信息安全、功能

① 例如,中国人民解放军总医院(301 医院)远程医学中心成立于 1996 年,是国内最早开展远程医学活动的单位,经过 19 年发展,远程会诊居全国全军之首,规模位居全国之最。业务范围涵盖远程会诊、远程教育、远程心电、远程摄像、疑难病例及多学科讨论、居家养老服务、远程学术交流、远程医学健康管理及远程紧急救治等多方面。

应用、法律法规等内容的建设，又进一步规范和推动了我国远程医疗体系的发展。①

2014 年，百度、阿里巴巴、腾讯（BAT 三大巨头）凭借自身技术和资金优势开始布局互联网医疗，之后其他各大行业巨头也纷纷进军互联网医疗领域，实现了创业企业与资本的共振。据统计，2014 年互联网医疗领域风险投资达到历史最高，共计 6.9 亿美元，比 2013 年增长 226%，投资总额是过去 3 年的 2.5 倍，因此这一年也被称为互联网医疗元年。

2015 年，国务院发布了《国务院关于积极推进“互联网+”行动的指导意见》，其在“互联网+”益民服务中明确提出，要积极推进和发展互联网医疗。

我国互联网医疗的发展，旨在在线改变健康管理方式，重构就医方式、医患生态、购药方式等，进而优化和改善就医体验，实现医疗卫生机构由“以管理为中心”向“以患者为中心”的现代转变。

4. 逐步完善时期

2016 年，习近平总书记出席了全国卫生与健康大会，他指出，要坚持正确的卫生与健康工作方针，以基层为重点，以改革创新为动力，预防为主，中西医并重，将健康融入所有政策，人民共建共享。要坚持基本医疗卫生事业的公益性，不断完善制度、扩展服务、提高质量，让广大人民群众享有公平可及、系统连续的预防、治疗、康复、健康促进等健康服务。这为“互联网+医疗健康”的发展提供了更为明确的发展方向，同时提出了更高的时代要求。

2017 年，我国先后出台了《大数据产业发展规划（2016～2020 年）》《电子病历应用管理规范（试行）》《新一代人工智能发展规划》《关于加强互联网药品医疗器械交易监管工作的通知》等，旨在为我国的“互联网+医疗健康”提供更为完善的法律与政策保障。

2018 年，《国务院办公厅关于促进“互联网+医疗健康”发展的意见》《互联网诊疗管理办法（试行）》《互联网医院管理办法（试行）》《远程医疗服务管

---

① 参见孟群：《“互联网+”医疗健康的应用与发展研究》，人民卫生出版社 2015 年版，第 10 页。

理规范(试行)》等政策与法律文件出台,标志着我国对"互联网+医疗健康"开始全面纳入法治轨道,标志着我国"互联网+医疗健康"开始步入逐步完善时期。

二、"互联网+医疗健康"面临的问题与挑战

(一)"互联网+医疗健康"的支持和规制以政策为主,立法欠缺且位阶较低

1."互联网+医疗健康"的政策支持非常强劲

(1)国家层面

2009年7月14日,原卫生部办公厅、国家中医药管理局办公室联合发布了《关于做好互联网医疗保健信息服务管理工作的通知》,要求"互联网医疗保健信息服务管理工作遵循属地化管理的原则,由各省、自治区、直辖市卫生行政部门、中医药管理部门负责对本行政区域内提供互联网医疗保健信息服务的主办单位和信息服务内容依法进行管理"。

2014年8月21日,原国家卫生和计划生育委员会颁发了《国家卫生计生委关于推进医疗机构远程医疗服务的意见》,旨在加强统筹协调,积极推动远程医疗服务发展;明确服务内容,确保远程医疗服务质量安全;完善服务流程,保障远程医疗服务优质高效;加强监督管理,保证医患双方合法权益。

2015年1月15日,国家发展改革委员会办公厅、原国家卫生和计划生育委员会办公厅联合发布了《关于同意在宁夏、云南等5省区开展远程医疗政策试点工作的通知》,旨在通过政策、资金等方面的大力支持,及时总结宣传试点经验,为在全国推广应用远程医疗提供实践基础和经验借鉴。同年7月1日,国务院发布了《国务院关于积极推进"互联网+"行动的指导意见》,其在"互联网+"益民服务中明确提出,要积极推进和发展互联网医疗。

2018年4月25日,国务院办公厅发布了《国务院办公厅关于促进"互联网+医疗健康"发展的意见》,对"互联网+医疗健康"的服务体系、支撑体系、行业监管和安全保障等作出了迄今为止最为详细的规定,是指导互联网医疗发展

的纲领性文件。

(2)地方层面

在互联网医疗和互联网药品方面,甘肃、云南、广东、广西、山东、黑龙江、四川、宁夏等地区纷纷进行了诸多有益的探索和尝试,尤以广东和宁夏两地最为突出。

2015年9月23日,广东省人民政府办公厅发布了《广东省人民政府办公厅关于印发广东省“互联网+”行动计划(2015~2020年)的通知》,其明确指出要建设智慧医疗健康云平台,开发移动医疗应用程序推进网络医院试点建设,构建连接省域三级医院、县(区)级医院、社区卫生服务中心、村卫生室、连锁药店的互联网医药平台,探索推进医院、医保系统、药商等信息互联,发展和规范互联网药品交易、药品信息等服务,支持第三方交易平台依法参与互联网药品经营活动。

2016年6月30日,广东省人民政府办公厅发布了《广东省人民政府办公厅关于印发广东省中医药健康服务发展规划(2016~2020年)的通知》,其明确指出,支持“互联网+中医药”发展。积极发展智慧中医医疗,建立智能化医疗信息服务平台,提供安全、便利、优质的中医药服务资源。鼓励健康服务机构利用云计算、大数据等技术搭建公众信息平台,提供长期跟踪、预测预警的个性化中医健康管理服务。鼓励传统中医药企业积极拓展互联网业务,促进中医药产品电子商务的发展。鼓励健康智能产品客户端、手机应用程序、网站、社交软件等为中医药健康服务项目接入端口,推动中医药健康服务产业的智能化发展。

2017年3月19日,宁夏回族自治区银川市发布了《互联网医院执业医师准入及评级制度》《银川市互联网医院管理办法实施细则(试行)》《银川市互联网医院医疗保险个人账户及门诊统筹管理办法(试行)》等文件。这些文件将为国内互联网医院起到引领示范作用,也为国内首个互联网医院产业基地落户银川提供了政策支持。

2018年年底,《宁夏回族自治区“互联网+医疗健康”示范区建设规划(2019年~2022年)》出台,其明确指出到2022年,宁夏将基本建成覆盖全生命周期、应用丰富、特色鲜明、结构完善的“互联网+医疗健康”服务体系和产学研用一体化生态圈,形成可复制、可推广的新时代“互联网+医疗健康”模式,提高群众获得感,强化医改新动力,为实施“健康宁夏”战略奠定坚实基础。

2.“互联网+医疗健康”的立法层次较低,且内容粗疏滞后

我国对互联网医疗的法律规制始于互联网药品。2000 年 12 月 4 日,国家药品监督管理局制定《互联网药品信息服务管理暂行规定》。2001 年 1 月 3 日,我国原卫生部发布的《互联网医疗卫生信息服务办法》。2004 年 7 月 8 日,国家药品监督管理局制定了《互联网药品信息服务管理办法》,同时宣告《互联网药品信息服务管理暂行规定》废止。2005 年 9 月 29 日,国家食品药品监督管理局发布了《关于印发〈互联网药品交易服务审批暂行规定〉的通知》,自 2005 年 12 月 1 日实施。

2009 年 6 月 23 日,我国原卫生部颁布了《互联网医疗保健信息服务管理办法》,宣告《互联网医疗卫生信息服务办法》废止。不过,原国家卫生和计划生育委员会为贯彻落实党中央、国务院关于深化行政体制改革,加快转变政府职能的决策部署,切实维护法制统一和推进依法行政,经 2015 年 12 月 31 日原国家卫生和计划生育委员会委主任会议讨论通过,决定废止《农村助产人员管理条例(试行)》等 25 件部门规章,其中就包括《互联网医药保健信息服务管理办法》。

2015 年 4 月 24 日,第十二届全国人民代表大会常务委员会第十四次会议修订了 1994 年 10 月 27 日第八届全国人民代表大会常务委员会第十次会议通过的《中华人民共和国广告法》(以下简称《广告法》),自 2015 年 9 月 1 日实施。新修订的《广告法》第 16 条对互联网医药广告作出相关规定;2016 年 7 月 4 日,原国家工商行政管理总局(经 2018 年国务院机构改革后,现为国家市场监督管理总局)局务会议审议通过了《互联网广告管理暂行办法》,该暂行办法自 2016 年 9 月 1 日正式实施。该暂行办法第 6 条对互联网医药广告进行了规定。2018 年 7 月 17 日,国家卫生健康委员会和国家中医药管理局又联合制定的《互联网诊疗管理办法(试行)》《互联网医院管理办法(试行)》《远程医疗服务管理规范(试行)》三个部门规章。

当前,我国正在如火如荼地制定《中华人民共和国基本医疗卫生与健康促进法》(以下简称《基本医疗卫生与健康促进法》),且已经进入二审稿阶段,其第91条明文规定:“国家推进全民健康信息化和健康医疗大数据应用发展,加快医疗卫生信息基础设施建设,制定健康医疗大数据采集、存储、分析和应用的技术标准,运用信息化和大数据促进优质医疗卫生资源的合理配置与共享。县级以上人民政府及其相关主管部门应当发展医疗卫生信息技术,支持探索发展基本医疗卫生服务新模式、新业态,有关主管部门应当优先安排,给予扶持。国家鼓励医疗卫生机构开展远程医疗,依法建立健全信息交流机制,保障信息安全。”

3. 法律与政策既有联系,又存在区别,具有明显不同的价值取向

法律与政策存在密切的联系,比如政策对法律的制定及执行具有一定的指导作用,其贯彻实施又需要法律予以保障等。但是法律与政策毕竟是两种不同的调整社会关系的手段,二者存在明显的差异,并彰显不同的价值取向。

首先,法律是由国家专门的立法机关依照严格法定程序创制的;而政策的制定则出于多个部门,其程序没有法律严格。

其次,法律通常是作为国家制定或认可的规范而存在,其成文形态多为法律、法规等规范性的文件,有具体的条文表述;而政策的内容通常比较原则、概括,较少以具体的条文表述。

最后,法律所调整的往往是那些对国家社会有较大影响且相对稳定的社会关系领域,它偏重对既有社会关系的确认、保护或控制;而政策所调整的社会关系要比法律广泛得多,它是一种应对的手段,它不仅要处理既有的问题,而且还要对正在出现的或将要出现的问题作出反应,因此它偏重采取灵活多样的措施,以适宜社会形势不断发展变化的需要。

从我国有关“互联网+医疗健康”的政策和立法可知,法律远少于政策调整,且立法层次较低,存在稳定性差等诸多局限性。针对我国当前“互联网+医疗健康”已经步入逐步完善阶段而言,需要重新审视法律与政策在“互联网+医疗健康”中的作用,并作出科学合理的厘定和安排,需要更加注重法律这一领域的功用,以不断契合社会发展的实际需要。

(二)“互联网+医疗健康”的一些重大基础问题尚未解决

1.“互联网+医疗健康”的价值取向具有多元性,且存在一定的冲突

医疗卫生事业具有典型的公益性特征,是指在需要时人人都有机会获得相应服务,实现人人享有基本医疗卫生服务。① 早在1997年《中共中央、国务院关于卫生改革与发展的决定》中就曾明确指出:“我国卫生事业是政府实行一定福利政策的社会公益事业。”2009年《中共中央国务院关于深化医药卫生体制改革的意见》则指出,要“坚持公共医疗卫生的公益性质”。中国人民政治协商会议全国委员会委员、中华医学会副会长饶克勤指出,公益性是政府举办公立医院的重要目标和内在要求,也是公立医院的本质特征。国家通过破除以药养医机制,旨在让公立医疗机构回归公益性。但是在我国经济转型过程中,当前公立医院的公益性有所减弱,其原因是多方面的,既有管理体制上的障碍,也有运行机制上的问题,这使得当前一部分医疗机构的医疗服务呈现营利性趋向甚至完全走上营利性轨道。

将医疗健康由线下移至线上,与传统的医疗服务相比,其在现实中还可能增加了一些社会资本的介入,这使得医疗服务的营利性趋向更加显著,与医疗事业整体上的公益性要求存在一定的冲突。如果不能平衡和协调好二者的关系,医疗卫生服务就容易在实践中产生异化。换言之,尽管“互联网+医疗健康”在本质上并不排斥营利,但应在区分不同服务内容(如是医疗还是健康)的基础上进行公益性、营利性或者以谁为主的划定,否则将难以实现创设和发展“互联网+医疗健康”的初衷,甚至得不偿失。

2.“互联网+医疗健康”的发展呼唤我国卫生立法的制定与修改

当前,我国医疗卫生领域的立法有12部法律、41部行政法规和100部左右的部门规章,其体系庞大,内容浩瀚,但鉴于“互联网+医疗健康”属于新生事物,在其进入逐步完善阶段之前,我国主要采取政策予以调整和规制,不过这也带来另外一个问题,即我国现有的卫生健康立法对“互联网+医疗健康”

① 参见钱军程、孟群:《论医疗卫生事业的公益性与公益度》,载《中国卫生政策研究》2014年第12期。

的整体观照不足,医院、企业、患者等利益相关主体的行为常常游走于合法与非法、安全与风险的边缘。

我国《基本医疗卫生与健康促进法》作为医疗卫生领域中的一部基础性和综合性立法尚未完成,就其二审稿草案的内容来看,其仅仅作出了原则性规定,这仰赖于其他卫生法律、法规以及部门规章的进一步细化;我国《中华人民共和国执业医师法》制定于1998年,迄今已逾二十年,其制定之初难以将“互联网+医疗健康”这一新生事物进行考虑,因而其现有规定已经不能适应当前的社会发展和现实需要。例如,医师注册制度等需要随着互联网医院的出现和医师多点执业制度的推进进行相应地变革。

我国《医疗机构管理条例》和《医疗机构管理条例实施细则》均制定于1994年,后者于2017年经历了一次修正,虽然增加了“医学检验实验室、病理诊断中心、医学影像诊断中心、血液透析中心、安宁疗护中心”等医疗机构类型,是一大亮点,但是对“互联网+医疗健康”几乎没有涉及,这种状况一直持续到国家卫生健康委员会等于2018年出台《互联网医院管理办法(试行)》之后。不足的是,《互联网医院管理办法(试行)》属于部门规范性文件,立法层次偏低,而且部门规章规定的事项应当属于执行法律或者国务院的行政法规、决定、命令的事项。没有法律或者国务院的行政法规、决定、命令的依据,部门规章不得设定减损公民、法人和其他组织权利或者增加其义务的规范,不得增加本部门的权力或者减少本部门的法定职责,具有很大的局限性。

此外,医疗行为的实施,需要药师、护士(师)等专业团队的配合,我国尚未制定“药师法”,现有的一些有关药师的规定,如《执业药师资格制度暂行规定》《执业药师资格考试实施办法》《执业药师资格认定办法》等,均未对互联网药师作出规定,加上我国执业药师实际执业的人员数量不足,现实中涌现出互联网上的药师并非具有合法执业资格的药师的情况,在很大程度上危及医疗安全,患者的合法权益得不到有效保障。由此可见,“互联网+医疗健康”的发展呼唤我国卫生立法的制定与修改

3.“互联网+医疗健康”仍未形成闭环

在“互联网+医疗健康”发展过程中,网上处方药是否开放一直是存在争

议。另外,除试点(单位或者地区)之外,尚不能与现有的医保制度进行有机衔接,这在很大程度上限制或者影响到“互联网+医疗健康”的深度发展。如果这两个问题得不到有效解决,那么“互联网+医疗健康”将难以形成一个完整的闭环,属于“带病运行”。

(1)网售处方药存在争议

2018年12月26日,国家发展和改革委员会、商务部印发《市场准入负面清单(2018年版)》,在《市场准入负面清单(2018年版)——禁止准入类》中仍然明确“药品生产、经营企业不得违反规定采用邮寄、互联网交易等方式直接向公众销售处方药”。事实上,网售处方药在我国一直存在政策上的不确定性:一方面是药占比、“两票制”、药品零加成、“4+7”药品集中采购等都从不同维度推动着医药分开;另一方面又须顾及放开处方药网售的风险。前述负面清单把药企直接网售处方药打入禁区,并不意味着处方外流的停止,相反倒逼业界更合规地探索处方药院外销售。

综合来看,放开网售处方药有利于破除目前医院“垄断”处方药和“以药补医”现象,让药价更具透明性,有利于医药电商的创新和竞争以及传统药店的网上拓展。但也需要注意到,简单放开互联网售药有可能导致假劣药品泛滥,药品储存、运输条件难以符合要求,危及药品内在质量。而且,网上药店远比实体店情况复杂,现有条件下难以对网上药店实施有效监管,医疗机构处方外流存在体制障碍,上传处方的真实合法性难以鉴别,网上药店执业药师资质有待考证等,这对我国监管队伍的素质和能力提出了新的挑战。不过,从《国务院办公厅关于促进“互联网+医疗健康”发展的意见》的内容考察,其明确要求完善“互联网+”药品供应保障服务,并促进药品网络销售的规范发展,由此可见,放开网售处方药将是大势所趋。

(2)“互联网+医疗健康”尚不能与现有的医保制度相衔接

李克强总理的一句“站在‘互联网+’的风口上顺势而为,会使中国经济飞起来”,使“互联网+”如星星之火在全国燃起燎原之势。然而,在“互联网+医疗健康”的支付领域,目前还“飞不起来”,缺乏明确的法律支持。不能在线实现医保报销的原因主要在于政府尚未开放医疗保险入口给移动医疗健康系统。对此,国内较早开展移动互联网医疗的广州妇女儿童医疗中心采取的解决方案是,病患在线先支付全额医药费,再到窗口报销。而全国首家移动互联网中医院——佛山市中医院,其移动支付系统暂时只对自费医疗开放。[①]

2018年8月20日,《国务院办公厅关于印发深化医药卫生体制改革2018年下半年重点工作任务的通知》明确指出,要促进“互联网+医疗健康”发展,健全互联网诊疗收费政策,进一步完善医保支付政策,逐步将符合条件的互联网诊疗服务纳入医保支付范围。有些地方已经先行进行了有益的探索,最为典型的就是宁夏回族自治区银川市的地方实践。[②]

2016年,银川市在全国率先出台《互联网医院管理工作制度》、《互联网医疗机构监督管理制度》和《互联网医院管理办法》等政策文件,明确互联网医疗实施路径,完善互联网医疗监督举措。在框架性政策出台之后,银川市于2017年出台多个配套文件,明确参保人员不仅可以使用医保个人账户直接支付网上看病的费用,凡符合基本医疗保险“三项目录”范围内的网上诊费都能享受医保报销。据悉,2017年,有互联网医疗企业便已经与银川医保信息系统完成对接,医保报销范围内的金额可以在网上支付时直接抵扣,无须进行线下报销流程。

4. 医学人工智能的不断发展带来新的法律问题

《国务院关于印发新一代人工智能发展规划的通知》指出,经过60多年的演进,特别是在移动互联网、大数据、超级计算、传感网、脑科学等新理论新技术以及经济社会发展强烈需求的共同驱动下,人工智能加速发展,呈现出深度学习、跨界融合、人机协同、群智开放、自主操控等新特征。大数据驱动知识学习、跨媒体协同处理、人机协同增强智能、群体集成智能、自主智能系统成为人工智能的发展重点,受脑科学研究成果启发的类脑智能蓄势待发,芯片化、硬件化、平台化趋势更加明显,人工智能发展进入新阶段。

当前,新一代人工智能相关学科发展、理论建模、技术创新、软硬件升级等整体推进,正在引发链式突破,推动经济社会各领域从数字化、网络化向智能

---

① 参见刘炫麟:《互联网医药法律问题研究》,中国政法大学出版社2017年版,第197页。

② 除宁夏回族自治区之外,贵州省、四川省、湖北省等省份先后将远程医疗纳入医保报销范围。

化加速跃升。人工智能是影响面广的颠覆性技术,可能带来改变就业结构、冲击法律与社会伦理、侵犯个人隐私、挑战国际关系准则等问题,将对政府管理、经济安全和社会稳定乃至全球治理产生深远影响。在大力发展人工智能的同时,必须高度重视可能带来的安全风险挑战,加强前瞻预防与约束引导,最大限度降低风险,确保人工智能安全、可靠、可控发展。到 2025 年人工智能基础理论实现重大突破,部分技术与应用达到世界领先水平,人工智能成为带动我国产业升级和经济转型的主要动力,智能社会建设取得积极进展。初步建立人工智能法律法规、伦理规范和政策体系,形成人工智能安全评估和管控能力。

(1)医学人工智能不断推进

2017 年 11 月 6 日,2017 年度国家执业医师资格综合笔试成绩公布,科大讯飞的人工智能机器人"智医助理"以超出分数线 96 分的优异成绩,成为我国甚至是全球第一个通过国家医师资格考试评测的机器人。

2018 年 3 月 28 日下午,一场人工智能与皮肤科医生的"较量"在中日友好医院进行。对阵的一方是来自北京、云南、内蒙古等地的 10 名皮肤科医生,另一方是首款黄色人种皮肤肿瘤人工智能辅助决策系统——优智 AI 系统。竞赛科目是皮肤肿瘤的诊断成功率,包括皮肤肿瘤性质及肿瘤名称。比赛开始前,中国人民解放军总医院皮肤病医院孟如松教授拿出 60 组皮肤肿瘤病例资料,现场随机抽取 10 组图片,让医师与优智 AI 系统同时作答,正确答案以病理诊断为金标准。十分钟后,优智 AI 系统的良性分类符合率达 100%,恶性符合率为 75%,平均符合率达到了 90%;而医生组对应则分别为 76%、62.5%和 63%。人工智能(Artificial Intelligence,AI)完胜皮肤科医生。

2018 年 6 月 30 日,备受关注的首场神经影像领域的"人机大战"在国家会议中心落下帷幕。比赛分为 A、B 两组。A 组 15 名身穿白大褂的"人类战队"选手步入赛场并在电脑前依次落座,他们中有国内神经疾病排名前列的专家,有国外知名专家,还有通过前期比赛胜出的优秀医生。在对战擂台的另一侧,是两个屏幕和两台电脑主机组成的全球首款神经影像 AI——"BioMind 天医智"。A 组考题是"颅内肿瘤",试题共 225 题,人类选手每人回答 15 题,"Bio-

Mind 天医智”回答 225 题,最终将以人类选手整体成绩与“BioMind 天医智”成绩进行比较。“人类战队”各选手面前都是一台显示题目的电脑、一张纸质版的答题卡以及一支笔。另一侧,“BioMind 天医智”的屏幕上,飞快地扫过一张张片子,并快速显示出在它看来每组片子所反映出来的脑部肿瘤疾病。当场内大屏幕上的倒计时还有 14 分钟 30 秒的时候,答题完毕的提示音响了,原来需要独立完成 225 道题目的“BioMind 天医智”提前了将近 15 分钟“交卷”,这时的“人类战队”仍在紧张作答。B 组的 10 名“人类战队”选手都是国内神经影像领域“大咖”,包括国内神经疾病排名前列医院专家 8 名,以及知名医院的专家 2 名,他们将围绕“脑血管疾病影像判读及血肿预测”对阵“BioMind 天医智”。这次,双方都是完成 30 道题的挑战,最终将以人类选手整体成绩与“BioMind 天医智”成绩进行比较。最终,在 A 组比赛里,一部 AI 用 15 分钟完成了 225 例颅脑肿瘤的影像判读,准确率 87%,15 位医生用 30 分钟准确率 66%;B 组比赛,AI 准确率 83%,人类战队 63%,AI 再下一城。

Airdoc 的首席医学官陈羽中指出,“AI+医疗”就是直接帮助医生“科研合作,降低劳动强度,提高工作效率和质量”,直接帮助“病人随时随监控、随访病情”,给基层医生赋能,如视网膜识别、心电判别。医疗影像可能是医疗 AI 最早突破的领域,眼科可能是医疗 AI 最早落地的临床科室,深度学习技术是人工领域的最新技术。眼底照相技术成熟完善,在移动性上有着巨大的优势——不但可以在固定场所应用,同样可以走出医院,在院外开展筛查,发现慢病患者。

(2)医学人工智能对民事主体制度产生挑战

民事主体是指参加民事法律关系的人。在我国,民事主体包括自然人、法人、非法人组织和国家等。在医学人工智能的拟人化或医学智能化程度不断提高和应用场景不断拓展的同时,它的外在表现形式和语言行为都越来越像人,那么一个不可回避的问题便是,医学人工智能或者医疗机器人是民事主体还是民事客体?其区分的标准如何精准确立?这显然是一个十分疑难的问题。

2017 年 10 月 25 日,在沙特阿拉伯首都利雅得的“未来投资倡议”大会上,沙特阿拉伯正式授予了机器人索菲亚公民资格。作为历史上第一位被授予公民资格、成为法律关系主体的机器人,索菲亚的出现无疑使得传统的法律主体制度产生动摇。欧盟委员会法律事务委员会于2016年向欧盟委员会提交动议,要求将最先进自动化机器人的身份定位为“电子人”,除赋予其“特定的权利和义务”外,还建议为智能自动化机器人进行登记,以便为其进行纳税、缴费、领取养老金的资金账号。这一动议就为我们解决机器人的主体问题提供了一个良好的思路。[①] 但不同于强智能机器人,对于一些弱智能机器人,法律是否有必要将其作为法律上的主体?我们认为,将其作为法律上的“客体”对待更为妥适,因为其不具有“独立”意志,在临床医疗实践中,其行为亦不具有独立性,只能是医师行为的附属行为。由此可见,如何区分和辨别强智能机器人和弱智能机器人将变得至关重要。

(3)医疗过失的判断与医疗损害的承担需要更新观念

人工智能产品的高度智能化,导致出现了一些因人工智能系统自身瑕疵所产生的损害。日本、美国、德国等国家和地区都曾发生过工业机器人“杀人”的事例。2017年11月,美国赌城拉斯维加斯投入运营的无人驾驶汽车仅运营不到两个小时就发生了撞车事故。因此,人工智能产品责任问题一直备受社会各界关注。医学人工智能亦是如此。如果医学人工智能在诊疗和健康护理过程中造成他人损害,其是否应当承担相应的侵权责任?

我国于2010年7月1日实施的《中华人民共和国侵权责任法》第54条规定,“患者在诊疗活动中受到损害,医疗机构及其医务人员有过错的,由医疗机构承担赔偿责任”。2017年12月14日起施行的《最高人民法院关于审理医疗损害责任纠纷案件适用法律若干问题的解释》第4条规定:“患者依据侵权责任法第五十四条规定主张医疗机构承担赔偿责任的,应当提交到该医疗机构就诊、受到损害的证据。患者无法提交医疗机构及其医务人员有过错、诊疗行为与损害之间具有因果关系的证据,依法提出医疗损害鉴定申请的,人民法院应予准许。医疗机构主张不承担责任的,应当就侵权责任法第六十条第一款

① 参见《精彩演讲:人工智能对法律制度的挑战》,载搜狐网:http://www.sohu.com/a/217520555_159412,2018年1月14日最后访问。

规定情形等抗辩事由承担举证证明责任。”由此可见,我国医疗损害责任实行的缓和的过错责任原则。

在医疗损害赔偿责任的证成过程中,医疗过失是必备要件之一。在医学人工智能的情况下,如何证明其存在医疗过失,无疑将会成为一个难题?具体而言,其与当前医疗过失需要证明医疗机构及其医务人员违反了法律、行政法规、规章及其诊疗规范不同,判断医学人工智能是否存在医疗过失,主要存在两种不同的争议:一是应当坚持最高的医学理论水平,因为基于其深度学习能力,其可以学习最前沿、最全面的医学理论并不断更新,是医学人工智能的法定义务;二是应当坚持最高的临床实践水平,因为只要掌握和运用了同时期的最高临床医学技术,且不违反医疗程序性规定,就难以证明其存在医疗过失。

事实上,随着“互联网+医疗健康”大数据的发展,很难证明何谓最高医学理论水平和最新临床医疗实践水平。随之而来的问题是,当医学人工智能存有瑕疵,其产生的医疗损害应当由谁承担。我们认为,医学人工能分为强医学人工智能和弱医学人工智能。对于强医学人工智能而言,可以大致视为医疗机构的“雇员”,由医疗机构承担医疗损害责任;如果是弱医学人工智能,其只是辅助医务人员从事诊疗行为,是工具或者手段,因此可由医疗机构承担损害责任,或者由医学人工智能的生产者或者销售者承担责任。无论如何,在医学人工智能的过失判断和责任承担上,我们需要有别于传统的判断标准,并进行不断地完善。

三、“互联网+医疗健康”的域外经验

(一)美国

美国是世界上较早使用互联网医疗的国家之一,其早期的“互联网+医疗健康”主要是由现实临床需求所推动的。当美国食品药品管理局(Food and Drug Administration,FDA)首次批准组织型纤溶酶原激活剂(tissue plasminogen activator,tPA)这一治疗急性缺血性脑卒中的革命性药物后,为满足偏远地区

患者无法得到神经学家及时的诊断,而开发了基于基本音频视频硬件技术的互联网中风治疗服务(TeleStroke)。时至20世纪80年代末90年代初,美国就开始大力推动信息技术在整个医疗健康领域中的应用,通过建立协调部门、制定专项发展计划、出台配套法律与政策等,全面支持和规制“互联网+医疗健康”的各个环节。

首先,2012年美国白宫代表和参议院以压倒性票数通过了美国FDA《安全及创新法案》,并2012年10月1日正式生效。该法案从法律层面确立了FDA对医疗应用程序的监管职责。同时,通过国内《健康保险携带和责任法》(Health Insurance Portability Account Ability,HIPAA)和《经济与临床健康信息技术法案》(Health Information Technology for Economic and Clinical Health,HITECH)等法案共建一套联保标准,旨在推动电子病历的广泛使用、保障“受保护健康信息”(Protected Health Information,PHI)的安全性和隐私性。这两个法案促使了信息共享,提高美国医疗保健系统的效率和质量,为医疗数据的商业用途提供了强有力的法律依据。

其次,美国的远程医疗一直非常发达,在世界范围内处于领先地位。当前,美国大部分州已经制定了自己的远程医疗法案,用于支持远程医疗的发展。此外,联邦和州两个层面还积极制定“互联网+医疗健康”领域的补助计划,为商业保险机构将远程医疗服务纳入报销提供依据和指导。同时,《平价医疗法案》(Affordable Care Act,ACA)的颁布,加大了“互联网+医疗健康”的报销范围和力度。

最后,在技术应用领域,美国参照医疗设备监管原则,将可穿戴设备与移动终端应用分为三个类别进行管理,对涉及生命安全的设备和应用采取最严格监管措施。在医生资质审核方面,美国通过强化医师注册、确认医患身份等方式确保开展“互联网+医疗健康”服务医师的资质。美国互联网医疗的初诊政策其实也是经历了从禁止到全面松绑的这个过程。2017年5月27日,美国得克萨斯州以下简称德州州长格雷格·阿博特(Greg Abbott)通过了该州的《互联网医疗立法法案》,废除了互联网医疗不能进行初诊的规定。德州是全美50个州最后一个废除此项规定的州。德州《互联网医疗立法法案》的通过使得众多互联网医疗公司,如 Teladoc、American Well、Doctor on Demand 和 MD Live 等得以将其远程互联网视频业务扩展至全美市场。[①]

美国 FDA 从 1994 年就开始关注网上售药管理,迄今已经形成了一套较为完善的管理体系。其主要法规有《联邦食品药品化妆品法案》《互联网药店消费者保护法》《网上药店消费者保护法》等。法规政策的特点明显偏向于市场调节和合同自由以及尽量少的政府干预,但以专门的消费者保护条款来限制电子商务合同的自由度。[②]《互联网药店消费者保护法》,正式确定了 FDA 对网上药店的监管权。该法规定,每个网上药店必须在其网页上标明以下内容:药店的名称、业务地址及联系电话;各州批准该药店有权调配处方药的证明;该药店所有药师的姓名;如果配备相应医师从事咨询、开方服务,还必须提供该医师的姓名及获证情况。此外,为了加强对网上售药的监管,解决公众对网上售药安全性顾虑的问题,美国国家药房管理协会(National Association of Boards of Pharmacy,NABP)于 1999 年制订了行业自律计划,即网上药店认证计划(VIPPS)。这项措施并非强制性的,参加 VIPPS 认证的网上药店完全都是自愿的。NABP 的主要职责是组织对获得所在州和调剂医药品所到州的许可和符合其审查要求的合法网上药店进行“网上药店执业网站认证”,主要手段是制订了一套严格的“网上药店开业站点认证”计划(Verified Internet Pharmacy Practice Sites,VIPPS)认证标准。[③] 认证标准由州和联邦管理会(State and Federal Regulatory Associations)、专家协会(Professional Associations)及消费者倡议组织(Consumer Advocacy Groups)根据他们的业务职能制定。要获得 VIPPS 认证,药店必须遵循所在州和药品销售地州的有关许可条件和检查要求。[④] 此外,必须向 NABP 证明其符合 VIPPS 的有关标准。

---

① 参见《从美国经验看互联网医疗在中国的发展趋势和投资价值》,载和讯网:http://news.hexun.com/2018-04-25/192906272.html,2019 年 2 月 14 日最后访问。

② 参见李江宁、吴清纯:《从国外电子商务立法现状到对我国医药电子商务立法现状的分析》,载《首都医药》2006 年第 8 期。

③ 参见孟令全等:《国外网上药店的规制体系和运营体系的发展概况》,载《中国药房》2013 年第 33 期。

④ 参见陈锋、洪晓顺:《美国药品电子商务管理的一种模式》,载《药学进展》2000 年第 6 期。

美国即是使用分散立法来保护个人隐私信息的代表性国家。美国目前并未有一部全国通行横跨各行各业的个人信息保护基本法,但存在较多的部门性立法,例如《家庭教育权和隐私法》《金融隐私权利法》《录像隐私保护法》《驾驶员隐私保护法》《电脑资料对比与隐私权保护法》《儿童在线隐私保护法》等。分散立法的优势在于每部法律都可以针对不同领域不同的侵害方式进行细致的保护方案设计,尽可能地使个人隐私保护显得面面俱到。美国于1967年通过的《信息自由法》作为保护隐私的主要法律,在对于医疗隐私信息的公开方面,如公开行为涉及对公民个人隐私的侵害,则禁止此种公开行为。1974年通过的《隐私权法》则是美国隐私保护的基本法,它明确划定美国联邦政府收集获取个人信息的权限范围,并明令禁止任何未经当事人同意即使用当事人相关个人信息的行为。此后,其陆续出台了各领域内详细的隐私权保护法律法规,包括《录影带隐私保护法案》《联邦电子通讯隐私法案》等。而在一系列医药隐私信息保护法律法规中,最具代表性的莫过于1996年颁布的《健康保险携带和责任法》。该法案被普遍认为建立了美国医药隐私信息保护的框架,奠定了之后统一的相关联邦法律法规和各州地方性法规的基础。根据该法对政府机构的授权,2002年美国卫生和福利服务部(Department of Health and Human Service)公布《个人可识别健康信息隐私规则》(Standards for Privacy of Individually Identifiable Health Information),之后又根据社会反响作出修订,修正案于2003年颁布生效;2005年又有《电子化健康医疗信息的安全规则》正式宣布生效;同一时期制定了《信息交换与密码设定标准》(Transactions and Code Set Standards),由此可见HIPAA的重要地位。

美国FDA也在给医学人工智能不断地松绑。例如2018年4月,美国FDA批准了一项人工智能软件,可以筛选糖尿病视网膜患者,不需要来自专家的进一步确认。其被称为“突破性设备”,加快产品投向市场。据称,该医学人工智能软件(IDx-DR)准确识别“轻度视网膜病变”的病人,准确率达到87.4%。创业企业Healthy.io的地缘产品Dip.io使用传统的尿分析试纸监测尿路感染程度。用户可以用智能手机拍一下试纸棒的图片,然后计算机视觉算法可以根据不同的灯光和摄像头质量调整校正结果。这种测试可以识别感染以及怀孕相关的复杂情况。Dip. io已经获得了美国FDA的许可,并投入欧洲和以色列等国家商业使用。

(二)英国

英国具有全球领先的医疗数据分析、规划和项目实施系统。信息化手段被广泛应用于英国的医疗卫生领域,为临床医生、患者及其家属提供全方位切实有效的帮助。英国医疗局行业专家Madhukar Bose总结了四点英国在卫生信息化方面的经验:一是信息系统的引进,必须以医师的需求为主导;二是新技术的预期收益必须明晰;三是在引进新技术时,人力和方法都是需要特别强调的;四是总部应该制定方向、政策、标准和目标,但具体决策应当由当地实施。[①] 英国国家医疗服务体系(National Health Service,NHS)曾官方宣布,机器人将在20年内开展痴呆护理。他们正计划在整个卫生服务部门大规模扩展人工智能,用于日常操作和治疗。这项技术还将用于“推动”患者的生活方式更加健康,特别是如果他们患有糖尿病或心脏病。英国未来的发展趋势是NHS将使用人工智能来帮助患者控制自己的健康,特别是针对长期患病的患者。甚至建议,智能手机上的“虚拟健康教练”可以用来提醒患者服药或锻炼。与此同时,能够进行基本日常活动的“辅助生活”机器人可以帮助照顾自己家中的中风或痴呆患者。[②]

英国是世界上分级诊疗做得较早和较好的国家之一,首先它明确医疗机构的功能定位,医疗服务体系主要是两大层次:第一层次是社区,主要是区分医生;第二层次是以医院为主,包括急诊、专科门诊、手术治疗,按照三级、二级、初级进行区分。所有在NHS注册的都有一个独特的病人标识符称为NHS号码。NHS号码帮助正确识别病人的身份,将病人的详细信息与健康记录相匹配。病人的NHS号码是独一无二的。该号码将出现在从NHS收到的大多

① 参见陈翠翠:《中英医疗信息化经验谈:中国的今天是英国经历的昨天》,载HIT专家网:http://www.hit180.com/13024.html,2019年2月15日最后访问。

② 参见《英国推动人工智能进行医疗治疗和护理》,载新浪网:http://k.sina.com.cn/article_2090512390_7c9ab00602000iw5p.html,2019年2月15日最后访问。

数正式文件和信函中,包括处方、测试结果或医院预约信。如果病人找不到NHS号码,可以要求全科医生的帮助。只要注册了,就能提供这个号码。为了隐私保护,病人会被要求出示护照、驾照或其他身份证明。

在全科医生诊所的选择上可参考患者的体验、注册病人数量、可否在线预约、患者的年龄结构、可否开出电子处方、转诊到医院的数量、推荐全科医生诊所的人数、患有长期慢病的病人情况、可否在线查看、开出重复用药处方等因素。也可参考病人对预约经历的评价、病人推荐全科医生诊所的比例、病人对全科医生诊所开诊时间的评分、病人对通过电话与全科诊所联系给予好评的比例、病人对在全科医生诊所总体评价为好或很好的比例等内容。全科医生在线传递转诊信息到医院或诊所,给病人发送转诊信,信中有转诊号和密码。医生可以在线跟踪病人的转诊情况。更方便选择医院或专科医生、选择预约日期和时间。病人可以查看预约的情况,改变、取消预约,也可取消转诊。减少错失预约,减少不当推荐,缩短转诊到治疗时间。节约成本、节省时间、减轻全科医生负担。目前通过NHS转诊系统转诊的病人每天大约有6万人次。

电子处方系统允许处方以电子方式向病人选择的药店发送处方。医生可以更有效地处理处方,有更多的时间来照顾病人。药店可减少使用纸张,改善存货控制,为病人提供更有效的服务。病人可以利用重复处方,减少路途奔波,特别是冬季。72%的人反映药品在他们到达药房前已经准备好。在应用上可咨询全科医生、预约就诊、开出重复处方以及查看健康档案。同时,确保每个人都可以在英国NHS服务网点用上免费无线上网(Wi-Fi)。[①]

远程医疗在英国越来越受欢迎,最直接的体现是主打视频问诊的PushDoctor用户日增。PushDoctor是英国的一家在线医生咨询公司,成立于2013年,目前共完成3轮合计3750万美元融资。PushDoctor拥有超过7000个通过认证的英国普通医师,提供从早上6时至晚上11时、一周7天不间断的问诊服务。用户可以像滴滴打车一样发出问诊需求,在3分钟内就可和医生进行10~30分钟的视频通话。医生开具处方后,患者可将处方共享至最近的

① 孙杨:《从英国分级诊疗做法,看我国“机制与互联网+协同配合”》,载亿欧网:https://www.iyiou.com/p/79402.html,2019年2月14日最后访问。

药店抓药。此外,PushDoctor 还提供转诊服务。当用户需要向专家问诊时,平台的医生可以发出转介信,让用户尽快获得治疗。PushDoctor 的咨询费用一般在 20 欧元(约 150 元人民币)起,根据问诊次数及求诊的医生级别的不同来定价。在英国,还有两个知名的在线医疗公司 Babylon 和 Ada Health。和 PushDoctor 不同的是,Babylon 引入人工智能技术,用户可向全天候 AI 机器人(在应用程序中)咨询病症,当然,机器人无法解决时他们也提供驻站医师。此外,Babylon 还提供健康追踪及药品配送等服务。Ada Health 还可利用 AI 技术为用户提供健康评估。①

1999 年 11 月,英国开办了第一家网上药店,从而拉开了英国网上药店发展的序幕。英国网上药店法律法规主要包括 3 个方面:②第一,电子商务领域。主要包括《电子商务条例》《隐私和电子通信条例》等多部法律规范。第二,医药电子商务领域。主要包括《药品法》《药剂师法》《网上药店服务专业标准指南》等。《药品法》对药品的销售、供应和广告作出规定。英国允许已注册药房、批发商、销售代理或传统销售中的任何机构,通过网络销售包括处方药在内的医药产品;《药剂师法》专门用于指导和规范药剂师的服务,供应处方药必须凭借合法有效的处方;《网上药店服务专业标准指南》规定网上药店应保护患者对药学服务的选择,必须提供与药品相关的信息等。第三,网上药品销售伦理准则及标准指南。主要包括《药师与药店技术人员伦理准则》《药品销售及供应标准指南》《药品广告和专业服务标准指南》等,这些准则和指南与道德伦理密切相关,发挥了较好的辅助功用。

英国的法律目前还没有承认隐私权, 然而, 这并不意味着个人隐私不受英国法律的保护,其可以通过侵害之诉(trespass)、妨害(nuisance)、诽谤和恶意诽谤之诉对隐私权进行保护。除“Wainwright v. Home office”“Khorasandjian v. Bush”“Hunter v. Canary Wharf Ltd.”“Kaye v. Robertson and Another”等判

---

① 参见黄雪姣:《英国卫生部推出远程医疗,其实早在 2013 年他们就可视频问诊了》,载 36 氪网:https://36kr.com/p/5101982.html,2019 年 2 月 15 日最后访问。

② 参见陈明等:《英国网上药店的监管及对我国的启示》,载《中国执业药师》2010 年第 7 期。

例之外,英国还制定了相关法律支持公民(包括患者)的隐私保护,影响比较大的主要有是《广播法案(1996)》《个人数据保护法(1998)》《信息自由法案(2000年)》等。在保护隐私权的问题上,相当一部分人认为相比于普通法的保护,适用违反保密义务的方式更有优势。① 正如马克西尼斯(Markesinis)与迪肯(Deakin)教授在其著作的《侵权责任法》中所阐述的:“目前,保护个人隐私权的最宽泛的方式就是通过不断扩大衡平法来控制违反保密义务的适用。”②在技术上,英国也开始关注患者隐私的保护。例如,其“GP(家庭医生)AtHand”系统将采用面部识别功能,以保证患者的隐私,并提供了视频回放功能。

(三)德国

德国的电子医疗起源于2003年通过的《法定医疗保险现代化法》,除了要求全面推行电子医保卡以外,该法还详细规定了卡中所储存的数据种类以及基于此卡可开展的医疗应用。而且,互联网医疗绝不是以开展远程医疗服务为唯一目标的“洪水猛兽”,相反,电子通信、医疗主体合作、急救信息、用药计划、医疗诊断结果电子化、健康咨询等才是德国电子医疗的关注重点。③

近年来,德国许多公司正利用信息技术的突飞猛进,尤其是智能手机的迅速普及,推动数字化医疗的进步。智能手机上已有数以千计的健康保健相关应用。比如,有的用于测量血压,有的分析孩子的生长发育状况,有的可以检测孤独症。据悉,一款名叫“线索”的应用声称能预测女性下一个排卵期,以便进行生育安排。还有一款应用声称能通过扫描照片发现一种罕见的眼癌征兆。以皮肤检测应用克拉拉(Klara)为例,病人用智能手机拍摄两张皮疹或肝斑照片,上传后回答若干问题。两天之内,病人将收到回复,医生会给出一个临时诊断,严重的话,比如怀疑患有皮肤癌,则要求病人在两周之内找专科医生复诊。Klara的研发者西蒙·波尔茨说,公司已成功为98%的照片做出诊断。他相信,公司未来很大一

---

① 参见王黎黎:《英国三大法律下的隐私权保护立法及其评价》,载《求索》2012年第3期。

② S. Deakin et al., *Markesinis and Deakin's Tort Law*, 6th ed., Oxford University Press, 2008, pp. 819-831.

③ 参见查云飞:《互联网+:德国人早用上了电子医疗》,载《方圆》2015年第22期。

部分收入将来自德国境外。目前,来自海外的问诊图片大约占20%。至今,保险公司尚未为Klara用户提供补偿。不过,根据目前德国的职业指引规定,医生不能纯粹通过“打印材料或社交媒体”进行诊断,也就是说,虚拟诊断不能替代当面诊断。对此,Klara采用“医疗意见”这样意义模糊的表述来规避可能引起的麻烦。[①] 萨那公司旗下有几十家连锁医院,遍布德国全境。董事会成员马库斯·穆舍尼希被视为德国医疗初创企业界的思想领袖,曾建立联合会支持数字技术在医疗保健领域的应用。他曾经断言:“我毫不怀疑,未来优良的医疗服务将携手互联网。”

德国政府于2004年年初才允许药品网上交易,但规定被批准在网上交易的医药公司必须拥有药品邮路销售许可,并有能力在顾客网上订购后的48小时之内将药品寄给顾客。按照德国法律的有关规定,医疗参保者应在德国或欧盟境内注册的合法网上药店购买药品。[②] 德国医药卫生体制建立在覆盖面广泛的社会医疗保险基础之上,消费者在购买药品时必须弄清该品种是否被纳入医保报销范围,否则不得不自担药费。这一制度设计从根本上杜绝了假劣药品通过网络销售的可能性,因为理性的消费者会从成本收益角度出发,充分征求医生和药剂师意见,以避免自掏腰包的风险。在成熟的社会保障体系之上,德国政府还通过药剂师协会的行业准则规范实体药店和网上药店行为,全国所有药剂师共用一部热线电话,实现药事服务标准化。同时,国家建立药店巡查制度以保障高效执法,监管部门一旦发现非法网上药店即将其列入“黑名单”。此外,政府还设立药害事故赔偿基金,以应对突发群体性药品安全事件。该模式的优势是通过严密的科层制和精细的制度设计防范风险,缺陷在于政府介入市场过多,且政策高度统一容易带来政府失灵。[③]

德国对医疗隐私信息采取统一立法模式。德国于1977年正式生效的《联邦个人资料保护法》(BDSG),之后修正本中提出的“资讯自决权”作为宪法基础对

① 参见《下一场互联网革命:德国迎来数字医疗新时代》,载新华网:http://www.xinhuanet.com/world/2015-03/19/c_127595089.htm,2019年2月15日最后访问。

② 参见令全等:《发展我国网上药店可借鉴德国经验》,载《中国药业》2007年第16卷第16期。

③ 参见颖廉:《发达国家网售药品监管模式对比》,载《医药经济报》2015年5月13日,第2版。

个人隐私的保护具有深远意义。该法明确地将公共领域和私人领域的个人信息分为两部分。且都纳入了保护范围之内,为包含医药隐私在内的个人隐私信息提供了明确法律标准。但是统一立法通常在各个领域不同的突发状况下实用性较差,体现其细节方面不够完善的缺点,而且作为独立的法案具有一定程度上的滞后性,尤其在信息时代的大背景下显得尤为致命。

(四)日本

日本初期仅将远程医疗作为常规"面对面"医疗的补充,针对病情稳定的且长期接受治疗的慢性病患者,才可进行远程医疗。除此以外,其他疾病只在极少数的情况下可以允许涉猎。例如,针对边远山区或离岛居民当面诊查较为困难或者比较费时的,而且该种情况下若欲进行远程医疗,还应由当地的医疗机构配合,实现院际合作。除此之外,对于初诊或病情较为严重的急性期患者,一般均不允许进行远程医疗。① 2003 年,日本厚生劳动省对《关于使用咨通讯设备诊疗之规范》作出了修订,②取消对偏远或离岛地区进行远程医疗的院际合作限制,只要评价采用通信方式进行医疗有利于患者病情即可施行。同时,这一次修订还对可以采用远程医疗的慢性病的范围进行具体化,并以附表形式列举出可适用的疾病类型,包括糖尿病、高血压、呼吸道疾病等常见慢性疾病,明确只要患者申请远程方式治疗,而经医生评估认可,确保病情变化能够及时联络即可采取远程医疗。尽管与之前一版相比,对于互联网医疗许可条件和科目有所放宽,但也仅就应用于偏远地区紧急医疗场合和慢性病治疗之上。日本许多学者对此颇有微词,认为仅这两种情形不能解决当前日本医生匮乏、患者候诊期间长的问题,无法满足线下社会需求,因此提议:应当遵循患者意愿可以选择远程医疗的方式。③

日本药品管理法律目前禁止在网上销售药物,但是医药行业和电子商务

---

① 情報通信機器用診療(「遠隔診療」),健政発第 0175 号,平成 9 年(1997 年)12 月 24 日。

② [報通信機器用診療(「遠隔診療」)],医政発第 0331020 号,平成 15 年(2003 年)3 月 31 日。

③ 厚生労働省,遠隔治療の推進方策に関する懇談会中間とりまとめ,平成 20 年(2008 年)7 月 31 日。

领域的业内人士一直呼吁对网上售药实施解禁。而日本卫生部门认为,在完成安全评估之前,不应允许在网上出售药物。但是日本国内的医药公司和电子商务公司却在不断地推动政府全面解除网上售药的管制,甚至要求解除处方药的网上销售管制,以减轻患者的负担和促进经济的发展。但是日本卫生行政部门担心公众错误用药,因而规定只能通过面对面的方式出售。日本卫生行政部门的主张得到了日本药剂师协会的支持。日本药剂师协会常务理事藤原英宪说:“我们并不是否定网络销售的便利性,但药品的随意流通,确实会因为副作用和误用,大大增加民众的健康风险。作为确保民众健康的药剂师,我们不太赞成。”①由此可见,日本是世界上对网上药物销售控制最为严格的国家。

日本是对隐私权保护采取统分结合立法式保护的代表性国家。自 2005 年起日本《个人情报保护法》正式开始生效,该法的主要作用是作为个人信息保护的根本法。该法同时为政府机关和民间组织订立了对公民个人信息处理的同意标准。在该法的基础上,对某些特殊领域,如医疗、金融、通信等的个人信息,在不违背《个人情报保护法》的条件下再另行制定单独的法案。统分结合式立法同时兼顾了前两种立法方式的优点,对个人信息既有统一标准的基本法作为根本,又有特别针对特殊情况的细节性法案,具有独特的优越性。

四、“互联网+医疗健康”的对策

(一)我国的卫生健康立法需要进一步完善

当前,我国正在制定《基本医疗卫生与健康促进法》,已处于二审稿阶段,相信不久就会正式出台。按照立法部门的规划,其将作为我国卫生健康领域中的一部综合性、基础性法律。“互联网+医疗健康”作为我国卫生健康领域的一种新兴事物,在其经历了萌芽、探索和快速发展三个时期之后,已经步入

① 雨果:《网上售药是否解禁?》,载《21 世纪药店》2013 年 12 月 23 日,第 3 版。

逐步完善阶段,理应在卫生健康领域的“基本法”中进行确认,只有这样,才能为“互联网+医疗健康”领域的具体立法提供权威依据。

除2018年国家卫生健康委员会等制定的《互联网诊疗管理办法(试行)》《互联网医院管理办法(试行)》《远程医疗服务管理规范(试行)》三个重要的部门规范性文件之外,我国还应当在医疗健康大数据方面进行立法,在暂不具备立法条件或者不宜立法的情形下,可以考虑先行制定一些阶段性的政策予以过渡和“润滑”,以期实现联合规制的目标。

由于我国的卫生立法多制定于20世纪80年代和90年代,其在制定之初并未对“互联网+医疗健康”进行(充分)考虑,为了支持和配合当前的医药卫生体制改革,如分级诊疗制度、医师(药师、护士)多点执业制度、医药分开制度等制度的建立和推进,我们有必要制定当前欠缺的法律,比如《药师法》《医事法》等,同时对现有的卫生健康法律进行相应的修改,如《执业医师法》《中华人民共和国中医药法》《护士条例》《乡村医生从业管理条例》《医疗机构管理条例》及实施细则等,以进一步保障医疗安全和患者权益,推进“互联网+医疗健康”事业的长期、稳定和可持续发展。

(二)“互联网+医疗健康”的价值取向应当进一步明确

2019年1月7日,全国卫生健康工作会议在北京召开。李克强总理、孙春兰副总理作出重要批示,要求认真贯彻落实党中央、国务院决策部署,深入实施健康中国战略,坚持“三医”联动把医改推向纵深,聚焦群众看病就医“烦心事”,进一步调动广大医务人员积极性,为维护人民群众身体健康、全面建成小康社会作出新贡献。全力推进健康中国建设,针对重要健康危险因素、重点人群和重大疾病,实施一系列健康行动。整合医疗卫生资源破解“看病难”问题,着力推进医联体建设,提升县级医院服务能力,大力发展远程医疗,做实做细家庭医生签约服务。推动卫生健康治理体系和治理能力现代化,加强卫生健康法治建设,进一步完善鼓励社会办医发展的政策体系。在“互联网+医疗健康”发展过程中,关于公益性和营利性的争论始终没有停息,如果定位不明晰,就会直接影响到“互联网+医疗健康”的发展。

对于“互联网+医疗健康”而言，其应当在内部进行一定的区分，即“互联网+医疗”和“互联网+健康”。在“互联网+医疗”中，根据其提供服务主体的属性，又可以分为公益性、非公益非营利（可称为“中间型”）和营利性三种，不过需要说明的是，即便是营利性服务主体，也可提供公益性的服务，其主要的判断标准在医疗行为的性质，而非主体本身的性质。

根据2018年新出台的《互联网诊疗管理办法（试行）》的相关规定，互联网诊疗活动应当由取得《医疗机构执业许可证》的医疗机构提供。新申请设置的医疗机构拟开展互联网诊疗活动，应当在设置申请书注明，并在设置可行性研究报告中写明开展互联网诊疗活动的有关情况。如果与第三方机构合作建立互联网诊疗服务信息系统，应当提交合作协议。卫生行政部门受理申请后，依据《医疗机构管理条例》《医疗机构管理条例实施细则》的有关规定进行审核，在规定时间内作出同意或者不同意的书面答复。批准设置并同意其开展互联网诊疗的，在《设置医疗机构批准书》中注明同意其开展互联网诊疗活动。医疗机构按照有关法律法规和规章申请执业登记。由此可见，“互联网+医疗”只能由取得《医疗机构执业许可证》的医疗机构提供，即由传统的线下服务变革为线上服务，改变的主要是就诊模式、流程、支付以及更为核心的就诊体验等。

作为医疗机构，自然有公立医疗机构、非公立非营利医疗机构和营利医疗机构之分。公立医疗机构应当坚持公益性，非公立非营利医疗机构亦应坚持公益性，营利医疗机构的“互联网+医疗”服务既可以坚持公益性，也可以坚持营利性，但在实践中，多以营利性为主。在服务内容上，如果是基本医疗卫生服务，应当全部是公益性的，不允许坚持营利性。在非基本医疗卫生服务领域，对于营利医疗机构而言，可以营利。一言以蔽之，在“互联网+医疗”领域，其应以公益性为主，营利性为辅，这是由我国现阶段医疗卫生服务主要由非营利性医疗机构来承担密切相关。

与“互联网+医疗”重在治“已病”不同，“互联网+健康”重在治“未病”，强调对个体的健康监测和管理，并不具有（基本）医疗卫生自身秉具的（准）公共产品的属性,[①]而是带有一种明显的个人需求特性。另外,在“互联网+健康”领域,大量商事主体的社会资本涌入,具有十分强劲的营利性动机和目标,尽管偶有公益性的体现,但在更多的情形下,主要还是彰显出逐利的一面。不同的价值取向,意味着不同的行为模式,其监管主体和内容亦有所不同。

(三)有条件地允许网售处方药

当前,世界各国对互联网售药服务的态度不尽一致,其中,瑞士、意大利、西班牙等国完全禁止网上售药,瑞典的网上售药权由一家国营企业独享,英国、荷兰则基本持开放态度。

我国网络药品经营管理主要经历了三阶段政策调整。第一,2000 年之前,国家药监部门在《处方药与非处方药流通管理暂行规定》中要求“暂不允许采用网上销售方式”。第二,在 2000~2014 年则采取有条件地放开非处方药,明确提供互联网药品交易服务的企业,当依法设立药品连锁零售企业,并只能在网上销售本企业经营的非处方药。第三,2015 至今,处于逐步取消资质审批的政策调整和争议阶段,一方面,国务院积极释放加快处方药电子商务销售模式创新、放开网络处方药经营的政策信号;另一方面,药监部门在传达要限制甚至禁止网络处方药的信息。另外,国内大部分互联网药品零售的销售系统暂不能做到与医保报销系统有效对接,受制于政策和地域差异,医保系统和互联网药品经营平台对接存在政策难的问题。

2019 年 1 月 3 日,国家市场监督管理总局办公厅发布了《药品网络销售监督管理办法(送审稿)》,其对网售处方药制度进行了考虑和设计,具体而言,主要包括以下三个方面:一是药品零售企业通过网络销售处方药的,应当具备处方药销售信息与医疗机构电子处方信息互联互通、实时共享的条件,确保处方来源真实、可靠,并按照有关要求进行处方调剂审核,对已购买处方药的处方进行电子登记;二是具备网络销售处方药条件的药品零售企业,向公众展示处方药信息时,应当突出显示“处方药须凭处方在执业药师指导下购买和使

① 参见李昕:《公立医院法律制度研究》,法律出版社 2018 年版,第 3 页。

用”等风险警示信息;三是销售处方的药品零售企业还应当保存电子处方记录。相关记录保存期限不得少于 3 年,且不少于药品有效期后 1 年。这种部门立法活动充分说明,我国对网售处方药进行了有益的探索。未来,我国可采取有条件和分步试点网售处方药的稳妥方案,通过完善质量管理、服务规范和建立处方共享平台等举措,更好地保障患者用药安全。

(四)医保制度需要尽早接入“互联网+医疗健康”

2015 年 9 月 8 日,国务院办公厅发布了《国务院办公厅关于推进分级诊疗制度建设的指导意见》明确指出,“职责明晰、功能完善、富有效率的医疗服务体系基本构建,基层首诊、双向转诊、急慢分治、上下联动的分级诊疗模式逐步形成,基本建立符合国情的分级诊疗制度”。建立分级诊疗制度,是合理配置医疗资源、促进基本医疗卫生服务均等化的重要举措,是深化医药卫生体制改革、建立中国特色基本医疗卫生制度的重要内容,对于促进医药卫生事业长远健康发展、提高人民健康水平、保障和改善民生具有重要意义。为了建立和推进分级诊疗制度,需要明确各级各类医疗机构诊疗服务功能定位、加强基层医疗卫生人才队伍建设、大力提高基层医疗卫生服务能力、全面提升县级公立医院综合能力、整合推进区域医疗资源共享、加快推进医疗卫生信息化建设等,同时需要与医保制度及时衔接。

2019 年 1 月 16 日,京东互联网医院宿迁分院正式上线,这也是公立医院与平台型互联网医院的首次线上线下一体化合作。同时,随着宿迁医保体系与京东实现系统性打通,医药电商平台线上医保支付第一人于当天诞生,实现了划时代的一步。至此,京东在宿迁实现互联网“医疗、医药、医保”闭环,打造出以患者为中心,连通“医—药—险”的“微笑就医曲线”,为消费者带来真正线上线下一体化的就医购药体验。

不过京东互联网医院宿迁分院的做法,仅仅是一个局部探索和实践。作为“互联网+医疗健康”的最迫切痛点在于价格政策的空白。如果这一空白没有填补,那么医保报销就无从谈起。但需要注意的是,医保接入不是全部接入,因为不是所有互联网诊疗行为都属于基本医疗卫生服务的范畴,因此无须均要纳入医保报销。对于非基本医疗卫生服务的部分,由患者负担全部或者大部分。

(五)加强患者权益保护,严格监督管理

1. 加强患者权益保护

“互联网+医疗健康”将传统的诊疗和保健模式由线下移至线上,在优化服务流程和改善服务体验等方面十分显著,但这也带来另一个问题,即相关主体在提供线上医疗健康服务的过程中,能否确保其至少不低于线下,患者的权益能否不受其害或者少受其害?实际上,无论是线上或者线下,只要有医疗健康的服务行为存在,就有可能发生侵权现象,甚至在互联网环境下更容易引发侵权,进而造成严重的后果。综合当前的医疗实践来看,主要是患者生命权、健康权、隐私权、信息权等权益遭受损害。

首先,医学人工智能的发展,比如达芬奇机器人做手术,[①]不仅可以使手术更为精准,患者创伤更小,而且可以增加医生的视野角度,减少手部颤动,以防止手术中的疲劳等。但是医学人工智能(包括医疗机器人)确实存在误诊甚至失控的情形,由此可能会给患者的生命权和健康权造成损害,医疗机构或者生产厂商承担民事责任。

其次,在“互联网+医疗健康”中,患者的许多诊疗信息和健康信息均被电子化,如果网络安全和系统安全得不到保障,那么患者隐私和个人信息外泄的情况将会发生。[②] 我国《民法总则》第 111 条更是明确规定:“自然人的个人信息受法律保护。任何组织和个人需要获取他人个人信息的,应当依法取得并

---

① 达芬奇外科手术系统是一种高级机器人平台,其设计的理念是通过使用微创的方法,实施复杂的外科手术,其主要由三部分组成,分别为外科医生控制台、床旁机械臂系统、成像系统。达芬奇手术机器人是目前全球最成功及应用最广泛的手术机器人,广泛适用于普外科、泌尿科、心血管外科、胸外科、妇科、五官科、小儿外科等。达芬奇手术机器人在前列腺切除手术上应用最多,现在也已越来越多地应用于心脏瓣膜修复和妇科手术中。据悉,美国已经有 2000 多台达芬奇机器人,欧洲也有 600 多台,亚洲有 400 多台。由于技术垄断,所以在美国销售价为 1000 万人民币的达芬奇机器人到了中国的售价变成了 2000 万元一台。

② 参见刘炫麟:《互联网医药法律问题研究》,中国政法大学出版社 2017 年版,第 144~145 页。

确保信息安全,不得非法收集、使用、加工、传输他人个人信息,不得非法买卖、提供或者公开他人个人信息。”我国《中华人民共和国刑法》亦将侵犯公民个人信息纳入规制范畴,并适用较为严厉的刑事处罚。

最后,医疗健康大数据的权利归属和利用,在我国一直是一个未被立法加以规定的难题,导致患者、医院、国家等不同主体在健康医疗大数据上享有何种权利和承担何种义务不甚明晰。2018 年 7 月 12 日,国家卫生健康委员会发布了《关于印发国家健康医疗大数据标准、安全和服务管理办法(试行)的通知》,通过附件的形式公布了《国家健康医疗大数据标准、安全和服务管理办法(试行)》,该管理办法明确健康医疗大数据的定义、内涵和外延,以及制定办法的目的依据、适用范围、遵循原则和总体思路等,明确各级卫生健康行政部门的边界和权责,各级各类医疗卫生机构及相应应用单位的责权利,并对标准管理、安全管理和服务管理三个方面进行了规范,但并未完全解决上述问题,有待于未来进一步研究和立法。

2. 严格监督管理

(1)明确“互联网+医疗健康”的监管主体

目前,关于医疗领域的监管主体很明确,国家卫生行政部门是医疗行为的主管部门,也是监管部门。关于“互联网+医疗健康”监管的文件,也大都是由国家卫生行政部门制定和发布。但是“互联网+医疗健康”的许多内容已经超出了当前国家卫生行政部门的管辖范围。例如,互联网医疗中需要的信息技术属于国家工业与信息化部门的管辖范围;远程医疗中广泛应用的健康数据监测设备、穿戴式治疗设备等则属于医疗器械的范畴,由国家市场监督管理部门管辖。按照目前的管理体制,“互联网+医疗健康”有可能分属于不同部门管辖,如果各部门“各管一段”,很容易导致部门权力的空白和重叠,以至于产生职权错位或者缺位,影响监管的社会实效。因而,我国迫切需要各监管部门协同联动,紧密配合,共同监管“互联网+医疗健康”这一行业领域,对违法犯罪行为严惩不贷,起到应有的震慑作用。同时,对于不履行监管职责的监管机关和监管人员,应当及时受到责任追究。

(2)积极构建"互联网+医疗健康"的行业标准

我国"互联网+医疗健康"已处于逐步完善阶段,为促进"互联网+医疗健康"的发展,有必要制定明确的行业标准,主要包括技术标准和服务标准两方面。技术标准是指为"互联网+医疗健康"提供信息技术支持的系统、平台以及应用于远程诊疗的健康监测、诊疗设备等应当遵守的规范。服务标准则包括"互联网+医疗健康"行业的准入门槛、主体资质、范围边界、行为规范等内容。我国正在积极推进这方面的规范和立法,在这个过程中,需要充分调动行业协会的积极性,发挥其"智库"的作用。

(3)明确各方主体的权利义务及责任

"互联网+医疗健康"行为中参与主体众多、可能导致损害的原因种类多样,为避免医疗纠纷,有必要对各方主体的权利义务及责任作明确界定。例如在远程医疗中,关于医疗机构、医生、患者、技术平台各方的权利义务,远程端医生、求诊端医生与患者之间的关系定性,不同原因导致的医疗损害的责任确定及划分等内容应当有明确规定。① 同时,为了分担公民在"互联网+医疗健康"中可能遭受的损害风险,可以尝试商业保险的介入,建立分担机制,消除各主体的后顾之忧!

① 参见刘炫麟:《互联网医药法律问题研究》,中国政法大学出版社 2017 年版,第 292~293 页。

第十章 “互联网+新零售”法律政策

一、概述

近两年来，随着以“互联网+新零售”为代表的电子商务的蓬勃发展，世界上许多国家都加强了对于电子商务的法律监管和政策指导，税收、知识产权保护、跨境电子商务监管、电子商务平台监管、个人信息保护、消费者权益保护等领域，成为政策和法律规制的重点领域，并且呈现不断强化的趋势。有些国家出台了专门针对“互联网+新零售”领域的法律，有的国家则是在范围更为宽广的数字经济的视野下制订未来发展的政策与计划。

二、美国相关政策法律的新发展

（一）网络零售领域的税收规则将被重塑

长久以来，在州际网络销售领域，美国联邦政府一直推行免税的政策，虽然有许多州想通过本州立法来对外州的电子商务企业征收销售税，但都因美国最高法院在1992年所做出的一项判例所禁止。依据1992年的“Quill案”判例，除了零售商在该州有实际营业住所之外，当该州居民以邮购或网购方式购物时，禁止州政府向该零售商征收销售税。① 然而，在2018年6月21日，美国联邦最高法院在一起新的判例中以5∶4的结果推翻了1992年的“Quill案”判

---

① *Quill Corp v. North Dakota*, 504 U. S. 298 (1992).

例,从而允许州政府向在该州没有实际营业住所的网络零售商征收销售税。① 在本案中联邦最高法院肯尼迪大法官指出,在1992年"Quill案"之后,网络销售的飞速发展已经改变了国家经济结构。根据政府审计总署(Government Accountability Office)的统计,2017年电商销售额可以达到4535亿美元,而州政府就相应在网络销售这部分损失了高达33亿的税收,因此,美国许多州都希望能够推翻"Quill案"判决。肯尼迪大法官还指出"Quill案"的规则对实体店不公平,妨碍了市场参与者的公平竞争,限制了各州政府发展的能力。② 联邦最高法院在本次判决中还是留有余地,认为小宗分散的交易无须缴税,也未指明州政府是否可以进行"追溯式"征税。

值得注意的是,在该案中,以罗伯茨大法官为代表的4位提出反对意见的大法官认为,是否征收网络销售税的问题应该是由国会来决定的。其实,美国参议院于2013年、2015年先后两次通过《市场公平法案》,要求电子商务企业除了要向企业所在州政府缴纳销售税,还要按照消费者所在地向各州政府缴纳销售税,以期避免电子商务免税政策带来的不公平竞争和解决税收流失问题,然而由于争议较大,该法案并未在众议院获得通过。在联邦最高法院的此项判决做出后,估计美国各州政府都将会很快采取措施,美国电商行业相对于实体零售业的价格优势将会被不断削弱。

(二)关于电子商务平台的知识产权保护义务的最新判例动态

2017年,美国的法院在一起专利权人起诉电子商务平台eBay的判例中,认为原告仅仅向eBay发出了专利侵权的通知,而未提供法庭的命令或专利信息,尚不足以认定被告对于平台上销售的商品构成专利侵权是知情的,因为像被告这样的电子商务平台通常并不具备完全理解专利或判断是否构成专利侵权的能力,所以被告eBay在接到通知后拒绝移除是具备正当理由的,而无须承担侵权责任。

---

① *South Dakota v. Wayfair*, Inc., 585 U. S. __ No. 17-494 (2018).

② See https://www.supremecourt.gov/opinions/17pdf/17-494_j4el.pdf, June 20, 2018.

(三)消费者隐私保护与数据跨境流动政策

2018年6月28日,加州通过了全美范围内最严厉、最全面的消费者隐私保护法《2018加州消费者隐私法案》(California Consumer Privacy Act of 2018),并且定于2020年1月1日生效。这项法案广泛适用于收集加州消费者个人信息的企业,针对企业收集和管理其个人信息等行为给予了加州消费者以新权利,包括数据访问权、删除权、不销售个人信息的权利、不受歧视权、“不销售”链接和新隐私政策披露、未成年人特殊同意、针对信息泄露的私人起诉权。企业则被规定要披露收集的信息,要依要求删除相关数据,要尊重消费者不出售的选择,不得歧视消费者不出售等。同时规定了如果企业违反了该法案要求,将支付给每位消费者最高750美元的赔偿金,而且会有最高7500美元的罚款。①

在联邦政府层面,2017年4月3日,美国总统特朗普签署了废除奥巴马时期美国联邦通信委员会制定的保护网络用户隐私规定的法案,②这意味着在未来网络服务提供商可以自由地监测用户在线信息并不经用户许可就贩售用户信息,实际上是对奥巴马时代隐私政策标准的降低。③ 而近日,美国白宫也通报了其在规定联邦数据隐私政策上的工作情况。美国商务部下属的美国国家电信和信息管理局已经与超过80家公司和组织召开了22次正式会议,会议的短期目标是制定数据隐私保护的提案,其内容包括企业应该如何收集数据,以及消费者针对其个人数据享有何种权利。包括脸书、谷歌等在内的企业认为联邦层级上的数据隐私规定应当相对平和,如消费者可以对其信息享有更高的控制能力,但是要限制消费者在反对企业收集其数据时所能依赖的法

---

① See https://www.caprivacy.org/, October 28, 2018.

② “Protecting the Privacy of Customers of Broadband and Other Telecommunications Services”, https://www.fcc.gov/document/fcc-releases-rules-protect-broadband-consumer-privacy. 本规定旨在令用户在网络服务提供商如何使用其个人信息上有更大的决定权,要求网络服务商在手机用户在线活动数据前需要获得同意。

③ See https://www.nytimes.com/2017/04/03/technology/trump-repeal-online-privacy-protections.html, June 20, 2018.

律规定。①

值得注意的是,特朗普政府在2018年9月发布的《国家网络战略》中,将促进数据跨境自由流动作为促进数字经济发展的一项重要措施,其认为,有些国家的数据本地化的规则对美国企业的竞争力产生了负面影响,它将阻碍数据全球自由流动的措施看作一种数字经济条件下的贸易壁垒。

(四)跨境电子商务监管

跨境电子商务的飞速发展给传统的监管体制带来挑战:消费者通过网络进行跨境消费购物的行为导致进口小包裹数量激增;跨国犯罪集团利用小包裹装运非法物品进入美国;新增的进口商对于美国相关法律法规不熟悉而导致进口不合规产品等。而此前,根据《全球电子商务框架》所规定的美国海关按货物价值进行监管的方式,美国海关对于小额商品和中额商品采用的是快速通关放行和简易申报的方式。大量的跨境交易与长期以来的监管模式之间出现了严重的不匹配。为了解决这些问题,2018年3月美国海关和边境保护局做出了制定《电子商务战略》(E-commerce Strategy)的计划。该计划中明确了新战略的四大目标:(1)促进新法律法规和新执法部门的构建;(2)引入并适用各种相关领域内的相关管理手段;(3)加深与私有部门、企业关于风险评估等方面的合作,制定"执法工具";(4)加速相关国际贸易标准的建立,以明确美国海关的全球主导地位。美国海关将通过内部、定向手段(包括构建数据基准,制定关键度量目标、进度报告等)来实现以上目标,从而最终促使领导部门更新或重置《美国政府绩效与成果法》(Government Performance and Results Modernization Act)。②

---

① See "The Trump administration is talking to Facebook and Google about potential rules for online privacy", https://www.washingtonpost.com/technology/2018/07/27/trump-administration-is-working-new-proposal-protect-online-privacy/? noredirect=on&utm_term=.212bce2b81d4 June 20,2018; See https://www.engadget.com/2018/07/27/white-house-federal-data-privacy-policy/, November 20,2018.

② See https://www.cbp.gov/sites/default/files/assets/documents/2018-Mar/CBP-E-Commerce-Strategic-Plan_0.pdf, September 30,2018.

（五）持续推动国际数字贸易（digital trade）规则的建立

美国在数字产品及服务领域占据优势，一直在巨型自由贸易协会（Mega-FTA）[如跨太平洋伙伴关系协定（Trans-Pacific Partnership Agreement，TPP）、国际服务贸易协定（Trade in Service Agreement，TISA）、跨大西洋贸易与投资伙伴协定（Transatlantic Trade and Investment Partnership，TTIP）]的电子商务规则谈判中倡导其提出的数字贸易规则。简言之，美国数字贸易规则有以下几项：（1）力主跨境数据自由流动，其中包括数据存储非强制当地化、成员方不得任意过滤数据；（2）追求数字产品的公平待遇，要求成员方永久给予数字传输零关税待遇；（3）倡导技术中立原则，实现网络接入自由；（4）成员方不得以要求企业公开源代码、商业秘密或算法，或要求企业进行技术转让等方式作为市场准入条件；（5）倡导具有普遍性的合作宣言，如保证数据安全、保护知识产权。

三、欧盟相关政策法律的新发展

欧盟在构建互联网零售或电子商务的政策法律规则时，与其他国家的不同之处在于，其出发点除了要规范电子商务交易环境、保护消费者利益之外，另一个重要目的在于在整个欧盟范围内构建单一数字市场，以避免成员国各自为政的情形。2017 年度欧洲的电子商务营业额达到了 5340 亿欧元，预计 2018 年将达到 6020 亿欧元。[①] 整个欧洲的跨境电商发展迅速，2017 年有 38% 欧洲消费者通过网络进行跨境购物，亚马逊、eBay 和阿里巴巴集团在欧洲电商平台中排名前列。在跨境电商飞速发展的情况下，欧盟制定的很多法律和政策都是针对跨境电商监管的。

---

① “The European Ecommerce Report 2018：relevant findings outlines”，https://www.eurocommerce.eu/media/159952/2018.07.02%20-%20Ecommerce%20report_annex.pdf，June 20，2008；http://www.outofseo.com/wp-content/uploads/2018/09/ecommerce-europa-report-2018.pdf，November 20，2018.

(一)跨境数字经济环境下的税收政策变革

1. 增值税—增值税数字单一市场法案(VAT, Digital Single Market Package)

为了破除欧盟内部成员国之间仍存在的电子贸易壁垒,解决非欧盟国家长期存在的严重的偷漏税问题,以及降低欧盟内中小企业在成员国间守法经营的支出,欧盟于 2017 年 12 月 29 日正式发布了与电子商务相关的增值税(Value Added Tax, VAT)改革方案,这次税改的目的就在于简化增值税规则在电商领域的使用,最终的改革方案将于 2021 年 1 月 1 日正式实施。① 根据该法案,此前针对电信、广播和网络服务实施“迷你版”一站式线上增值税登记及缴纳服务(Mini One Stop Shop, MOSS)②将会被扩大适用到所有供应网络商品及所有提供跨境服务至消费者的企业(Business-to-Consumer B2C)。实际上自 2019 年 1 月 1 日起,欧盟就将开始执行改革方案的一部分,包括(1)跨成员国销售额低于 1 万欧元的欧盟中小电商企业,可以直接在其本国按其本国税率缴纳跨境增值税;(2)跨境销售额低于 10 万欧元的欧盟中小企业,不再需要提供两份文件(账单或网际协议地址(Internet Protocol Address,IP)来证明其消费者所在地,提供一份证明即可;(3)成员国的发票识别号规则将适用于使用 MOSS 缴税的企业。③ 到了 2021 年,MOSS 模式的适用范围将会被扩大到向欧盟内非纳税人所提供的所有服务和跨境销售,真正实现 MOSS 模式的适用。④

---

① Council Directive (EU) 2017/2455 of 5 December 2017 amending Directive 2006/112/EC and Directive 2009/132/EC as regards certain value added tax obligations for supplies of services and distance sales of goods, See https://eur-lex.europa.eu/legal-content/EN/TXT/? uri=uriserv:OJ.L_.2017.348.01.0007.01.ENG&toc=OJ:L:2017:348:TOC;“New EU VAT rules simplify VAT for e-commerce”, https://www.ey.com/gl/en/services/tax/international-tax/alert--new-eu-vat-rules-simplify-vat-for-e-commerce, June 20, 2018.

② 原有模式下,跨境电商在不同成员国销售货物和服务需要分别向各成员国缴纳增值税,数据显示电商企业需要在每个成员国每年花费大概 8000 欧元的纳税成本。而这种创新电商增值税缴纳 MOSS 则使电商企业可按季度统一向欧盟结算增值税,节省了纳税成本。

③ 1 万欧元和 10 万欧元的规定于 2018 年起适用于电子服务(e-services)上,将于 2021 年适用于网络商品(online goods)。参见 http://europa.eu/rapid/press-release_IP-16-4010_en.htm。

④ 未在欧盟内设有营业场所的非欧盟企业需要设立一个欧盟内的中间人来管理其与增值税相关政策的合规性。跨境电商企业仅需要在一个欧盟内部国家来注册增值税和进行税务申报。

该法案还将取消从非欧盟国家进口低价商品到欧盟成员国的进口增值税豁免政策。[①] 同时,电商平台将对非欧盟企业在其平台上销售的货物申报和缴纳增值税负责。

2. 数字税

欧盟委员会认为现行的跨国公司税规则并不符合当代全球经济的现实,现行跨国公司税的征收完全未包含那些在某一国家没有实际营业场所却能通过提供数字服务获得巨额利益的商业模式。现行税收规定完全忽略了当今数字世界中的盈利方法——用户在数字公司盈利模式中的重要地位。这就导致创造的价值与应缴纳的税费之间的不匹配。据此,欧盟委员会于 2018 年 3 月 21 日提出了一项以公平、增长友好的方式对数字交易活动进行征税的草案,即“数字税”草案。草案中具体包含两项提议:(1)欧盟成员国可以就其范围内数字活动产生的利益征税,即使该公司在欧盟范围内并没有实际营业场所,只要该公司在欧盟范围内的年营业收入超过 700 万欧元,或有超过 10 万的用户,或一年内该公司与用户间签订了超过 3000 份有关数字服务的交易合同;(2)适用针对特定数字活动产生特定收入的过渡税收政策,该过渡税针对的是那些在目前税收构架下完全避税的数字活动之收入,比如通过贩卖网络广告空间获得的收入;通过贩卖用户数据获得的收入;或网络平台通过允许用户间的交流,以刺激其进行销售或提供服务的行为获得的收入。这种情况下,依靠用户数据赚钱的社交媒体脸书等,或者房屋自主租赁网站爱彼迎(Airbnb)抑或是网约车软件优步都处于被征税的范围。草案同时还明确了,当网络平台活动产生的收入属于通过实体零售的方式产生的收入,则无须缴纳此税,如亚马逊这种类型的电商平台可免纳此税。[②]

(二)网络平台监管新政策

在网络销售和数字贸易领域,网络平台扮演着越来越重要的角色,因此,

① 原有规定下,只要非欧盟的跨境电商卖家销售给欧盟内的商品货物价值低于 22 欧元,即可免缴增值税。因此,很多跨境卖家利用该规则有意低报商品的价值以偷逃增值税。

② See “Fair Taxation of the Digital Economy”, https://ec.europa.eu/taxation_customs/business/company-tax/fair-taxation-digital-economy_en, June 20, 2018.

备受欧盟立法者重视。在欧盟就有超过100万家企业通过网络交易平台接触到消费者,而且有60%的私人产品消费和30%的公共产品及服务消费都发生在网络平台上。同时,由于通过网络平台进行的纠纷调解的数量在不断攀升,最终就导致了这种依赖网络平台方作为市场和消费者的“守门人”的商业模式的产生。虽然目前市场上还没有出现垄断的网络平台,但是与平台上的商业用户(business users)相比,平台方掌控着极大的权力,然而极度依赖着平台服务的小商业用户们却没有有效的对抗平台方的手段。据此,2018年4月26日,欧盟委员会发布了促进网络平台保障用户公平、提高透明度的立法提案,并且2019年4月17日欧洲议会正式批准了《关于提高在线平台交易的公平性与透明度规则》的法规。[①] 该法规要求网络平台(如亚马逊或ebay)与一般搜索引擎(如谷歌搜索)实施一系列措施,以确保他们与在线交易方(如在线零售商、酒店及餐馆业务和应用商店)——在线交易方利用网络平台在欧盟范围内销售或提供服务——之间的合同关系的透明度与公平性。这是世界上首次通过在合同条款与条件、商品及服务的排名和数据访问方面协调适用透明度规则(transparency rules)来对构建公平、可信、创新驱动的网络平台经济系统。

具体而言,该法规包括三大方面内容:(1)透明与公平义务。其中第3条与第8条针对一般性条款与规章和特殊合同条款规定了透明义务,即平台方有义务明确、清楚地制定平台规章,并且需要知会平台用户相关条款的更改。第4条规定平台方必须不拖延地证明其针对用户方的限制、暂停或终止或从搜索结果中删除的行为是有合理理由的。第5条规定网络平台必须在其平台规章中公布其进行排名的主要参数以及其他相关重要因素,还需要通知平台用户方其排名是如何被平台影响的,如通过支付额外的佣金。[②] 第7条针对差

① 该法规还需要经过欧盟理事会批准通过以完成立法程序。

② 本条款必须与欧盟《商业秘密保护指令》的要求一致,也就是说网络平台方及一般搜索引擎方并不需要公布其算法,也不需要公开他们为了遏制第三方恶意篡改排名所掌握的信息。目前,相关网络平台正要求欧盟委员会针对此条款提供更明确详细的指南。(2017年6月27日,欧盟委员会认为谷歌滥用其在搜索市场的主导地位,推广其自家服务谷歌购物,对竞争对手的购物网站进行区别排名,打压竞争对手,违反了欧盟的公平竞争法,造成了垄断。欧盟委员会对谷歌处以了24.2亿欧元的罚款。)

别待遇(differentiated treatment)进行规定,即当平台方与平台用户都向消费者提供相同或相似的商品或服务时,平台方需要对其中的差别待遇进行说明。第9条要求平台方更透明地为用户方访问其个人数据或者其他类型数据(如评分和评价)的服务。第10条则是对平台方提供差别条件行为进行了限制。(2)更有效救济赔偿机制。第11条至第15条要求平台方建立更为有效的内部纠纷解决系统,且在内部纠纷解决系统无法解决时,平台方需要提供更多的调解机构服务(mediator)。(3)第16条、第8条则规定欧盟委员会设立监察机构(Observatory)来监控数字经济的现状与发展,以期在未来每3年为一个周期对本法规进行评估,判断是否还需要在本法规中增加条款。①

(三)《一般数据保护条例》正式实施

历史上最严格的个人数据保护法——欧盟《一般数据保护条例》(GDPR)经过两年的过渡期,终于于2018年5月25日正式生效。因其规定的适用范围非常广泛,许多从事跨境业务的互联网企业无可避免地会被囊括其中。GDPR生效后,截至8月8日,美国百大新闻媒体中,由于未完成GDPR下的合规工作,1/3的美国新闻网站(包括《洛杉矶时报》《芝加哥论坛报》等)在欧洲无法访问。同时,欧洲各监管机构也发现相关投诉案件大幅增加,欧洲层面至今则已有29起关于数据隐私侵权的国际案件,其中以谷歌或脸书为起诉对象的就有19起。②

在GDPR生效当天,负责管理网络域名系统和IP地址分配的非营利组织

---

① “Promoting Fairness and Transparency for Business Users of Online Intermediation Services”, http://www.europarl.europa.eu/sides/getDoc.do?pubRef=-//EP//NONSGML+TA+P8-TA-2019-0398+0+DOC+PDF+V0//EN; See “Fairness and Transparency for Business Users of Online Services”, at http://www.europarl.europa.eu/RegData/etudes/BRIE/2018/625134/EPRS_BRI(2018)625134_EN.pdf; See http://europa.eu/rapid/press-release_IP-18-3372_en.htm, August 15, 2018.

② 参见https://www.thestar.com.my/tech/tech-news/2018/06/14/facebook-google-targeted-among-19-pan-eu-privacy-complaints/。(比如Noyb.eu欧洲隐私权倡导组织针对脸书、谷歌及其子公司照片墙和瓦茨艾普发起了四项投诉;法国数字版权组织La Quadrature du Net针对GAFAM—谷歌(Google)、苹果(Apple)、脸书(Facebook)、亚马逊(Amazon)、领英(LinkedIn)发起的集体投诉等)

(ICANN)向德国法院提出要求颁布初步禁令的动议,要求与其签署《注册服务机构认证协议》的德国域名注册商 EPAG 继续依照协议的约定 WHOIS 数据元素。根据协议约定,在用户注册域名时,被告 EPAG 不但要收集注册用户的联系信息,还要收集管理联系人信息和技术联系人信息等个人信息。原告 ICANN 认为其要求被告收集 WHOIS 数据符合 GDPR,其合法性在于其处理数据是履行合同的必要条件。被告 EPAG 则认为依照协议对于注册用户个人数据及对于与被告没有直接关联的自然人个人数据的收集显然已经违反了 GDPR 的个人数据收集的最小化原则。德国地方法院认为履行合同不能作为排除法律适用的依据,本案应依据 GDPR 的目的限制原则和数据最小化原则来进行收集和处理,因此驳回原告 ICANN 的禁令申请。此后 ICANN 于 8 月 17 日提出重申请求,德国科隆高等法院(上诉法院)再次驳回了签放禁令的请求。①

(四)消费者保护新政策②

自 2017 年 5 月欧盟委员会对欧盟消费者与市场法的适当性检查与对保护消费者权益的指令进行评估之后,其认为总体来看法规符合目的,但仍然需要就适应数字经济而在一些方面加强执行力度与现代化进程。据此,2018 年 4 月 11 日,欧盟委员会提出了“消费者保护新政”,总体上包括两个方面提案:一是加强欧盟消费者权益保护规则的执行力度,并将规则现代化;二是涉及保护消费者集体利益的集体诉讼。这份指令提案将会修订四个横向消费者指令,包括《不公平商业行为指令》(Unfair Commercial Practices Directive, UCPD)、《消费者权益保护指令》(Consumer Rights Directive, CRD)、《不公平合同条款指令》(Unfair Contract Terms Directive, UCTD)、《限价指令》(Price Indication Directive, PID)。具体而言,这两个方面的提案又包含以下内容:

---

① See https://www.icann.org/resources/pages/litigation-icann-v-epag-2018-05-25-en, August 15, 2018.

② See http://europa.eu/rapid/press-release_IP-18-3041_en.htm; http://www.europarl.europa.eu/thinktank/en/document.html? reference=EPRS_BRI(2018)623547, August 15, 2018.

第一,给予消费者实施权利和获得赔偿的工具。首先,本提案允许在整个欧盟范围内进行集体诉讼,由适格实体,如消费者组织,来代表受到非法商业行为损害的消费者索求赔偿、更换或维修、终止合同或退款等;其次,针对《不公平合同条款指令》的修订提案将会在消费者受到不公平商业行为损害的情况,为其提供个人救济措施:合同上的救济措施至少包括终止合同的权利,而非合同上的救济措施则至少应该包括获得损害赔偿的权利。

第二,针对侵犯欧盟消费者法律行为引入更有力的处罚,表现为成员国消费者权益保护机构将有权针对欧盟范围内的跨境违规行为加大处罚力度,即如存在影响了几个成员国中消费者的广泛侵权行为,最高罚款将是贸易商在每个成员国年营业额的4%。

第三,加强消费者的网络权利。首先,通过修订《不公平合同条款指令》和《消费者权益保护指令》来加强网络交易平台的透明度,要求网络交易平台向消费者提供更多信息,如消费者搜索商品信息是如何进行排名的,并且还要明确指示出付费出现的搜索结果;如未提供,则会被列入被视为任何情况下都进行不公平的商业行为的列表中。同时,网络交易平台还需要明确表明与消费者发生交易的合同当事人是与贸易商还是个人,是否适用保护消费者权益的法规,以及网络交易平台的提供商是否负责保障消费者的权利。其次,《消费者权益保护指令》的适用范围将会扩大至免费数字服务,即将“服务”的概念扩大至数字服务,将“服务合同”扩大至数字服务合同,包括消费者提供个人数据以代替付费的数字服务合同,如云端存储、社交媒体和电子邮件账户。消费者应有权在签订合同前获得信息,并有权在14天撤回期内取消合同。

第四,简化交易模式,电子贸易商可以选择灵活的方式与消费者沟通,页面聊天、表单都可以替代传统的电子邮件模式,而且传真将会从沟通模式中被剔除。此外,提案还免除了在14天撤回期内的电子贸易商的两种义务:首先,如果消费者已经使用了订购的产品,免除贸易商接受退货的义务;其次,免除贸易商需要在收到消费者退回的货物之前就要先行退款的义务。

第五,引入了一种新的不公平商业行为“双重品质产品”,即在欧盟各个成员国以相同品牌进行销售的产品,在不同市场的品质和配料却不统一。这种情况将会被纳入现行误导性商业行为的列表中。

四、中国相关政策法律的新发展

2018年8月中国的《电子商务法》历经全国人大常委会的四次审议，最终获得通过。该部法律兼具公法和私法内容，既强调监管，亦有专章规定“电子商务促进”。该法确立了平等对待线上线下商务活动、促进线上线下整合发展的原则。该法最大的亮点在于其将电子商务平台作为规制的中心，构建了一套完整的电子商务监管体系。该法第一次以法律的形式对电子商务平台的概念做出了界定，并具体规定了平台应承担的信息核验、保存与提供义务，保障平台规则透明度的义务，保障平台规则公平性的义务，知识产权保护义务，保护消费者权益的义务，以及保护用户个人信息的义务等法律义务。

《电子商务法》的正式颁布解决了长期以来所存在的关于个体电子商务经营者的商事登记的争议，确立了以登记为原则、豁免登记为例外的基本规则。在《电子商务法》颁布后不久，国家市场监督管理总局发布了《关于做好电子商务经营者登记工作的意见》，其规定“电子商务经营者申请登记为个体工商户的，允许其将网络经营场所作为经营场所进行登记”。这是我国商事登记制度的一项重要的创新和突破，其顺应了数字经济时代对监管的要求。

《电子商务法》全文共有7章，一共89个条文。《电子商务法》总则中规定了跨境电子商务，随后在其他法律法规中也做出了相应的规定，如海关总署发布的《中华人民共和国海关总署公告2019年第70号》规定，“入境展示、样品、免税经营(离岛免税除外)、使领馆自用、旅客携带以及通过邮寄、快件、跨境电子商务等形式入境的预包装食品标签监管，按有关规定执行”。以及在《海关监管作业场所(场地)设置规范》中规定，“开展跨境电子商务直购进口或跨境电子商务一般出口业务的监管作业场所应按照快递类海关监管作业场所或者邮检作业场地规范设置”。商务部、国家发展和改革委员会、财政部、海关总署和国家税务总局以及国家市场监督管理总局发布《关于完善跨境电子商务零售进口监管有关工作的通知》,明确细化了有关主体的义务以及监管责任。① 在跨境电子商务零售进口税收方面,在《电子商务法》颁布之后,财政部、海关总署和税务总局在2018年11月发布了《关于完善跨境电子商务零售进口税收政策的通知》,明确了相关税收规则。

《电子商务法》第10条规定,电子商务经营者应当办理登记。但书条款则规定了例外情形,譬如个人销售自产农副产品、家庭手工业产品或者个人利用自己的技能从事依法无须取得许可的便民劳务活动和零星小额交易活动,以及一个兜底性质的规定,即依据法律法规无需登记。根据总则对于电子商务经营者的规定,自然人网商包括微商和代购等也是此处适用的主体范畴,将被法律规定纳入行政监管的范围。在《电子商务法》颁布前,2016年商务部办公厅关于印发《农村电子商务服务规范(试行)》和《农村电子商务工作指引(试行)》的通知,电子商务的普及范围不限于城镇,通过农村电子商务服务站体系建设,解决信息受限问题,为农村群众提供在线购物、销售、缴费等服务,目的在于方便农民生产生活,促进农村消费,搞活农村经济。2018年七部委联合出台《关于开展农产品电商标准体系建设工作的指导意见》,农产品也可以通过电子商务领域进行贸易,规范农产品电商行为,可以引领农产品电商健康可持续发展。

《电子商务法》第11条规定了电子商务经营者的纳税义务以及享受税收优惠的权利。本条规定与第10条规定在适用的主体层面略有不同,第10条排除了需要办理市场登记的三类主体,而第11条之规定是,所有的电子商务经营者应当依法纳税,即使不需要办理市场主体登记的电子商务经营者在首次纳税义务发生后,应当依照税收征收管理法律、行政法规的规定申请办理税务登记,并如实申报纳税。

《电子商务法》专门针对消费者保护进行了规定,除要求电商提供的服务和商品应当保障人身、财产安全以及环境保护之外;电子商务经营者应当依法出具发票等购货凭证或者服务单据;应当披露商品、服务信息,不得虚假宣传,

---

① See http://www.mofcom.gov.cn/article/b/fwzl/201811/20181102812004.shtml, May 25, 2019.

误导消费者,以保护消费者的知情权和选择权;未经消费者同意不得搭售商品;明示押金退还的方式、程序,不得对押金退还设置不合理条件等。

《电子商务法》明确规定电子商务平台经营者的主要义务包括进行核验、登记,建立登记档案;向税务部门报送平台内经营者的身份信息和与纳税有关的信息;以及保障电子商务交易安全和对于交易信息需要留存一定时限;同时还需要遵循有关的原则保障商品和服务质量保障、消费者权益保护、个人信息保护;建立健全信用评价制度,公示信用评价规则以及通知断链规则等方面。并且在第2章第38条规定电子商务平台经营者的连带责任,本条第1款规定了电子商务平台经营者对于平台内经营者提供的商品和服务侵害消费者合法权益的行为,未采取必要措施,则平台经营者应当对其过错承担连带责任。对于关系到消费者生命健康的商品或者服务,平台经营者未尽到审核义务的,或者未尽到安全保障义务的,造成消费者损害的,应当依法承担相应的责任。第1款和第2款的规定对于平台经营者提出了不同的要求,第1款规定的责任明显重于第2款的规定,原因在于,过错要求不同。第1款的情形符合侵权的构成要件,对于权利人的影响更加直接,因此相应的责任也更为重大;而第2款主要涉及附随义务,因此对于平台经营者的责任要求不同。

《电子商务法》针对电子商务合同的成立与效力做出了特别规定,如在电子商务中对当事人民事行为能力的推定制度。关于合同的成立,《电子商务法》规定电子商务经营者发布的商品或者服务的信息符合要求条件的,用户选择商品并提交订单成功,合同即成立。然后特别明确了电子商务经营者不得以格式条款等方式约定消费者支付价款后合同不成立;格式条款等含有该内容的,其内容无效。对平台规则和店堂告示等进行了约束。

《电子商务法》第5章第71条第2款规定,国家支持小型微型企业从事跨境电子商务。《电子商务法》第72条规定了国家进出口管理部门应当推进跨境电子商务海关申报、纳税、检验检疫等环节的综合服务和监管体系建设。2019年5月9日,中共中央、国务院印发《关于深化改革加强食品安全工作的意见》,其中第46条指出,实施进口食品“国门守护”行动。将进口食品的境外生产经营企业、国内进口企业等纳入海关信用管理体系,实施差别化监管,开展科学有效的进口食品监督抽检和风险监控,完善企业信用管理、风险预警、产品追溯和快速反应机制,落实跨境电商零售进口监管政策,严防输入型食品安全风险。建立多双边国际合作信息通报机制、跨境检查执法协作机制,共同防控食品安全风险。严厉打击食品走私行为。① 该意见是针对跨境电子商务领域的食品安全问题。其强调了应当修订完善标准、实施严格的监管并强调了与责任义务相应的处罚。

在个人信息保护方面,《电子商务法》在既有的法律基础之上,进一步确立了用户请求信息查询、更正、删除的权利,还规定了用户注销的规则。《电子商务法》明确规定了应当同时向消费者提供不针对个人特征的选项,应当尊重以及平等保护消费者合法权益。

知识产权领域存在“避风港规则”,“避风港规则”并不是《电子商务法》首创,《信息网络传播保护条例》中就已有规定,即接到通知之后,及时采取删除、屏蔽、断开链接、终止交易和服务等必要措施维护权利人权利,否则应当与平台内经营者承担连带责任。同时在《电子商务法》中也采纳了“避风港规则”的例外即所谓“红旗规则”。

商务部在 2019 年 5 月 23 日的新闻发布会特别表示:“中方期待与 G20 各方一道,继续加强合作、凝聚共识,共同维护多边主义和自由贸易,反对单边主义和保护主义,支持对世贸组织进行必要的改革,在数字经济背景下进一步加强电子商务等领域的合作,积极构建更加开放、透明和可预期的投资环境,为全球经济增长作出积极的贡献。”②

《电子商务法》的实施还需要许多配套法规和规章予以落实,如关于跨境电商的监管规则、关于电子商务平台的信息报送义务和数据提供义务等。有些法律规则的含义还有待法院的解释和司法判例的检验,如电子商务平台未尽到安全保障义务时应承担的“相应责任”的具体含义。

---

① See https://mp. weixin. qq. com/s/MlqsuBz0DqwPuFHL_fFDog, May 23, 2019.

② See http://www. mofcom. gov. cn/article/ae/ah/diaocd/201905/20190502866227. shtml, May 25, 2019.

五、总结

在整个数字经济中,互联网零售是最引人瞩目的,也是发展最快的行业,因此也备受世界各国政府和立法者的关注。无论美国、欧盟还是中国的相关立法,都具有以下共同之处:

第一,对于互联网销售征税问题越来越受到各国政府关注。征收税收已成为大势所趋,越来越多的国家加入这一行列中,但是,关于征税的具体标准和规则仍存在争议,在跨境电子商务税收领域的争议尤其突出,其不仅涉及线上线下商务活动公平对待的问题,也涉及到不同国家或地区的税收收入公平的问题。

第二,用户的个人信息保护规则日趋严格。有些电子商务经营者在其拓展商业活动中时,都会涉及对用户个人信息的收集、使用和分析,因此,随着个人信息保护规则的严格化,许多电子商务企业的商业模式或规模发展有可能受到冲击。

第三,消费者权益保护是立法的重点内容,并且,都会涉及一些相同的问题,如电子商务平台的搜索排名的透明度问题、禁止对消费者歧视等不公平交易行为。

第四,跨境电子商务零售是监管的难点,其涉及海关、质监、消费者权益保护、个人数据跨境流动等众多法律问题,其需要立法者采取创新思维,以创新监管的方式来回应数字经济时代所产生的各种问题与挑战。

第五,网络交易平台成为立法规制的中心。无论是消费者保护、个人信息保护、交易的公平性,还是跨境电子商务或税收问题,网络交易平台都处于中心地位,因此,其也当然成为世界各国监管的重点和抓手。

从中国制定《电子商务法》的经验来看,关于落实网络交易平台的责任可以从以下方面着手:

对于网络交易平台而言,落实平台责任的关键就是要制定和执行平台规则,包括准入规则、交易规则、保护知识产权规则、保护消费者规则、隐私保护规则、争端处理规则、违规处罚规则等，并且要保障这些规则的内容与《电子商务法》的要求相一致。如果网络平台能够通过平台规则管理好平台上的经营者，那么，平台责任也就有效落实了。

从政府监管的角度来看，对网络平台的监管和对平台内经营者的监管应有所区别。对平台内经营者的监管主要在于查处其违规的交易行为，而对电子商务平台经营者的监管最重要的在于对平台规则的监管，首先看平台规则是否符合《电子商务法》的要求；其次看规则有没有得到有效的实际执行，以及执行效果有没有达到《电子商务法》所要求的程度。

从国内外的立法和司法实践来看，由于人员、经费、技术和信息的限制，由政府监管机构直接对海量的网络用户的行为进行有效的监管，几乎是不可能的。由政府监管机构监管网络平台，网络平台负责管理平台上的用户，有可能是最有效的网络监管模式，我们可以把这种模式称为政府监管下的平台自律模式，这种模式在电子商务领域亦是有效的模式。这就意味着，政府监管部门应强制网络平台企业建立起自律机制，并强制各平台企业披露各自自律规则和实际情况。如果平台自律机制运行良好，那么，政府可以站在背后仅发挥威慑作用而无须采取实际执法行动；如果平台上出现了大面积的违法行为，那么，说明平台自律机制是失效的，政府监管机构就应采取处罚和干预措施，要求平台企业修改平台规则、修正有缺陷的商业模式，直至达到合规的要求。

第十一章 “互联网+交通”法律政策

引言：一场正在发生的自动驾驶革命

交通出行领域正在发生一场革命，其主角是自动驾驶技术。自 2012 年谷歌在美国加州获得首张自动驾驶汽车测试牌照以来，自动驾驶技术在各国不断取得新的突破。[①] 无论是传统车企，还是新兴互联网企业都积极投身到自动驾驶的研发中。[②] 得益于人工智能技术取得的突破，各界对自动驾驶信心满满，业内纷纷将 2020 年作为自动驾驶汽车实现商业化部署的时间节点。正如《无人驾驶》一书所言，人工智能将从颠覆驾驶开始，全面重构人类生活，一场关于交通、物流、能源、制造、保险、医疗、伦理道德的全面挑战已经开始。[③] 可以说，无论是未来 10 年还是 30 年抑或 50 年，自动驾驶的影响都将是巨大的，政策制定者需要开始绸缪自动驾驶汽车的未来。

2018 年 1 月，毕马威（KMPG）发布《自动驾驶汽车成熟度指数报告》，在该报告公布的排名中，荷兰、新加坡、美国、瑞典和英国依次位列前五，中国排在第十六位。成熟度指数包括四个方面：政策和立法，技术和创新，基础设施，以及消费者接受度。可见，政策和立法的完善，是自动驾驶汽车研发和商业落地

① 2014 年 9 月，特斯拉推出驾驶辅助系统 autopilot；2016 年 1 月，荷兰政府在荷兰的中小城市部署了世界上首个电动无人驾驶巡回车 WEpods；2016 年 8 月，负责新加坡无人驾驶出租车项目的科技公司 nuTonomy 正式宣布，世界上第一批无人驾驶出租车在新加坡开始载客运营；2018 年 2 月，美国加州立法允许无人驾驶汽车道路测试；2018 年 4 月，美国加州公用事业委员会发布一份提议，授权开展自动驾驶汽车客运服务试点项目。

② 毕马威的数据显示，过去五年传统车企、科技巨头及创业公司投入 500 亿美元研发自动驾驶技术，70%的投资来自于汽车行业之外。

③ [美]胡迪·利普森、梅尔芭·库曼：《无人驾驶》，林露茵、金阳译，文汇出版社 2017 年版。

不可或缺的因素。

本章通过分析全球自动驾驶发展较为成熟国家的法律政策现状,归纳和总结自动驾驶汽车政策和立法的核心方面和趋势,旨在为我国制定以促进自动驾驶汽车产业创新发展和保护公共安全为宗旨的自动驾驶汽车法律政策提供有益借鉴。

一、自动驾驶战略:通往未来交通之路

就交通领域大的趋势而言,自动驾驶系统和网联汽车系统、智能交通系统的组合被认为是未来交通的核心,三者从不同层面保障公共道路交通安全和便利。而自动驾驶技术,作为汽车产业与人工智能、物联网、高性能计算等新一代信息技术深度融合的产物,被认为是未来汽车产业和智能交通发展的必然趋势,已经成为各国争抢的战略制高点。

(一)各国高度重视自动驾驶技术,纷纷出台支持政策

早在 2015 年 9 月,德国政府就出台了《自动网联驾驶战略》,确定了德国发展自动驾驶的六大重点行动领域;2016 年 12 月,德国联邦交通和数字基础设施部在实施该战略过程中,作为其“道路交通自动化及互联”项目的一部分,提供了 1 亿欧元的资金用于发展自动驾驶技术项目。① 在美国,联邦政府为自动驾驶的发展提供了诸多支持,各州也陆续推动各类自动驾驶项目的落地。在欧洲,欧盟已经推出了多项促进网联自动汽车(Connected and Automated Driving,CAD)的措施和战略。其他一些国家如英国、新加坡、瑞典、荷兰、韩国、日本等亦高度重视自动驾驶发展,推出了相关的支持政策和试点项目。

---

① 参见[德]桑德拉·林克:《自动驾驶汽车——德国的机遇与挑战》,https://www. chinalawinsight. com/2018/02/articles/global-network/%E8%87%AA%E5%8A%A8%E9%A9%BE%E9%A9%B6%E6%B1%BD%E8%BD%A6-%E5%BE%B7%E5%9B%BD%E7%9A%84%E6%9C%BA%E9%81%87%E4%B8%8E%E6%8C%91%E6%88%98/,2018 年 5 月 20 日最后访问。

（二）自动驾驶法律政策先行，各国纷纷出台立法

自动驾驶作为新生事物，其发展和应用不仅需要破除既有法律政策障碍，而且需要探索新的监管框架，政策和立法的到位对行业创新发展的重大意义。目前，全球十多个国家已经出台相关立法，承认自动驾驶的合法地位，允许并鼓励自动驾驶汽车道路测试和部署。在新旧交替之时，法律制度和政策创新就显得尤为重要，全球各国在这一领域的立法举措足以说明这一点。自动驾驶领域全球各国主要的政策和立法如表 11-1 所示：

表 11-1　自动驾驶领域全球各国主要的政策和立法

国家	法规政策名称
荷兰	《自动驾驶汽车测试法》(Law Governing the Experimental Use of Self-driving Vehicles)
新加坡	《2017 道路交通(修正)法》(The Road Traffic (Amendment) Act 2017)
美国	《联邦自动驾驶汽车政策》(Federal Automated Vehicles Policy: Accelerating the Next Revolution in Roadway Safety)
	《自动驾驶系统：安全愿景 2.0》(Automated Driving Systems 2.0: A Vision for Safety)
	《自动驾驶法案》(H. R. 3388-SELF DRIVE Act)
	《通过革命性技术进步实现更安全交通的美国愿景之法》(S. 1885-AV START Act)
瑞典	《自动驾驶公共道路测试规范》(Automatic Driving Public Road Test Specification)
英国	《自动驾驶汽车测试实践守则》(The Pathway to Driverless Cars: A Code of Practice for Testing)
	《联网和自动驾驶汽车网络安全关键原则》(Key Principles of Cyber Security for Networked and Self-Driving Cars)
	《自动和电动车辆法案》(The Automated and Electric Vehicles Bill)
德国	《道路交通法第八修正案》(The Eighth Amendment to the Road Traffic Act)
加拿大	《公路交通法修正案》(Highway Traffic Act, O. Reg. 306/15)

续表

国家	法规政策名称
阿联酋	《自动化运输战略》(Autonomous Transportation Strategy)
新西兰	《新西兰自动驾驶测试指导方针》(Testing Autonomous Vehicles in New Zealand)
韩国	《机动车管理法修订案》(Motor Vehicle Management Act)
日本	《自动驾驶汽车道路测试指南》
	《远程自动驾驶系统道路测试许可处理基准》
澳大利亚	《澳大利亚自动驾驶汽车测试指南》(Guidelines for Trials of Automated Vehicles in Australia)

(三)自动驾驶立法路径:德国保守,美国开放

在自动驾驶立法方面,德国和美国代表了两种不同的路径。德国虽然通过修订《道路交通法》认可了自动驾驶技术的合法地位,但却规定有资质的人类司机必须始终坐在方向盘后,必须时刻保持清醒,以便在系统请求时,或者在司机意识到(或者必须意识到)自动驾驶模式的先决条件不再满足时,重新控制车辆。

然而美国却没有对自动驾驶的发展路径做出太多限制。根据美国交通部的政策文件,对于不完全自动的汽车(L3 级别以下),持照司机是必要的;但对于 L4 级别和 L5 级别的高度和完全自动驾驶汽车,至少在特定环境或条件下不需要持照司机,从起点到终点的整个过程中始终由自动驾驶系统执行整个驾驶任务。美国国会的自动驾驶汽车立法(S. 1885 法案)规定了两种类型的专用自动驾驶汽车(dedicated highly automated vehicles,专用于 L4 级别和 L5 级别的自动驾驶),即有人的和无人的自动驾驶,意味着可以不再需要考虑人类驾驶。法案还规定专用自动驾驶汽车的使用和操作许可不得基于身体残疾进行歧视,意味着传统意义上的司机是非必须的,这与德国的规定背道而驰。这样的政策选择将来必然影响汽车设计,如没有方向盘、脚刹等,甚至没有驾驶舱,设计选择反过来又会产生广泛且深远的社会影响。也许正如《自动驾驶》

一书所预言的,汽车将来会成为像智能手机一样承载人类娱乐的移动设备。

二、全球政策分析:自动驾驶的应用普及需要适宜的法律政策环境

自动驾驶汽车的发展带来多方面的法律和伦理挑战,全球各国都已开始积极应对。一方面,人们呼吁革除发展自动驾驶汽车面临的既有法律政策障碍,为自动驾驶技术研发和应用铺平道路;另一方面,自动驾驶汽车带来新的法律政策问题,诸如准入、安全监管、责任、保险、隐私和数据保护、伦理等,需要逐步探索建立可行的自动驾驶汽车法律政策框架。

(一)准入:承认自动驾驶的合法地位

1. 各国纷纷出台法律承认自动驾驶的合法地位

在对自动驾驶技术进行安全监管之前,需要先认可其合法性。2016 年 3 月,联合国修订并生效了维也纳《道路交通公约修正案》。该修正案允许自动驾驶系统在符合要求且驾驶员能随时接管车辆的情况下控制车辆行驶,正式确认了自动驾驶的合法地位。2016 年 9 月 20 日,美国交通运输部出台了《联邦自动驾驶汽车政策》,正式将自动驾驶汽车安全监管纳入联邦法律框架内。[①] 此后,美国联邦和州政府陆续出台了多部法律政策文件,规范和促进自动驾驶汽车的发展。[②] 2017 年 6 月,德国出台了《道路交通法修正案》,允许在预期用途(intended use)的范围内使用自动驾驶汽车。此外,英国、法国、瑞典、荷兰、新加坡等越来越多的国家都开始制定相关法律,为自动驾驶的发展应用

① 参见《自动驾驶技术解读:世界各国及组织现行法规政策》,载《汽车与安全》2018 年第 3 期。

② 美国联邦层面出台的法律政策文件主要包括:《联邦自动驾驶汽车政策》(2016 年 9 月)、《自动驾驶系统 2.0:安全愿景》(2017 年 9 月)、《自动驾驶法案》(H. R. 3388-SELF DRIVE Act)(2017 年众议院审议通过)、《自动驾驶法案》(S. 1885-AV START Act)(2017 年 11 月被提上参议院立法议程);在州层面,美国内华达州是最早对自动驾驶进行立法的州(AB 511 法案),截至 2017 年,美国 33 个州提出了相关立法,22 个州和华盛顿哥伦比亚特区通过了自动驾驶汽车相关立法,6 个州政府颁发了自动驾驶汽车相关行政命令,为道路测试奠定法律政策框架。

奠定必要的法律政策环境。

2. 逐步探索自动驾驶汽车的准入条件

(1)准入方面涉及市场准入和产品准入。就前者而言,各国均未规定只有制造商才可以测试和部署自动驾驶汽车,任何具有能力的主体均可申请测试和部署。就后者而言,对于产品上市前需要满足什么样的条件和程序,如是否需要经过批准等,存在不同的做法。根据美国《国家交通与机动车安全法》,汽车制造商的汽车是否遵守联邦机动车安全标准,由汽车制造商自我认证,不需要监管机构批准。但是,美国国家公路交通安全管理局可以策略性地选择对哪个标准和汽车进行测试。美国交通部现在则开始考虑这一自我认证机制是否足以适用于自动驾驶汽车,并对此提出了两种新的方案:一种方案是批准机制,即对于高度自动化汽车,可以用批准机制取代自我认证程序。另一种方案是自我认证和批准程序的混合机制,对于既有的联邦机动车安全标准,由无人驾驶汽车制造商进行自我认证;对于未被联邦机动车安全标准涵盖的无人驾驶汽车功能(如安全攸关的系统功能),则由美国国家公路交通安全管理局或者经授权的第三方进行批准。

(2)与产品准入相关的制度是豁免。当前,美国国家公路交通安全管理局(NHTSA)每年可以发放2500个针对联邦机动车辆安全标准(FMVSS)的豁免权。对于自动驾驶汽车,美国国会正在制定的《自动驾驶汽车法案》提出了力度更大的豁免制度。[①] 用于测试或销售的汽车必须满足机动车安全标准,但如果自动驾驶汽车具有新的机动车安全特征(a new motor vehicle safety feature),由于还没有相应的强制性安全标准,因此可以申请豁免。可见,美国国会向自动驾驶汽车做出了极大的偏斜,目的在于加速自动驾驶技术发展进程。

① 按照美国参议院的《自动驾驶法案》(S. 1885法案),一个制造商第一年最多豁免1.5万辆自动驾驶汽车,第二年最多4万辆,第三年最多8万辆,四年之后可以超过8万辆。美国众议院的《自动驾驶法案》(H. R. 3388法案)提出的豁免数量有所不同,第一年不超过2.5万辆,第二年不超过5万,第三年和第四年都不超过10万辆。

3. 按照自动驾驶的级别采取不同的监管措施

目前各国对于自动驾驶汽车上路许可条件基本都是采用“一刀切”的做法,由此产生的后果是许多规定都不适用于L5级别的自动驾驶汽车,如现在多数国家出于安全考虑都规定在测试时必须配备人类驾驶员,并且要求人类驾驶员的手不能离开方向盘。按照上述规定,要求必须配备人类驾驶员将与自动驾驶的终极目标——“无人驾驶”相悖。此外,在事故责任方面,也有必要根据自动驾驶的级别区分责任承担主体。否则,法律规则的僵化性和滞后性将会阻碍技术的发展。

因此,本书认为,自动驾驶汽车因其级别不同,有必要采取不同的监管措施。原因在于:首先,多数国家出于安全考虑都规定在测试时必须配备人类驾驶员,以便在需要时接管自动驾驶汽车。有学者批判道,上述规定似乎都暗含了一个假设,即人类驾驶比自动驾驶更加安全。而大量数据却表明,上述假设是不成立的。① 其次,关于自动驾驶汽车的安全性能标准,也会因其自动化程度而有差别。再次,在事故责任方面,也有必要根据自动驾驶的级别区分责任承担主体。最后,虽然目前大多数进行测试的自动驾驶汽车都在L3级别,但是,立法需要具有一定的前瞻性,而且已经有国家和地区在逐步开放完全的无人驾驶汽车上路。从这个层面上,根据自动驾驶的级别采取不同的监管措施将更加有助于自动驾驶技术的发展。

(二)安全监管:构建自动驾驶安全保障体系

1. 成立专门机构以应对新的监管需求

自动驾驶迅猛的发展势头增加了政府调整监管规范和模式的紧迫性。为了广泛听取技术、商业和权益保护等多领域的意见,多国政府选择通过成立专门机构,对自动驾驶汽车的发展进行规范和指引。

在美国,联邦和州政府均积极推进成立自动驾驶专门委员会,并明确相关

① Tracy Pearl,“Fast & Furious: The Misregulation of Driverless Cars”, https://ttu-ir.tdl.org/ttu-ir/bitstream/handle/2346/73420/Fast%20%26%20Furious%2073%20NYU%20Ann%20Sur%20Am%20L%2019.pdf?sequence=1&isAllowed=y, September 15, 2018.

机构的监管职责。2015 年英国政府创建了联网和自动驾驶车辆中心(Centre for Connected and Autonomous Vehicles,CCAV),致力于自动驾驶技术咨询、网络安全指导、法规监管建议、市场预测、社会影响研究和项目资助等多项工作。

在具体工作内容方面,各国自动驾驶专门机构的职责主要包括四项:(1)组织利益相关者就特定问题展开协商讨论,并为政策制定提供意见,包括立法建议、战略建议、技术建议、测试建议和运行建议等;(2)与其他政府部门和监管机构协商处理有关“车辆登记、许可证、保险、交通法规、设备标准以及车辆所有者或经营者责任和义务”等问题;(3)对相关问题展开审查和研究,包括技术问题、经济和社会影响、伦理道德和法规审查等;(4)在规定时间内,就委员会工作成果向有关部门提交报告。

2. 现阶段自动驾驶汽车的安全监管主要围绕道路测试展开

鼓励自动驾驶汽车道路测试,为道路测试扫除既有法律政策障碍,是自动驾驶汽车商业化的第一步。这是当前各国自动驾驶汽车强制性监管的主要着眼点。

(1)对道路测试提出安全保障要求。一是要求配备有资质的测试司机,以便在需要时接管车辆。如新加坡、英国、日本等均对测试驾驶员提出相应要求;但也有例外的做法,如荷兰、①美国加州②等地已经出台了相关法规允许在没有人类驾驶员的情况下开展自动驾驶测试。二是要求企业购买一定金额的商业保险或提供相应金额的保函。三是对测试车辆提出要求,一般要求车辆满足机动车性能和安全标准,传统车辆改装成自动驾驶汽车后不损害其安全性能;但有些国家如美国规定了豁免制度,即未进行安全标准认证的自动驾驶汽车亦可用于测试或销售。

(2)通过数据记录和报告制度监测自动驾驶系统运行安全。要求相关主体记录并向监管部门报告涉及自动驾驶系统的碰撞及其他道路事故,是各国共同的监管举措。数据收集、记录和报告有利于道路安全管理机构、其他道路

---

① See “New legislation allows for the testing of cars with remote drivers”, https://www.government.nl/latest/news/2017/11/22/new-legislation-allows-for-the-testing-of-cars-with-remote-drivers, May 25, 2018.

② See “California green lights fully driverless cars for testing on public roads”, https://www.theverge.com/2018/2/26/17054000/self-driving-car-california-dmv-regulations, June 20, 2018.

使用者、乘客等更好地理解技术及其能力和运行环境。比如,美国加州机动车管理局的自动驾驶测试立法政策要求测试企业每年提交自动驾驶汽车脱离报告。① 德国、日本等国家也要求自动驾驶汽车安装“黑匣子”等对数据进行记录。

(3)通过试点项目等逐步允许自动驾驶汽车商业化利用。当前,自动驾驶汽车的发展主要处于道路测试阶段,但已经有少数国家和地区通过开展试点项目逐步推进自动驾驶汽车的商业化利用。2016 年,荷兰政府在荷兰的中小城市部署了世界上首个电动无人驾驶巡回车 WEpods。② 美国加州最新自动驾驶汽车测试法规允许在公共道路上部署自动驾驶汽车。按其意思,部署(deployment)意味着由公众在公共道路上操作自动驾驶汽车,或者为销售、出租、提供交通服务等目的而在公共道路上操作自动驾驶汽车,意即商业化利用,这不同于道路测试。③ 美国亚利桑那州紧随其后,宣布允许在公共道路上部署自动驾驶汽车。④ 2018 年 4 月 6 日,美国加州提出一项提议,打算允许无偿的自动驾驶出租汽车服务,意味着公众可以免费乘坐。⑤

3. 探索安全性能标准,确保自动驾驶技术安全可靠

为了更安全地推动自动驾驶车辆的市场推广和普及,各国将自动驾驶汽车安全性的衡量作为自动驾驶汽车监管工作的重中之重。2016 年 9 月,美国交通部发布《联邦自动驾驶汽车政策》,为自动驾驶汽车提出了 15 项安全评估

---

① 在 2016 年 12 月到 2017 年 11 月,Waymo 自动驾驶汽车行驶了 35 万英里,脱离(需要人类驾驶员重新掌控方向盘)63 次,平均每隔 5600 英里发生一次脱离现象。See “Autonomous Vehicle Disengagement Reports 2017”, https://www.dmv.ca.gov/portal/wcm/connect/42aff875-7ab1-4115-a72a-97f6f24b23cc/Waymofull.pdf? MOD=AJPERES, June 20, 2018.

② “Automated Shuttles on public roads: Lessons learned”, https://www.raddelft.nl/wp-content/uploads/2017/06/ITS-EU-Technical-Paper-WEpods-lessons-learned-Spring.pdf, August 10, 2008.

③ Https://www.dmv.ca.gov/portal/wcm/connect/aa08dc20-5980-4021-a2b2-c8dec326216b/AV_Second15Day_Notice_Express_Terms.pdf? MOD=AJPERES, August 10, 2018.

④ Gov. Doug Ducey, “Self-driving cars allowed on Arizona roads without human behind the wheel”, https://www.azcentral.com/story/money/business/tech/2018/03/01/gov-doug-ducey-issues-order-keep-arizona-capital-self-driving-cars/385812002/, September 20, 2018.

⑤ See http://docs.cpuc.ca.gov/PublishedDocs/Efile/G000/M212/K643/212643106.PDF, June 20, 2018.

标准,是探索自动驾驶车辆安全和性能标准的典型。2017 年 9 月,美国交通部发布升级版的自动驾驶汽车指南《自动驾驶系统 2.0:安全愿景》。相较于旧版指南,新版删除了数据共享、注册和认证、隐私以及伦理四项内容。这些标准是非强制的,但指南和标准可以为将来立法提供参考和建议。

以美国《自动驾驶系统 2.0:安全愿景》所提出的 12 项自动驾驶车辆标准为基础,结合其他国家的规范实践,备受关注的高级自动驾驶车辆的性能和安全标准主要有以下十项:(1)系统安全;(2)自动化功能;(3)数据记录;(4)网络安全;(5)验证方法;(6)人机交互界面;(7)耐撞性;(8)碰撞后车辆行为;(9)车联网(V2X);(10)遵守法律。

(三)责任:司机角色转移给自动驾驶系统可能带来责任鸿沟

2018 年 3 月,一辆优步自动驾驶汽车(autonomous car)在美国亚利桑那州坦佩市碰撞到一个横穿马路的行人,该行人在送往医院后不治身亡。据称,这是全球首个自动驾驶汽车在公共道路上撞击行人致死事件。[①] 在此之前,已有十多起涉及自动驾驶(L3 级别以上)和辅助驾驶(L1 级别和 L2 级别)的交通事故,[②]引发了各界关于自动驾驶法律责任的争议和探讨。在自动驾驶汽车快速发展甚至开始商业化利用的大背景下,各国逐步探索以立法的形式明确法律责任,存在以下三个趋势:

1. 交通事故责任主体从司机扩大到制造商、软件设计者等主体

由自动驾驶技术引发的一个趋势是交通事故侵权责任主体的延伸和扩张,即从传统的机动车驾驶人扩大乃至转移到汽车生产者、系统设计者甚至自动驾驶系统本身。国际汽车工程师协会(SAE International)将自动驾驶技术划分为六个等级:非自动(Level 0),驾驶员辅助(Level 1),部分自动(Level 2),有条件自动(Level 3),高度自动(Level 4),以及完全自动(Level 5)。在前三个级

---

① 参见曹建峰:《全球首例自动驾驶致死案背后“谁来担责”的法理探讨》,载腾讯研究院公众号:http://mp.weixin.qq.com/s/qFe1QBzZPBBbtwOFJb4V3w,2018 年 5 月 9 日最后访问。

② 如 2016 年 5 月特斯拉 S 型轿车在佛罗里达州发生致命车祸;2017 年 3 月 24 日,一辆优步自动驾驶试验车在亚利桑那州坦佩市发生交通事故;2018 年 3 月,优步的一辆自动驾驶汽车在亚利桑那州坦佩市发生交通事故,与一名正在过马路的行人相撞,行人在送往医院后不治身亡。

别中,人类驾驶员始终是车辆的驾驶主体;在L3级别及其以上,自动驾驶系统取代人类驾驶员,执行驾驶任务,这意味着司机的角色从人类转移到了计算机,必然带来新的责任、保险等相关问题。(见表11-2)

表11-2 国际汽车工程师学会(SAE International)自动驾驶级别

SAE级别	名称	描述性定义	转向和加减速操控的执行者	对驾驶环境的监控者	复杂情况下动态驾驶任务的执行者	系统支持的路况和驾驶模式
人类驾驶员控制驾驶环境						
0	非自动化	所有的驾驶任务由人类驾驶员进行操控(即便安装了报警或干预系统)	人类驾驶员	人类驾驶员	人类驾驶员	n/a
1	辅助驾驶	在特定驾驶模式下由一个辅助驾驶系统根据驾驶环境信息控制转向或加减速中的一种,并期望人类驾驶员完成所有其他动态驾驶任务	人类驾驶员和系统	人类驾驶员	人类驾驶员	部分路况和驾驶模式
2	部分自动化	在特定驾驶模式下由一个或多个辅助驾驶系统根据驾驶环境信息控制转向或加减速,并期望人类驾驶员完成所有其他动态驾驶任务	系统	人类驾驶员	人类驾驶员	部分路况和驾驶模式
自动驾驶系统(简称"系统"控制驾驶环境)						
3	有条件的自动驾驶	在特定的驾驶模式下由一个自动驾驶系统完成所有的动态驾驶任务,但期望人类驾驶员能正确响应请求并接管操控	系统	系统	人类驾驶员	部分路况和驾驶模式

续表

SAE级别	名称	描述性定义	转向和加减速操控的执行者	对驾驶环境的监控者	复杂情况下动态驾驶任务的执行者	系统支持的路况和驾驶模式
4	高度自动化	在特定驾驶模式下由一个自动驾驶系统完成所有动态驾驶任务,即便人类驾驶员无法正确响应请求并接管操作	系统	系统	系统	部分路况和驾驶模式
5	全自动化	自动驾驶系统在全部时间、全部路况和环境条件下(可由人类驾驶员管理)完成所有动态驾驶任务	系统	系统	系统	全部路况和驾驶模式

除了责任主体的延伸,司机的角色从人类转移到计算机还意味着可能需要对相关的责任保险制度进行重构。比如,德国《自动驾驶汽车伦理报告》认为,就自动网联驾驶系统而言,事故责任从之前完全由个人承担转变为涵盖驾驶员、驾驶系统制造商和运营者以及负责基础设施、政策和法律决定的主体;相应的法律责任制度和法庭审判实践应及时做出有效调整,以反映这一转变。

2. 认为过错责任、产品责任等既有责任规则足以应对自动驾驶技术带来的挑战

当发生事故时,在人类驾驶员和系统之间认定责任分配,是至关重要的。德国、欧盟等认为过错责任、产品责任等既有责任规则足以应对自动驾驶技术带来的损害。

(1)人类驾驶员基于过错承担责任。一般交通事故发生后,司机是第一位的责任人,依其注意义务和过错大小承担责任。在自动驾驶语境下,随着自动驾驶级别的提高,车辆控制权会逐渐从人类向自动驾驶系统转移,人类驾驶员的注意义务也会发生相应变化。因此在自动驾驶模式下,责任判定应采区分原则。按照德国于 2017 年 6 月出台的《道路交通法修正案》,如果事故发生时

的操作者是汽车使用者,则由汽车使用者承担交通事故责任;反之,则由无人驾驶汽车的制造商承担赔偿责任。

(2)汽车制造商和系统提供者承担产品缺陷责任。具体而言,因产品存在缺陷造成他人损害的,被侵权人可以向产品的生产者或销售者请求赔偿。与产品责任相联系的是黑客入侵等第三方责任,当事故是由第三方入侵(如黑客攻击)汽车自动驾驶系统导致时,可以由自动驾驶汽车的生产者、自动驾驶系统设计者、销售者等主体承担责任后再向第三方追偿。产品责任亦存在豁免事由,如美国佛罗里达州、密歇根州等均规定,当汽车被改造、安装了自动驾驶系统之后,原始制造商不对因改装而导致的产品责任承担赔偿责任,除非有证据证明车辆在被改造为自动驾驶汽车前就已存在缺陷。

(3)数据记录为归责提供依据。为了能够按照既有责任规则进行归责,需要采取措施明确具有自动驾驶系统的汽车的操作者是人类驾驶员还是自动驾驶系统,以及事故发生是否因某一方的过失所导致。为此,有学者提出,可以采取区块链框架,将利益相关方纳入责任模型,为归责和裁判提供无法篡改的证据。德国《道路交通法修正案》要求配有自动驾驶系统的汽车内安装类似"黑匣子"的装置,记录系统运作、要求介入和人工驾驶等不同阶段的具体情况,以便明确制造商和人类司机的责任分配。日本亦考虑引入类似规定。

3. 认为需要新的责任规则以应对自动驾驶技术带来的损害

自动驾驶汽车往高级别发展将具有越来越强的自主性和自我学习能力,自动驾驶汽车带来的自主性、不可预测性、不可解释性等问题将极大增加事故的无法解释性。这将给产品责任带来直接的挑战,产生责任鸿沟。因而需要构建新的规则以应对自动驾驶技术带来的挑战。具体而言,存在以下几种思路:

(1)借鉴侵权责任法上关于危险责任的规定,让自动驾驶汽车的制造商或者使用者承担严格责任。建立自动驾驶汽车的严格责任一方面能让受害人得到及时的救济,另一方面也可以节约相关的交易成本。尤其是在缺陷、因果关系等难以证明的情况下,诉讼成本将会非常高昂。此外,相比于一个预测性低的法律制度,一个可预测的责任机制将能更好地促进创新。[①]

---

① 参见司晓、曹建峰:《论人工智能的民事责任——以自动驾驶汽车和智能机器人为切入点》,载《法律科学》2017 年第 5 期。

(2)建立赔偿基金或赋予自动驾驶汽车一定的法律人格以便让其直接承担责任。其一,可以考虑针对自动驾驶汽车等智能机器人建立赔偿基金,确保未被保险覆盖的损害可以得到弥补;其二,可以考虑赋予自动驾驶汽车一定的法律人格。2017 年 2 月,欧盟议会投票表决通过一份关于机器人民事法律规则的立法决议,提出为智能机器人重构责任规则并考虑赋予复杂的自主机器人法律地位[所谓的“电子人”(Electronic Person)]的可能性。① 这意味着包括自动驾驶系统在内的智能机器人在做出决策或独立地与第三方交往时,可以独立地承担责任。

前述提议的新的责任规则以及其他可能的责任规则在自动驾驶汽车的发展过程中是否需要作为正式的法律规则引入,不仅需要认真衡量产品责任等既有责任规则的适用张力,而且需要评估其适用成本,更需要评估哪种规则能够更好地兼顾促进技术创新发展和保护社会及个人权益。但可以肯定的是,法律规则一定不是一成不变的,需要因应技术发展而变。

(四)保险:汽车保险将迎来重大变革

自动驾驶的发展不仅将引发道路交通变革,也将为汽车保险行业带来巨大变化。当下,各国保险行业及监管机构均积极致力于创建良好的自动驾驶保险秩序。整体而言,国际社会在自动驾驶汽车保险方面呈现出两大趋势:

1. 建立针对自动驾驶汽车测试和商用的强制保险制度

如前所述,各国一般将购买保险或提供保证金作为允许自动驾驶汽车道路测试的一个前提条件。保险或保证金已经成为平衡技术发展和公共安全的利益支点。

英国一直致力于成为自动驾驶的领军国家,并于 2017 年 2 月提出了《车辆技术和航空法案》,尝试为自动驾驶汽车引入新的保险规定。虽然该法最终因议会重组而夭折,但其基本理念被《自动和电气化车辆法案》吸收,后者于 2017 年 10 月提出,为无人驾驶车辆的登记以及相关保险活动做出具体规定。

---

① 参见司晓、曹建峰:《论人工智能的民事责任——以自动驾驶汽车和智能机器人为切入点》,载《法律科学》2017 年第 5 期。

同时,美国、新加坡、荷兰、瑞典等都对自动驾驶汽车提出了保险要求。

目前,美国加州已经允许在公共道路上部署(deployment)自动驾驶汽车,但需要获得监管部门颁发的牌照,而购买保险、提供保证金或自我保险证明是获得此牌照的前提条件之一。① 这意味着,在道路测试之外的其他使用(如自动驾驶出租汽车服务)中,制造商亦需要购买所要求的保险。

此外,在欧盟,立法者开始考虑为自动驾驶汽车等智能机器人配置强制保险制度。按其设想,该保险制度与当前的机动车保险不同,因为后者仅覆盖人类行为和差错;适用于机器人的保险制度则可以要求机器人的制造商或所有人为机器人购置保险。

2. 为自动驾驶汽车扩大和完善强制责任保险责任范围

(1)扩大保险范围以涵盖自动驾驶系统造成的损害。传统意义上的强制保险,是指保险公司对被保险机动车发生道路交通事故造成受害人的人身伤亡和财产损失,受害人的范围排除了被保险人和本车人员。英国自动驾驶汽车中心(CCAV)曾提议将强制性的机动车保险延伸到自动驾驶汽车以便将产品责任囊括进去;《自动和电动车辆法案》则将强制责任保险范围扩宽至包括车辆在自动驾驶模式下司机的人身损害。②

(2)建立以保险公司为核心的损害赔偿机制。为了避免事故受害者产生到底应该向汽车生产商还是它的车主索要赔偿这样的疑惑,"先向保险公司索赔"的制度设计得以确定。英国《自动和电动车辆法案》确定了"单一保险人模式"(Single Insurer Model),对索赔流程和保险责任的归属进行了创新和调整。其核心在于两方面,一是如果车辆已经投保,保险公司需要承担第一责任(first instance liability);二是将自动模式和手动模式下的车辆责任以及司机责任均纳入同一保单。

(3)确立保险公司的责任减免事由和追偿制度。区别于传统车辆的碰撞

---

① See https://www.dmv.ca.gov/portal/wcm/connect/aa08dc20-5980-4021-a2b2-c8dec326216b/AV_Second15Day_Notice_Express_Terms.pdf?MOD=AJPERES,June 20,2018.

② Automated and Electric Vehicles Bill (HL Bill 82),https://publications.parliament.uk/pa/bills/lbill/2017-2019/0082/lbill_2017-20190082_en_1.htm,November 8,2018.

和刮擦,无人驾驶汽车将面临更多现代技术问题,例如软件漏洞、下载失败、卫星和防火墙故障等。在“保险为技术买单”的理念下,为了避免技术成为事故的“替罪羊”,英国确定了保险公司的责任豁免事由:如被保险人明知保单禁止,但仍然擅自更改车辆软件;被保险人明知或应知有合理理由需要安装安全攸关的软件更新,却没有安装等。同时,出于公平起见,需要明确保险公司的追偿权,当保险公司或车辆所有者对受害方履行赔偿后,可以向对事故有责的第三方进行追偿。

(五)隐私和数据保护:汽车作为移动设备引发数据之争

作为先进技术载体的自动驾驶车辆具有强大的信息抓取能力,能形成体量庞大的数据库。在自动驾驶汽车的语境下,由于数据所蕴藏的巨大价值,无论就个人信息而言还是就非个人数据而言,隐私保护和数据产权都将成为一个绕不过去的重大话题。

1. 对自动驾驶汽车提出专门的隐私保护要求

一般而言,现行的隐私和个人数据保护规则同样适用于自动驾驶汽车,如欧盟于2018年5月生效的《一般数据保护条例》,但亦存在诸多挑战。瑞典《自动驾驶公共道路测试规范》确定了隐私保护的一般要求,即测试单位确保测试数据采集、保存符合国际相关法规,并且保护个人隐私信息。[①] 美国的相关隐私保护行动则更具化,如S. 1885法案规定了成立特定的委员会或专家小组、将数据和隐私问题纳入安全评估报告、建立车辆隐私数据库等举措。H. R. 3388法案要求制造商在销售高度自动化汽车、半自动化汽车或自动驾驶系统时应制订书面隐私计划,否则不得销售。

在具体的隐私保护措施上,除了传统的匿名化和假名化处理以外,第39届国际数据保护和隐私专员会议(ICDPPC)[②]针对自动驾驶汽车还提出了其他一些措施:包括将隐私友好型驾驶模式(privacy-friendly)设置为默认模式,

① 参见曹健峰、祝林华:《多国相继出台政策法规:为“自动驾驶”的“创新发展”保驾护航》,载腾讯网:https://new.qq.com/omn/20180114/20180114B0APS6.html。

② 全称为International Conference of Data Protection and Privacy Commissioners。

开发有利于处理个人车辆数据的隐私保护技术,为车辆用户提供禁止数据共享的选择,在车辆出售或归还车主时,提供技术支持以清除个人数据等。①

2. 探索自动驾驶汽车的数据产权归属和共享机制

(1)自动驾驶车辆收集的数据包括具有可识别性的个人数据和非个人数据或经过匿名化处理的数据。对于车辆事件数据记录器(Event Data Recorder, EDR)数据,欧盟《EDR 安装益处研究报告》指出最有可能的所有者是车主;② 2015 年美国《联邦驾驶员隐私法案》(尚未生效)规定,由事件数据记录器所收集的数据归车辆所有者或承租者所有,并限制对 EDR 数据的获取。

对于匿名化数据或非个人数据,欧盟委员会在 2017 年《构建欧盟数据经济》报告中开始考虑数据生产者权利(data producer's right),希望通过这一权利鼓励(特殊情况下强制)公司授权第三方访问其数据,促进数据流通和增值。数据生产者权利可概括为:设备的所有者或长期用户(如承租人),基于收集和分析处理等操作,对非个人数据享有的使用和许可他人使用,并防止他人未经授权使用和获取数据的权利。且当涉及交通管理和环境治理等公共利益时,数据生产者不得专享数据。③

总体而言,各国对自动驾驶车辆相关数据的所有权并未做明确的权属确定,大部分国家尚处在积极推进相关研究的过程中。但可以肯定的是,随着 5G 移动网络的发展,自动驾驶车辆数据能实现实时传输,并且数据的存储地点将可能不在黑匣子内(如存入云端),数据所有权困境将越来越有挑战性。

(2)数据共享(data sharing)简单地来说就是企业之间以及企业、政府之间数据的分享和利用,数据共享并不意味着数据的分享是免费的。建立道路测试数据的共享机制可以降低企业道路测试的必要性和风险,迅速提升行业整

---

① 第 39 届国际数据保护和隐私专员会议提出的措施一共有 16 项,详见 39th International Conference of Data Protection and Privacy Commissioners, https://icdppc.org/wp-content/uploads/2015/02/Resolution-on-data-protection-in-automated-and-connected-vehicles-.pdf, August 25, 2018。

② "Study on the Benefits Resulting from the Installation of Event Data Recorders: Final Report", https://ec.europa.eu/transport/sites/transport/files/docs/study_edr_2014.pdf, June 20, 2018.

③ 曹建峰、祝林华:《数据产权欧盟启示录》,载腾讯研究院公众号:http://www.tisi.org/5014_60, 2018 年 6 月 10 日最后访问。

体水平,推动自动驾驶汽车的商业化利用。[①] 数据共享的实现主要涉及两个方面的问题:一是合法化问题,即共享数据是否符合相关数据保护法律的要求;二是可行性问题,即企业可能出于各种考虑不愿意共享数据,如出于保护企业数据的需要以及担心承担法律风险等。

2018 年 4 月,欧盟在其官网上公布了《关于欧洲企业间数据共享的研究》报告,对欧洲数据共享的政策和立法方面的最新进展以及企业之间数据共享的典型案例进行了介绍。报告认为企业之间进行数据共享的法律障碍主要在于“数据所有权”的不确定性、合理使用数据的边界以及在 B2B(Business-to-Business)模式下如何满足保护企业数据的要求,并建议欧盟委员会和各国政府对数据共享保持最低限度的监管(a minimal regulatory approach),以促进 B2B 数据共享机制的发展。同时,鼓励欧盟委员会通过政策导向工具来为企业提供指导。[②]同样,《美国网络安全信息共享法案 2015》鼓励企业将信息安全漏洞共享给其他企业及政府部门,消除了企业共享信息的法律风险。由此看来,通过国家法律政策消除企业共享数据的障碍,积极鼓励行业间的合作,为企业行为提供指导,是建立数据共享机制、推动行业发展的重要途径。

(六)伦理:自动驾驶发展绕不开伦理争议

在自动驾驶汽车伦理问题上历来存在巨大争议。像“电车难题”[③]这样的伦理困境,人类尚且难以给出两全之策,机器又该如何妥善处置呢?有学者指出对“电车难题”的讨论是没有意义的。德国车辆制造商梅德赛斯更是直截了

---

① 洪延青:《自动驾驶数据共享:效用与障碍》,载 http://wemedia.ifeng.com/54620834/wemedia.shtml,2018 年 10 月 20 日最后访问。

② Study on Data Sharing between Companies in Europe, https://publications.europa.eu/en/publication-detail/-/publication/8b8776ff-4834-11e8-be1d-01aa75ed71a1/language-en/format-PDF/source-69800191, June 20, 2018.

③ “电车难题”是一个伦理学的思想实验,其大致内容:假设你看到一辆刹车坏了的有轨电车,即将撞上前方轨道上的五个人,而旁边的备用轨道上只有一个人,如果你什么都不做,五个人会被撞死。你手边有一个按钮,按下按钮,车会驶入备用轨道,只撞死一个人。你是否应该牺牲这一个人的生命而拯救另外五个人?大部分人的回答是“是”。此道德两难涉及人对群体利益和个体利益之间的取舍。

当地给出了自己的答案,即梅德赛斯将优先保护车上人员安全,同时指出“电车难题”不是一个真正的问题,因为该公司将“致力于提高和完善技术和风险防范策略,完全避免两难情况的出现”。然而,德国则尝试应对自动驾驶汽车带来的伦理问题,并为自动驾驶汽车提出了20项伦理准则。

1. 探索自动驾驶的具体伦理规则

2017年6月,德国联邦交通部自动驾驶伦理委员提交了《自动驾驶汽车伦理报告》,该报告指出三项宏观伦理要求:其一,自动驾驶的首要目标是提升所有交通参与者的安全;其二,认为自动驾驶系统发生事故并不超出伦理界限;其三,虽然自动驾驶技术能够降低风险,但如果以法律命令要求必须使用和普及这种技术,在伦理层面就是有问题的。在微观上,该报告从伦理困境、网联安全和车辆数据保护、人机交互、责任认定等角度提出了多项具体要求,主要包括以下三方面。

(1)明确优先选项并进行限制。主要体现在两个方面:一是对人的保护优于所有其他利益考量;二是禁止歧视,即在发生不可避免的危险时,严格禁止将个人特征(如年龄、性别、身体及精神状况等)作为评判标准。

(2)保留人对车辆的控制权并禁止事先编程。即人类应该来决定如何和是否让人工智能系统去完成人类选择的目标。

(3)强调通过技术防范伦理困境。主要体现在三个方面:其一,自动驾驶技术应尽量避免事故的发生;其二,公众对于自动化技术的研发情况享有知情权;其三,制造商或运营商有义务在技术可行及合理的范围内,对已交付的系统程序进行监督,并及时改进和更新系统,以确保和提高自动驾驶车辆防范伦理风险的能力。

2. 自动驾驶技术未来发展绕不开人机伦理争议

虽然当前各国纷纷认可自动驾驶技术的法律地位,但将来是否以法律命令要求必须使用和普及这项技术,现在还未达成共识。2015年,伊隆·马斯克在一次采访中表示,汽车技术的进步有朝一日可能使人类操作的汽车成为非法。这引出了一个问题:如果将来自动驾驶技术的安全性可以达到非常高的安全水平,在所有的驾驶环境中都能够作出比人类更优的决策和判断,①使得交通事故成为小概率事件,法律政策该作何选择?

对此,德国等欧盟国家强调技术应遵循个人自治原则,不应限制个人行动自由。德国自动驾驶汽车伦理报告承认,具备防撞功能的高度自动化系统能降低风险、增强安全性,这是社会和伦理层面需要鼓励的,但如果以法律命令要求必须使用和普及这种技术,则会引发“人受制于技术、人的主体地位受到贬损”等道德争议。当然,无人驾驶汽车的设计选择还面临着来自司机群体的压力和反抗。想必随着技术的成熟和普及应用,自动驾驶取代人类驾驶、自动驾驶优先于人类驾驶等伦理道德争议将热烈起来。

三、中国政策现状:自动驾驶技术倒逼法律政策完善

在我国,自动驾驶汽车的发展已经如火如荼,但是相关立法还有待完善。为了破除自动驾驶汽车面临的法律限制,促进行业发展,国家和地方纷纷出台法律政策文件,为自动驾驶汽车的发展保驾护航。

(一)自动驾驶汽车发展亟需破除既有法律政策障碍

1. 自动驾驶面临立法空白困境

目前,我国《中华人民共和国道路交通安全法》(以下简称《道路交通安全法》)及相关条例仅允许有资格的驾驶人驾驶机动上路,自动驾驶系统不具有驾驶机动车的合法地位。例如,《道路交通安全法》第 19 条第 1 款规定:“驾驶机动车,应当依法取得机动车驾驶证。”因此,当前在我国自动驾驶技术的合法

① 例如,弗吉尼亚理工大学交通学院的调查表明“L3 级自动驾驶车辆的司机回应接管车辆的请求平均需要 17s。而在这个时间内,一辆时速 65 英里(105 公里)的汽车已经开出 1621 英尺(494 米)——超过 5 个足球场的长度”。百度工程师也发现了类似的结果。司机从看到路面物体到踩刹车需要 1.2 秒,远远长于车载计算机所用的 0.2 秒。这一时间差意味着,如果汽车时速是 120 公里(75 英里),等到司机停车时,车子已经开出了 40 米(44 码),而如果车载电脑做判断,开出的距离只有 6.7 米(7 码)。在很多事故中,这一差距将直接决定乘客的生死。参见[美]达瑞尔·韦斯特:《向前行驶:自动驾驶汽车在中国、欧洲、日本、韩国和美国的发展情况》,载 https://www.brookings.edu/wp-content/uploads/2016/09/chinese-paper-new.pdf,2018 年 5 月 25 日最后访问。

地位存疑,不明确的法律地位不利于自动驾驶的长远发展。

2. 自动驾驶汽车上路测试面临合法性质疑

对于自动驾驶汽车上路问题,我国目前并未出台正式法律。《中华人民共和国公路法》(以下简称《公路法》)和《中华人民共和国道路交通安全法实施条例》(以下简称《道略交通安全法实施条例》)还明确禁止在公路上进行机动车性能测试。《公路法》第51条规定:“机动车制造厂和其他单位不得将公路作为检验机动车制动性能的试车场地。”《道路交通安全法实施条例》第82条规定:“机动车在高速公路上行驶,不得有下列行为:……(五)试车或者学习驾驶机动车。”因此,虽然工业和信息化部等部门和地方政府已经陆续出台相关规范性文件允许自动驾驶汽车上路测试,但在上位法没有做出修改的情况下,自动驾驶汽车上路测试将面临合法性质疑。

3. 高精地图绘测和使用受到法律限制

自动驾驶汽车上路面临的最大障碍之一就是复杂的路况,特别是对于L3级别以上的自动驾驶来说,如果无法实现高精度、高时效、丰富的地理信息获取,那么将无法实现安全运行。我国对地图绘测实行的严格监管会影响自动驾驶汽车使用高精度地图。

一方面,高精地图的绘测存在诸多限制。《中华人民共和国测绘法》对地图测绘施加了较高的准入门槛,企业只有获得相应等级的绘测资质证书才能从事绘测活动,这已经把很多高精地图创业者排除在外。此外,高精地图的绘测需要投入大量的人力物力来进行数据收集,绘测的高成本也对企业绘测和使用高精地图造成阻碍。在这种情况下,对地图绘测采取“众包”模式就被认为是未来地图行业发展的重要方向。众包模式将绘测任务分散到其他企业甚至个人,不仅可以解决成本问题,而且还可以实现道路信息的及时更新,因此为国外许多企业所青睐。[①] 但是,在中国,一般主体在没有绘测资质的情况下

---

① 例如,美国的Carmera公司通过与物流公司的物流车进行合作的方式,通过在各物流车上安装其传感器套件来采集高精地图;DeepMap也是采取与整车厂、供应商合作的模式来进行绘测;lvl5公司则是直接与优步、来福平(Lyft)的司机进行合作,他们开发了一款叫作Payver的应用程序,司机们在开车时只要将手机固定好并打开该应用程序,就可以通过自动录制视频来记录道路信息。参见《全球高精地图四小天王:蚍蜉也可撼大树》,载亿欧网:https://www.iyiou.com/p/55543,2018年6月25日最后访问。

是不能进行绘测的,所以,众包模式也就很难实现。

另一方面,公开地图的使用存在诸多限制。根据相关规定,公开地图的位置精度不得高于50米,重要桥梁的限高、限宽,重要隧道的高度和宽度属性不得公开,[①]快速路、高架路、引道、街道和内部道路的最大纵坡、最小曲率半径也不得公开,[②]目前这些信息仅能通过分档来表达,且分档的精度也无法满足自动驾驶的精准控制要求。而自动驾驶技术需要的可靠的高精度定位服务需要达到分米级甚至厘米级,公开地图显然难以满足要求。[③]

(二)国家和地方陆续出台监管细则,规范自动驾驶汽车道路测试

在宏观政策层面,国家高度重视自动驾驶技术,并积极鼓励自动驾驶技术的研发和使用。2015年,国务院在其印发的《中国制造2025》中明确提及“到2020年要掌握智能辅助驾驶总体技术及各项关键技术,到2025年要掌握自动驾驶总体技术及各项关键技术”。近年来,国家发展和改革委员会、工业和信息化部、交通运输部也相继发布了《国家智能汽车创新发展战略》《智能网联汽车发展技术路线图》等规范文件,进一步明确了自动驾驶的发展方向。

随着产业发展对具体规则的需求不断提升,地方政府率先试点出台监管细则允许自动驾驶汽车上路测试,国家政策也由宏观政策逐步转向具体标准。从2017年12月开始,北京、上海、重庆等地政府陆续出台了相关文件允许自动驾驶汽车上路测试。2018年4月,工业和信息化部、公安部、交通运输部联合印发了《智能网联汽车道路测试管理规范(试行)》,从而使得自动驾驶汽车道路测试有了统一的标准规范。

我国自动驾驶汽车道路测试相关规范主要涉及以下三个层面。

1. 允许、促进道路测试:将道路测试合法化,并从测试主体、测试驾驶人、测试车辆三个方面规定了自动驾驶汽车上路测试的条件。

---

① 参见《公开地图内容表示补充规定(试行)》第3条、第7条。

② 参见《基础地理信息公开表示内容的规定(试行)》。

③ 参见华强微电子:《这些才是高精度地图最大的商用瓶颈!尽管成本重要》,载搜狐网:http://www.sohu.com/a/168888285_99935473,2018年12月20日最后访问。

2. 确立保险金制度:要求测试主体为自动驾驶汽车购买不低于500万元的交通事故责任保险或提供等额的保函,由保险公司先行对受害人进行赔付。

3. 建立数据记录及报告制度:自动驾驶汽车数据的记录和报告一方面可以帮助明确责任,另一方面则有利于对数据进行共享,以帮助降低自动驾驶的风险,提升行业整体水平。根据现行规定,测试主体应当定期向监管部门提交自动驾驶阶段性测试报告和测试总结报告以及自动驾驶脱离自动驾驶功能报告、道路测试交通事故报告,同时应当记录和保存自动驾驶数据,保障监管机构能够随时调阅、回放自动驾驶数据记录装置记录的数据。

四、中国政策建议:以法律创新促进技术创新

(一)审查、修订可能阻碍自动驾驶发展的法律法规,赋予自动驾驶合法地位

当前,全球很多国家都已经赋予了自动驾驶合法地位,允许在交通运输中使用自动驾驶技术。在人工智能、物联网、高性能计算、大数据等新一代信息技术背景下,我国国内车企和高科技企业纷纷押注自动驾驶技术,自动驾驶商业化应用在望。技术发展和产业创新形势呼吁修订相关法律法规或出台新的法律政策,赋予自动驾驶合法地位,为其研发、测试和后续的商业化应用铺平道路。此外,自动驾驶汽车需要与传统汽车共享道路,政策制定应对此予以考虑。

(二)允许道路测试并授权开展试点项目,同时探索建立自动驾驶安全保障体系

道路测试是验证、评估、证明自动驾驶技术的重要手段,越来越多的国家开始允许自动驾驶汽车道路测试,包括上高速公路。目前,工业和信息化部、公安部、交通运输部等联合发布《智能网联汽车道路测试管理规范(试行)》,为地方城市开展和规范自动驾驶汽车道路测试提供依据。此外,可以借鉴国外经验,在一些城市、地区和道路条件下开展自动驾驶试点项目,包括客运试

点和货运试点等，为商业化应用探索和储备经验，并促进自动驾驶汽车安全融入交通系统。

另外，自动驾驶监管应以安全为核心目的。在研发、测试、推广自动驾驶的过程中，需要逐步探索建立自动驾驶安全保障体系，至少包括技术安全、网络安全和使用安全等，政府监管部门和社会各界在其中都能发挥各自作用。因此，国家需要营造自动驾驶汽车发展的政策和法律环境，可以考虑借鉴美国等的做法制定专门的自动驾驶法律，针对自动驾驶汽车上路测试和部署、安全和性能标准、市场和产品准入、许可和检验认证、自动驾驶操作和使用规范、责任和保险、网络安全、隐私保护和数据归属、V2I、消费者教育等事项，探索制定相应的规则和法律要求，从而确保自动驾驶汽车的安全稳定可靠性，加速自动驾驶汽车商业化进程。

就安全监管而言，虽然各国都承认自动驾驶汽车监管应以性能监管为核心，但避免在技术发展早期采取强制性标准和监管举措，是非常必要的。以美国交通部为例，其在探索自动驾驶汽车安全标准方面，采取了与行业广泛互动、合作的方式，逐步完善、明确安全标准。而且这些标准是非强制的，意味着企业可以自愿遵守。这意味着灵活的、技术中立的监管路径，而非自上而下的命令和控制，因为市场将能够决定最有效的技术方案。

（三）明确自动驾驶相关的保险和责任规则，确保分配正义

自动驾驶汽车的到来被认为将颠覆汽车保险责任模型。不同于当前模型，当发生事故时，责任很大程度上被归咎于司机，自动驾驶汽车必须在归责时将考虑自动驾驶生态系统中的其他主体，包括汽车制造商、软件提供者、服务技术人员、车主甚至黑客等。为此，国家立法需要明确自动驾驶相关的保险和责任规则，包括自动驾驶环境下的保险和责任规则如何适用、如何更新等，确保分配正义。

就保险而言，一方面为自动驾驶汽车测试和运营设置强制保险制度；另一方面可以参考英国的做法，扩大既有的机动车交通事故责任强制保险的覆盖范围，将在自动驾驶模式下对司机等车内人员造成损害纳入其中，方便对受害

人的救济,因为在自动驾驶模式下产品责任的确定将是艰难的过程,面临人工智能技术不透明、不可解释、不可预测等障碍。

就责任而言,在当前法律和技术背景下,引入自动驾驶技术意味着将来在对事故归责时必须考虑自动驾驶生态系统中的所有相关主体,包括司机、制造商、软件提供者等。发生事故时可以按照过错侵权、产品责任等在这些主体之间归责,但可能面临这些主体之间相互推脱责任的情况,因此需要采取安装“黑匣子”等类似措施,记录、保存归责所必需的数据。自动驾驶系统是否会因为人工智能技术公认的不透明、不可解释、不可预测等特性而导致将来证明产品责任异常困难,从而需要引入严格责任、赔偿基金、机器人法律地位等新的法律和责任规则,将来需要进一步论证。

(四)协调国家和地方监管分工配合,协同推进技术创新和落地

目前,北京、上海、重庆等地方城市纷纷出台自动驾驶汽车监管规则,这可能如美国一样,在各个省市造成碎片化监管,最终可能不利于技术发展。此外,在部门分工上,国家市场监督管理总局(负责产品召回)、工业和信息化部(负责制定产业政策)、交通运输部(制订交通行业发展规划)、公安部(负责车辆登记、牌照管理和交通安全监督)、自然资源部(负责执行地理信息采集规定)都有管辖权。[①] 因此,明确国家和地方在自动驾驶监管上的各自权限和分工,在国家和地方之间统一标准,避免碎片化监管抑制创新,是十分必要的。以美国为例,美国交通部的《自动驾驶系统:安全愿景2.0》提出,美国高速公路安全管理局(National Highway Traffic Safety Administration,NHTSA)负责制定联邦机动车安全标准(Federal Motor Vehicle Safety Standards,FMVSS),强制企业遵守FMVSS,调查和管理汽车召回和救济,公布汽车安全问题并教育公众;各州的监管机构负责人类司机许可和机动车登记,制定并实施交通法规,进行安全检查,规制机动车保险和责任。美国国会正在制定的自动驾驶汽车法案

① [美]达瑞尔·韦斯特:《向前行驶:自动驾驶汽车在中国、欧洲、日本、韩国和美国的发展情况》,载https://www.brookings.edu/wp-content/uploads/2016/09/chinese-paper-new.pdf,2018年4月20日最后访问。

亦对联邦和各州的监管权限做出明确规定,在自动驾驶汽车性能、安全标准等方面,联邦立法具有优先权,地方不得与之冲突。未来,在自动驾驶汽车监管上,明确国家和地方监管的优先级和分工,从而在国家和地方之间统一标准,是十分必要的,有利于为技术创新提供一个统一且明确的监管环境,协同推进技术创新和落地。

结论:迎接无人驾驶时代

现在人们大都认为人工智能作为一项通用技术将彻底改变人类社会,而自动驾驶汽车有望成为最早来到人们身边的最重要的人工智能应用之一。短期来看,立法和监管的完善对于自动驾驶技术成熟和应用至关重要;长期来看,自动驾驶的影响将是巨大的,汽车制造业、保险、交通、医疗、信息通信、数字娱乐等诸多产业以及法律、伦理等相关领域,都将被波及。因此,政策制定者现在需要开始绸缪自动驾驶汽车的未来。

第十二章 “互联网+法律”

滥觞于21世纪初的法律科技近两年发展迅猛，从最早的仅提供在线法律资讯、律师磋商业务逐渐向复杂的形态演变，①与早期“互联网+法律”的形态有所区别，时下热兴的“法律科技”不仅注重提升法律服务的效率、司法裁判的公平，同时也更为注重利用技术手段确保法律服务的有效性、安全性。随着法律科技在全球范围内的兴起，这一概念开始被更多人了解、接受，并逐步在房地产、金融、电子商务等法律服务需求高频的领域得到不同程度的应用。法律科技的应用，让法律服务变得随时、随地并且更易获取，大大改善了法律服务的用户体验。

大数据、云计算、人工智能、区块链、机器学习②等新技术正在为中国的法律科技赋能，本质上而言，法律科技其实是一次大规模的技术变革，是靠技术机制和法律联动解决互联网场景下的各种纠纷问题，可谓升级版的“互联网+法律”。

法律与技术通过各种方式相互产生影响，并且通过复杂的、彼此独立又相互依赖的制度体系产生相互作用，因为两者都可以起到规范个体行为的一些效果。现代信息和通信技术的出现推动了法律与技术朝着更为密切的方向发展，我们越来越多地使用技术来辅助或补充法律规定，立法者、法官和律师在

---

① 比较典型的美国公司如提供提供动态文档分析、法律咨询的 Rocket Lawyer https://www.rocketlawyer.com/; LegalZoom: https://www.legalzoom.com/country/th;在过去的三年里已有超过7.5亿美元的资金投入美国的“法律科技”行业。澳大利亚从2006年起就在不断推进法律科技的交叉研究，如 Australia's Leading Legal Technology Event, https://www.lawtechsummit.com.au/,2018年11月15日最后访问。

② 由杰弗里·希尔顿(Geoffrey Hinton)于2016年提出 Deep Relief Networks。之后，深度学习在诸多领域取得重大突破，引发广泛关注。

日常工作中使用各种数字信息和软件工具也日益普及。

一、法律科技的中国化之路

法律科技在中国前身称为“互联网+法律”，早年主要指通过科技手段，在项目管理、计时计费以及法律检索方面的创新，其主要目的在于提升法律服务的效率。随着国内互联网行业的蓬勃发展，越来越多的线下场景开始向线上环境迁移，面对大量的新型线上争议纠纷，传统的法律服务已经越来越难适应。以大数据、云计算、区块链等新技术构建信任机制、弥补法律滞后性的呼声越来越大，“法律科技”也由此开始在国内兴盛，并日益深入到形态多变、场景繁多的“互联网+”行业中。未来3~5年中国有可能成为法律科技的规则制定者，也有可能输出大量的行业标准。① 理查德·萨斯金（Richard Susskind）教授指出，中国法律科技会因人工智能等技术应用迎来巨变，②中国有能力在3~5年内引导全球科技领域的变革。

过去的两年，中国的法律科技事业一直在稳步发展。法律人工智能方面，在2017年7月20日，中国国务院印发《新一代人工智能发展规划》预言：“中国计划在未来2030年左右实现人工智能技术、理论与应用的弯道超车，达到全球领先。”规划目标在无人机、语音识别、图像识别等优势领域着力发展，加快打造人工智能全球领军企业和品牌。之所以将重点放在图像识别、语音识别领域，主要原因在于我国人工智能尚在初级阶段。③

2017年10月，人工智能正式写入十九大报告。④ 中国是最先将人工智能确认为国家科技和产业目标的国家之一，科技部、国家发展和改革委员会、中

---

① “Legal Tech Market Map：50 Startups Disrupting The Legal Industry”，https：//www. cbinsights. com/research/legal-tech-market-map-company-list/，April 22，2018.

② 参见《对话理查德·萨斯金：保持信念——用法律改变生活——中国法律服务行业具备“蛙跳”可能》，载智合网：https：//www. zhihedongfang. com/2016/08/22556，2018年4月28日最后访问。

③ 参见《国务院关于印发新一代人工智能发展规划的通知》（国发〔2017〕35号）。

④ 《习近平作十九大报告八次提到互联网》，载人民网：http：//media. people. com. cn/n1/2017/1018/c120837-29594814. html. ，2018年4月28日最后访问。

国科学技术协会等15个部门成立了新一代人工智能发展规划推进办公室,着力推进项目、基地、人才统筹布局。除了打造国家级专家库外,国家也成立了新一代人工智能战略咨询委员会。2017年11月,百度、阿里巴巴、腾讯以及科大讯飞等四家市场企业成为首批国家新一代人工智能开放创新平台。①

2017年6月26日,原中共中央全面深化改革领导小组(2018年机构改革后,视为中共中央全面深化改革委员会)第三十六次会议审议通过了《关于设立杭州互联网法院的方案》。2017年8月,中国第一家互联网法院——杭州互联网法院,正式宣告成立,这是中国司法主动适应互联网发展大趋势的一项重大制度创新。2018年9月,北京互联网法院和广州互联网法院相继挂牌成立。

二、法律科技的应用领域

按照汤森路透发布的《2018年法律技术现状报告》及Dentons最新法律科技的应用报告指出,未来的法律科技应用面向主要包括以下六方面:②

第一,法律文本识别的自动化执行,智能合约正在得到进一步的应用。法律文件的审阅将逐步转变为自动化阅读,在调查查证、合同分析、合规监管方面,法律文件的生成也将逐步实现自动化,且伴随着硬件设施的提高,起诉书、判决书等高级的法律文件也会有人工智能的辅助。

第二,法律服务的平台化,法律服务的中介平台正在兴起。法律科技会进一步提升法律服务的商业化,法律在线咨询业务会不断兴起,人们会以更低的价格享受各种法律服务,法律服务也会日趋标准化和商业化。

第三,法律服务的线上化。法律科技会改善传统诉讼费用较高的问题,新

① 2017年11月15日,科学技术部召开《新一代人工智能发展规划》暨重大科技项目启动会,会上宣布了首批四家国家新一代人工智能开放创新平台名单,明确依托科大讯飞建设智能语音国家新一代人工智能开放创新平台。参见《科大讯飞入选首批四个国家新一代人工智能开放创新平台》,载网易新闻网:http://news.163.com/17/1117/10/D3EGPC5M00014AEE.html,2018年4月28日最后访问。

② 参见http://www.elite.com/documents/2018/05/2018-state-legal-technology-report.pdf/,2018年6月28日最后访问。

的争端解决机制如网上纠纷解决机制(Online Dispute Resolution,ODR)等会得到更多的应用,如阿里巴巴,eBay 都通过 ODR 技术来解决传统的买卖纠纷。

第四,法律行业透明化。法律科技会使律师、法院办案更加透明可信,人们在选择律师时可以进行较为清晰的预判,不合格的律师会被淘汰。

第五,法律裁判算法化。人工智能推进了新型量刑工具的出现,法官可以直接依据辅助工具作出合理法律裁判。

第六,法律科技尤其是人工智能法律职业化。传统的教育体系很难符合现行的社会需求,未来会出现法律与人工智能相结合的新型人才,我国的法学教育也正在往此方向倾斜,2018 年 4 月 2 日,《教育部关于印发〈高等学校人工智能创新行动计划〉的通知》进一步强化新型法律教育模式,事实上,美国名校也都推出了相关法律科技的课程。①

三、为法律科技赋能的人工智能

当前人工智能的推进迅速,美国在 2016 年发布的《大数据报告:算法系统、机会与公民权利》中提出,应当扩大计算机科学和数据科学的参与性,提高人们对大数据算法的熟悉及了解程度。作为一种法律科技的应用实例,美国政府主张各类机构和企业应当扩展对于公平算法解释,要让人们清晰地了解算法如何影响普通人的生活。②

在社会治理智能化领域对智慧法庭指明了发展方向,要求“建设集审判、人员、数据应用、司法公开和动态监控于一体的智慧法庭数据平台,促进人工智能在证据收集、案例分析、法律文件阅读与分析中的应用,实现法院审判体

① “Using artificial intelligence (AI) to streamline our legal services”, https://www. dentons. com/en/insights/newsletters/2016/december/1/uk-construction-briefing/uk-construction-briefing/using-artificial-intelligence-ai-to-streamline-our-legal-services, April 22, 2018;《法律 AI 冲入法界,人工智能下的法学何去何从?》http://tech. sina. com. cn/roll/2018-01-10/doc-ifyqptqv6736044. shtml,2018 年 4 月 28 日最后访问。

② Executive Office of the President, *Big Data: A Report on Algorithmic Systems, Opportunity, and Civil Rights*, May 2016, pp. 5-6.

系和审判能力智能化”。

域内外的都有专门针对法律科技人工智能研发及应用的平台,如法狗狗、律品等,域外 DoNotPay、Winston 等。其中当事人层面主要旨在配套法律咨询、律师匹配、企业法务咨询业务;律师层面主要旨在快速解决文本处理及信息查询、案情预测及分析、智能客服咨询;法院层面主要旨在解决案件的智能辅助审理、智能客服与咨询、文书信息的查询与信息查询。

以法院层面为例,法院的文书处理指通过 AI 进行法律文书处理,如庭审语音转文字、判决书生成等;审理辅助指通过 AI 基于类似案件的判决结果分析,为判决提供参考,类型化案件在线提交,AI 系统进行证据链的核实等;智能客服指通过 AI 客服为公众提供法律咨询服务。

问题在于,AI 一般都会根据问题给出相关结论和建议,但要帮助咨询者更好地理解内容,实际上还需要问题的具体解析、引用的法律条文、类似实际案例情况、后续做法引导等。但问题在于:(1)人工智能的限制和假设通常未被合理记录,什么数据被处理以及被如何处理是不明确的;①(2)人工智能的算法缺乏监督;②(3)缺乏独立的审查机构,如何建立独立的机构进行全程监管需要深入思索。③

诚如吴汉东教授所言,“对于现代各国而言,人工智能发展的政策考量,其实是基于风险的制度选择和法律安排,我们应通过法律化解风险,通过法律吸纳风险,将风险社会置于法治社会的背景之中,即对智能革命时代的法律制度乃至整个社会规范进行新的建构”。④ 为了避免算法带来的风险,除了对结果进行监管,更应注重建立一套完整的以风险防范为目的的制度。

正是认识到 AI 应用于司法领域,有可能会产生许多伦理与法律问题,所

① Matteo Turilli and Luciano Floridi,“The ethics of information transparency”, *Ethics Inf Technol* 105.

② “Draft Report with Recommendations to the Commission on Civil Law Rules on Robotics”, http://www.europarl.europa.eu/sides/getDoc.do?pubRef=-//EP//NONSGML%2BCOMPARL%2BPE-582.443%2B01%2BDOC%2BPDF%2BV0//EN,June 1,2018.

③ Andrew Tutt,“An FDA for Algorithms”, *Administrative Law Review*,Vol. 67, 2017.

④ 吴汉东:《人工智能时代的制度安排与法律规制》,载《法律科学》2017 年第 5 期。

以，欧盟司法效率委员会于2018年12月发布了《在司法系统及其环境下使用人工智能的欧洲伦理宪章》，并提出五项基本原则：第一，尊重基本权利原则，应当确保人工智能工具和服务的设计、运用与尊重人的基本权利相适应；第二，非歧视原则，特别是防止针对个人的或某一群体的歧视的产生或强化；第三，质量与安全原则，在处理司法裁判和数据时，应在安全的技术环境中使用可信来源的数据和精细的模型；第四，透明、公正和公平原则，数据处理的方法应当是可以接触的、可以理解的、可以接受外部审计的；第五，用户控制的原则，应当确保用户的知情、选择和处于用户的控制之下。[①]

四、作为信任机器的区块链机制

作为一种颠覆性的法律科技，区块链作为一种建立在无信任基础上的技术，消弭了交易各方之间的信任需求，使互联网上互不相识、互不信任的个体之间能够相互建立起联系。[②]纽约大学成立的法律科技研究中心，意图解决区块链技术在法律科技中的应用问题。[③] 作为一种法律科技发展趋势，最近区块链平台允许人们将小的代码片段，即智能合约上传至区块链，这样就可以实现智能合约在互联网每个节点上分散执行的效果。即区块链作为基础技术可以自动执行智能合约条款，即使这些条款与法律或合同条款并不存在实质性关系。并且有很多国家建议将区块链应用到司法裁判中，[④]建议使用区块链技术保存和管理判决、发布逮捕令和刑事记录问题，通过区块链技术解决不动产登记纠纷也早有先例，如伊利诺斯州库克县的档案系统在2016年9月开始

---

① European Commission for the Efficienty of Justice,“European Ethical Charter on the Use of Aritificial Intelligence in Judicial System and Their Environment”.

② Cohn A. et al.,“Smart After All: Blockchain, Smart Contracts, Parametric Insurance, and Smart Energy Grids.” *Georgetown Law Technology Review* 273.

③ “Guarini Institute for Global Legal Studies: Global Law & Tech”, https://www.guariniglobal.org/, August 15, 2018.

④ Di Graski, Consultant, Paul Embley,“When Might Blockchain Appear in Your Court?” https://www.ncsc.org/~/media/Files/PDF/About%20Us/Committees/JTC/BlockchainInTheCourts.ashx, November 25, 2018.

试行区块链土地销售记录,并在2017年5月发布了最终报告。①

2018年6月28日,杭州互联网法院对一起侵害作品信息网络传播权纠纷案进行了公开宣判,这也是中国首次对采用区块链技术存证的电子数据的法律效力予以确认。② 2018年9月初,最高人民法院发布了《关于互联网法院审理案件若干问题的规定》,其中第11条规定"当事人提交的电子数据,通过电子签名、可信时间戳、哈希值校验、区块链等证据收集、固定和防篡改的技术手段或者通过电子取证存证平台认证,能够证明其真实性的,互联网法院应当确认"。这被认为是我国首次以司法解释形式对区块链技术电子存证手段进行法律确认,也将加速"区块链+司法"应用场景落地。通过区块链分布式存证等延伸服务,可以为交易量巨大、债权关系复杂、风控及合规要求严格的金融服务提供便捷签约、安全保障、合规健行的线上一站式签约体验,为司法发展服务。

不可否认区块链的潜力为实验和创新提供了一个全新领域。在金融领域,区块链被许多金融从业者视为优化现有金融应用和支持新型金融技术服务、金融科技的理想技术;在物联网领域,区块链同样也是一项非常实用的技术,因为它可以让联网设备在同一竞争环境下相互轻松地进行交流以及交易。

区块链虽然在司法实践中具有强大的潜力,但相关司法机构也需要考虑各种架构性决策所带来的影响,如对于网络的架构选择(究竟是采用开放网络还是封闭网络);公共访问权限如何设置;③对现行的电子证据规则会产生何种影响。

此外,区块链的分散性以及智能合约代码属性导致在法律责任和可规范性方面产生了新的难题,因为它们可用于创建具有自主性、自给自足性和难以

① See Peter Van Valkenburgh, "What Is Blockchain, Anyway?", *Coin Center*, https://tinyurl.com/lj2nelr, April 25, 2018.

② 参见杭州华泰一媒文化传媒有限公司诉深圳市道同科技发展有限公司侵害作品信息网络传播权纠纷案[杭州互联网法院(2018)浙0192民初81号判决书]。

③ Di Graski, Consultant, Paul Embley, "When Might Blockchain Appear in Your Court?", https://www.ncsc.org/~/media/Files/PDF/About%20Us/Committees/JTC/BlockchainInTheCourts.ashx, June 20, 2018.

组织的分布式自治组织(DAO)。正如法律无法阻止生物病毒传播一样,法律也无法简单地通过一纸法令就阻止软件开发商的自主研发。①

五、作为法律科技应用范例的“智慧法院”

以“智慧法院”为例,大数据与人工智能技术被整合到智慧法院实现技术中,用以服务社会公众、服务案件审判、服务判决执行、服务司法管理。其中,为法官办案提供智能辅助是“智慧法院”建设的核心目标之一。从目前全国各地的实践来看,类案推荐、量刑辅助与偏离预警是大数据与人工智能技术在辅助法官办案(“审判智能化”)领域最为典型的应用。②

自 2016 年 7 月中共中央办公厅、国务院办公厅印发《国家信息化发展战略纲要》和《“十三五”国家信息化规划》后,我国已经明确将“智慧法院”列入国家信息化发展战略。③ 2017 年 7 月出台的《新一代人工智能发展规划》更是具体描述的“智慧法庭”的实现方案。2017 年 4 月 20 日,最高人民法院印发《关于加快建设智慧法院的意见》,明确要求各级法院要运用大数据和人工智能技术,按需提供精准智能服务。各级法院以该意见为指引,积极运用大数据对海量司法信息进行深入研究、联通、共享和应用,以互联互通为主要特征的人民法院信息化 2.0 版已经建成,目前正在迈向全面覆盖、移动互联、跨界融

---

① “Blockchain and the Law”, https://www.blockchainandthelaw.com/tag/dao-report/, June 20,2018.

② 参见王禄生:《司法大数据与人工智能开发的技术障碍》,载《中国法律评论》2018 年第 2 期。

③ 2017 年 5 月 11 日,最高人民法院院长周强在全国法院第四次信息化工作会议上强调:要统筹兼顾,全面把握智慧法院建设的总体布局。智慧法院建设要以促进审判体系和审判能力现代化,提升司法为民、公正司法水平为目标,充分利用信息化系统,实现人民法院全业务网上办理、全流程依法公开、全方位智能服务。要准确把握智慧法院与人民法院信息化 3.0 版的关系,深刻认识到信息化是人民法院组织、管理和建设的运行载体,智慧法院是建立在信息化基础上人民法院工作的一种形态,积极促进人民法院工作在智慧法院体系内智能运行、健康发展。要准确把握智慧法院网络化、阳光化和智能化特征,以是否达到“全业务、全流程、全方位”作为评价智慧法院的基本标准和主要依据。参见人民法院报:《加快智慧法院建设,推进审判体系和审判能力现代化》,载 http://rmfyb.chinacourt.org/paper/html/2017-05/12/content_125364.htm? div=-1,2018 年 4 月 28 日最后访问。

合、深度应用、透明便民、安全可控的人民法院信息化3.0版,以网络化、阳光化、智能化为特征的智慧法院建设正在开启崭新篇章。

智慧法院的建设,得益于"互联网+"、大数据、云计算、神经网络、机器学习、人工智能等现代科学技术的发展,通过智能化原理,将数据收集、存储、运用等环节融为一体,利用多媒体技术、网络技术以及集中控制技术,对司法过程与结果实行统一管理、控制和运用。智慧法院建设让司法工作插上了信息化的翅膀,它使司法办案更加"精细化",法院管理更加"科学化",诉讼服务更加"人性化",司法程序更加"透明化",司法过程更加"高效化",审判体系和审判能力现代化的建设迈出了更加坚实的步伐。

域外一直在不断推进在线法庭的发展,①试图在小额速裁程序之外,完成在线法院的独立的法院建制以及单独的程序规则,在线法院通过提供"数字化辅助"服务为那些"电脑使用障碍"的当事人提供保障;通过鼓励律师提供早期法律建议等方式,提前化解矛盾、筛选分流案件;根据案件不同情况提供速裁程序与多轨制程序(Multi-track),提供互动式的案件自动分流程序,提供更加快捷的方式查明案件是否存在争议等。在线法院从小处着眼,通过多元化的程序设计及个性化的司法服务提升当事人的用户体验。②

总体来看,我国已经初步形成信息的数据化、办案系统的智能化、实体裁判的预测与监督系统的统一、承认电子化的证据标准等新形式。③ 法院目前已经采用了计算机辅助技术检索法律。通过搜索指令就可以在计算机上检索到大量的法律和判例。未来,律师还可以运用计算机辅助系统中的图表、图像和视频,更好地向法庭开示证据,方便律师与法官进行沟通。甚至在江苏、北京、上海等地法院的智能辅助办案系统中均嵌入了类案推送的模

① "Final Report in Lord Justice Briggs's Civil Courts Structure Review", https://hsfnotes.com/litigation/2016/08/04/final-report-in-lord-justice-briggss-civil-courts-structure-review/, June 28,2018.

② "Final Report in Lord Justice Briggs's Civil Courts Structure Review", https://hsfnotes.com/litigation/2016/08/04/final-report-in-lord-justice-briggss-civil-courts-structure-review/.

③ 参见左卫民:《关于法律人工智能在中国运用前景的若干思考》,载《清华法学》2018年第2期。

块。2018年1月5日，最高人民法院推出的人民法院“智慧法院导航系统”和“类案智能推送系统”正式上线运行，[①]目前已经具备类案快速查询和智能推送等功能。

但法律科技仍面临诸多挑战。在最高人民法院出台的《关于加快建设智慧法院的意见》中，类案推荐、量刑辅助、偏离预警三大功能就被放置在“运用大数据和人工智能技术，按需提供精准智能服务”之下，目前，作为司法大数据和人工智能引用的关键环节，实体抽取、关系抽取、属性抽取等信息抽取（information extraction）的构建仍然属于空白。而从数据获取来自，当前公检法及法律实务部门的数据互通有限、法院与民政、社保、仲裁等外部单位的数据也需要进一步打通，因而，当前可利用分析的数据非常有限。此外，国内外法律领域还没有一套开源标注数据集，只能依靠经验丰富的专业人士标记数据，数据标记成本非常高，这也给司法新科技的发展带来不小障碍。鉴于人工智能技术的先天性硬伤，有人大胆预言，在人工智能技术没有本质性的实破之前，人工智能技术很难将自然语言对矛盾冲突的描述抽象或法言法语，进而很难将自然语言描述的矛盾冲突映射到人工智能模型中去。[②]

六、法律科技的未来：作为规管技术的计算法律学

域外兴起的作为规管技术的计算法律学研究进一步回应如何对技术进行管控，让技术运行在法律的框架中。域内外均有高校和研究机构对法律与科技互动关系进行研究。在国内高校中，北京航空航天大学法学院率先开始开展计算法律学的研究，[③]值得关注的是，2018年4月清华大学宣布开设计算法

① 参见《人民法院“智慧法院导航系统”和“类案智能推送系统”上线运行》，载搜狐网新闻版块：http://www.sohu.com/a/214872386_120702，2018年4月28日最后访问。

② 参见上海百事通信息技术股份有限公司：《法律人工智能发展趋势研究报告》。

③ 参见周学峰：《解析计算法律学》，载《中国计算机学会通讯》2017年第5期；赵精武、丁海俊：《论代码的可规制性：计算法律学基础与新发展》，载《网络法律评论》2016年第1期。

学硕士的研究,从而将计算法律学推向热潮。[①]

当前域外正在不断强化对计算法律学(computational law)的研究,自2016~2018年域外已经针对计算法律学的结构、拓扑模型、理论框架进行了较为深入的研究,包括加州大学伯克利分校、[②]斯坦福大学、[③]麻省理工[④]等多所国外高校都将其作为重要的理论研究对象。

计算法律学将以区块链架构为依托,通过运用"法律本体论",将法律变为可执行的代码,进而写入智能合约中使得法律变得可执行,最后由区块链技术对整个行为过程验真;从应用场景来看,计算法律学可应用于金融、保险、慈善事业等多个领域;从产业维度来看,未来计算法律学可能融入机器学习,开发智能律师,也许在不久的将来,当事人产生纠纷无需聘请律师,只需将法条与相关案情进行匹配后,向机器人询问相应的法律责任建议,法官也可以通过询问智能律师得出合理的判决参考,同时,通过代码世界与真实社会法律的交互过程,可以评估和预测对社会法律的影响。中国特色的计算法律学,最终需要落实法律本体问题的研究,包括法律条文的语义处理、合同文本的代码化、法律推理分析等。

七、结语

中国的法律科技仍然面临一定的困境,首先是人才供给不足,法学界、实务界及技术领域仍然相互隔阂且生疏,在技术层面上改进算法并培养法学与计算机科学知识相融合的人才。从数据层面,目前仍需要大量的真实、客观的

---

① 参见《阿里法学院诞生!清华开设计算法学硕士!如何追赶法律+科技浪潮?》,载网络大数据网:http://www.raincent.com/content-10-11276-1.html,2018年4月28日最后访问。

② See *Frame net*, available at https://www.libqual.org/abour/information/index/cfm, April 26, 2018.

③ See *Computational Law*, available at https://law.stanford.edu/projects/computational-law/, April 28, 2018.

④ See *Computational Legal Studies*, available at https://computationallegalstudies.com/, April 28, 2018.

法律数据,并需要进一步强化对法律本体的研究。未来,我们应认识到法律科技尤其是人工智能的长期性与艰巨性。[①] 未来的法律科技,也需要强化对法律语言文本进行大数据分析及挖掘,并结合模型突破现行辅助工具的准确率问题,突破疑难案件不准确、适用性差等问题。

① 参见左卫民:《关于法律人工智能在中国运用前景的若干思考》,载《清华法学》2018 年第 2 期。

图书在版编目(CIP)数据

网络空间法治化的全球视野与中国实践. 2019 / 北京航空航天大学法学院，腾讯研究院著. -- 北京 : 法律出版社，2019
ISBN 978-7-5197-4170-9

Ⅰ. ①网… Ⅱ. ①北… ②腾… Ⅲ. ①计算机网络－法治－研究－中国 Ⅳ. ①D922.174

中国版本图书馆 CIP 数据核字(2020)第 000731 号

网络空间法治化的全球视野与中国实践(2019)
WANGLUO KONGJIAN FAZHIHUA DE QUANQIU SHIYE YU ZHONGGUO SHIJIAN(2019)

北京航空航天大学法学院
腾讯研究院 著

策划编辑 高 山
责任编辑 高 山 李 军
装帧设计 鲁 娟

出版 法律出版社
总发行 中国法律图书有限公司
经销 新华书店
印刷 中煤(北京)印务有限公司
责任校对 王晓萍
责任印制 陶 松

编辑统筹 学术·对外出版分社
开本 710 毫米×1000 毫米 1/16
印张 19.25
字数 270 千
版本 2019 年 12 月第 1 版
印次 2019 年 12 月第 1 次印刷

法律出版社/北京市丰台区莲花池西里 7 号(100073)
网址/www.lawpress.com.cn
投稿邮箱/info@lawpress.com.cn
举报维权邮箱/jbwq@lawpress.com.cn
销售热线/400-660-8393
咨询电话/010-63939796

中国法律图书有限公司/北京市丰台区莲花池西里 7 号(100073)
全国各地中法图分、子公司销售电话：
统一销售客服/400-660-8393/6393
第一法律书店/010-83938432/8433
西安分公司/029-85330678
重庆分公司/023-67453036
上海分公司/021-62071639/1636
深圳分公司/0755-83072995

书号:ISBN 978-7-5197-4170-9
定价:90.00 元
(如有缺页或倒装,中国法律图书有限公司负责退换)